U0531135

2017年度浙江省社科联省级社会科学学术著作
出版资金资助出版（编号：2017CBZ06）

教育部人文社会科学研究青年基金项目（课题编号：16YJC820009）成果

当代浙江学术文库
DANGDAI ZHEJIANG XUESHU WENKU

司法假定及其检验

韩振文 著

中国社会科学出版社

图书在版编目（CIP）数据

司法假定及其检验/韩振文著. —北京：中国社会科学出版社，2017.11
（当代浙江学术文库）
ISBN 978-7-5203-1318-6

Ⅰ.①司… Ⅱ.①韩… Ⅲ.①司法—研究—中国 Ⅳ.①D926

中国版本图书馆 CIP 数据核字（2017）第 267162 号

出 版 人	赵剑英
责任编辑	田　文
特约编辑	陈　琳
责任校对	张爱华
责任印制	王　超

出　　版	中国社会科学出版社
社　　址	北京鼓楼西大街甲 158 号
邮　　编	100720
网　　址	http://www.csspw.cn
发 行 部	010-84083685
门 市 部	010-84029450
经　　销	新华书店及其他书店

印　　刷	北京君升印刷有限公司
装　　订	廊坊市广阳区广增装订厂
版　　次	2017 年 11 月第 1 版
印　　次	2017 年 11 月第 1 次印刷

开　　本	710×1000　1/16
印　　张	11.75
插　　页	2
字　　数	201 千字
定　　价	49.00 元

凡购买中国社会科学出版社图书，如有质量问题请与本社营销中心联系调换
电话：010-84083683
版权所有　侵权必究

目 录

导 言 ……………………………………………………………（1）
  一 问题意识及其限定 …………………………………………（1）
  二 回顾与架构:成果梳理与结构安排 …………………………（2）
  三 研究方法上的交叉与调适 …………………………………（14）

第一章 在场的司法假定 ……………………………………（16）
  第一节 司法假定的提出 ………………………………………（16）
    一 司法活动中的假定 ………………………………………（16）
    二 包含与被包含关系:司法判断与司法假定 ……………（19）
    三 程序法上的区隔:司法假定与司法认知 ………………（21）
  第二节 揭开司法假定的面纱 …………………………………（22）
    一 相当常见却为人遮蔽的司法假定 ………………………（22）
    二 司法假定应是开放的、可修正的 ………………………（25）
  第三节 司法假定的相关理论支持 ……………………………（26）
    一 假定由生活体验形成的前见来把握 ……………………（27）
    二 法律假定可能的源泉就是法感 …………………………（29）
    三 司法假定也受动物本能的影响 …………………………（32）
    四 司法假定离不开历史偶然性向度 ………………………（34）
  小 结 ……………………………………………………………（37）

第二章 司法假定的形成机制分析 …………………………（38）
  第一节 司法假定形成的必要条件——法律前见 ……………（38）
    一 司法假定的意义理解来自于法律前见 …………………（39）
    二 合理前见对司法假定的有效指引 ………………………（49）
    三 不合理前见对司法假定的有害误导 ……………………（54）

第二节　司法假定何以形成 (62)
  一　直觉加工机制的认知心理学描述 (62)
  二　司法假定形成的认知心理学阐释 (65)
  小　结 (70)

第三章　司法假定的功用发挥及其偏差监控 (73)
第一节　司法假定认知功用的发挥 (73)
  一　理想运作情境中的认知功用 (74)
  二　现实运作情境中的认知功用 (78)
第二节　司法假定认知偏差的监控 (86)
  一　司法假定出现认知偏差的根源 (86)
  二　应对司法假定认知偏差的策略 (89)
  小　结 (92)

第四章　法外因素介入假定的可接受性理论之批判 (94)
第一节　司法判断可接受性的旨趣与适用 (94)
  一　司法判断可接受性旨在达成司法共识 (94)
  二　司法判断可接受性符合司法实践属性的依归 (96)
第二节　法外因素介入假定的可接受性之困境 (99)
  一　司法判断可接受性的悖论难题 (99)
  二　司法判断可接受性威胁法治的可能性 (101)
  小　结 (105)

第五章　司法假定的合法性检验——建构裁决规范 (107)
第一节　假定检验标准的合法性基础：形成的法律体系 (108)
  一　法律体系形成的融贯性论据 (109)
  二　法律体系形成的变动性论据 (112)
第二节　建构裁决规范对假定检验的理论设计 (114)
  一　有关司法假定检验基准的争辩 (114)
  二　建构裁决规范作为司法假定检验的依据 (123)
第三节　裁决规范检验假定的内在理路 (126)
  一　裁决规范作为假定检验基准何以可能 (126)

二　对裁决规范检验假定所持异议的反驳 …………………（129）
　小　结 ……………………………………………………………（135）

第六章　司法假定的程序性检验——司法论证的制度设计 ………（137）
　第一节　法官负有司法论证的义务 …………………………………（138）
　　一　司法论证是对司法判断的合理证立 ……………………（138）
　　二　理性论证是法官断案的灵魂 ……………………………（139）
　第二节　司法论证检验假定的可验证性功能 ………………………（140）
　　一　司法论证的程序论辩性及其对可接受性困境之消解 …（140）
　　二　司法论证可验证性功能的理论审思 ……………………（143）
　第三节　司法论证检验假定的个案审视 ……………………………（149）
　　一　司法假定无法确保同等对待——以同案中"强制性规定"
　　　　异议为例 ……………………………………………………（149）
　　二　司法假定的真值性识别 …………………………………（151）
　　三　司法论证可验证性功能的双向展开——以指导性案例8号
　　　　为分析对象 …………………………………………………（153）
　小　结 ……………………………………………………………（157）

结　语 ……………………………………………………………………（159）

参考文献 ………………………………………………………………（163）

图 目 录

图一　科学研究活动的基本结构 …………………………（19）
图二　直觉加工系统 ………………………………………（70）
图三　直觉模式在案件类型中的适用 ……………………（70）
图四　规则怀疑主义的两种进路 …………………………（116）
图五　结果主义导向的运作机理（"逆推法"）…………（121）
图六　法律规则的逻辑结构图 ……………………………（124）
图七　等置模式图 …………………………………………（125）
图八　检验假定的步骤 ……………………………………（145）
图九　类推适用的逻辑结构图 ……………………………（150）
图十　司法论证证成功能的展开 …………………………（156）
图十一　司法论证证伪功能的展开 ………………………（157）

导　言

一　问题意识及其限定

当前我国大变局之下，多元阶层与利益群体产生的矛盾冲突日益凸显，群体性事件甚至暴力犯罪事件的发生都在拷问着国家治理体系和治理能力能否在法治框架内实现现代化。而法治现代化主要依托于司法改革的稳妥有序推进。当下中国的司法改革名目繁多，但寻根溯源都与法官的裁判思维具有一定的相关性。[①] 党的十八届三中全会开启了以顶层设计为特征的新一轮司法改革，但司法活动仍遭遇诸多现实困境与挑战，譬如"民意"审判、司法腐败、"诉讼爆炸"以及疑案错案频发，等等。这些问题的产生与裁判思维过程存在缺陷密切相关，突出体现在法官的释法思维模式上[②]。特别是身处基层法院的一线司法人员，要承受案多人少的繁重工作负荷，以及非司法功能嵌入而形成的"功能增加型负担"，这样的超量压力冲击着法官处理案件信息思维流畅度的最低限度，一旦突破临界点也就容易导致"坏的判决"，进而有损我国司法权威与公信力的构建。

面对以上司法生活中法官思维认知出现的问题，学术界给出的解答并不令人满意。首先，从裁判理论的整体研究来看，一方面很多规范层面的认识论、方法论无法融贯地自圆其说；另一方面无法对司法运行作出很好地描述解释，以致回应司法实践的能力仍显困乏。其次，从裁判理论的局部研究来看，已有相关研究侧重于程序行为及裁判文书制作过程的理性分

[①] 参见王申《法官的实践理性论》，中国政法大学出版社2013年版，第195页。

[②] 法官的释法思维存在的问题主要有：一是法官释法的目标和界限不明确，释法行为易超越制度设定的法官权限；二是释法过程中道德因素易左右法官的分析、判断过程，法官客观认知和辨析情与法的能力不强；三是法官思维过程欠缺规律性，思考、分析和决断问题的程序缺少必要的刚性；四是法官普遍缺乏合法、合理、科学、规范解释法律的意识和方法，思维形式和思维方法不系统。参见吴春峰、夏锦文《法官释法：思维模式及其影响因素》，载《法学》2013年第12期，第96页。

析，而对案件审理前法官的初步决策思维则关注较少，对此相关研究的论著更是寥寥无几，而恰恰这方面的研究直接关涉司法适用的正常启动。由此，我们发掘破解理论与实践面临双重困局的关键在于：深入探究法官行为背后的思维认知过程，找出法官建构的认知路径可能出现的问题，并批判性地提出解决问题的方法策略。有关法官思维话题的领域非常宽泛，为避免缺少考察中心，本书将问题限定在"司法假定及其证立检验"上来讨论，对此所设定的主要任务是：

一要全面阐释分析司法判断基本思维方式之一的司法假定。包括它的性质、意义、相关理论支持以及它是如何形成并发挥作用的。这相当于全方位解剖某事物，展示出它内在机理的全貌，以便能更深刻把握产生问题的原因所在。而想做到全面剖析，就有必要超越人为的学科藩篱，借鉴哲学、心理学、经济学、历史社会学等其他学科的智识与方法。

二要提出司法判断初步思维方式形成的必要条件（或启动机制）即法律前见。具体就是将哲学原理与法律诠释学进行有效果的视域融合，深入挖掘这一机制的核心意义内涵，明确指明它对司法假定产生的复杂影响，以为司法假定的形成与功用发挥做好前提性准备。

三要解决法外因素介入司法假定的可接受性理论之批判。为克服法外因素介入初步思维而产生的一系列质疑，学术界提出司法判断可接受性理论，那么该理论是否达到了化解质疑的良好效果？如果没有，那背后潜藏的深层次缘由又是什么？该理论会不会衍生出其他问题？本研究必须结合我国当前司法语境，作出辩证地解答。

四要回答司法判断认知路径中出现的问题如何有效应对。也就是说，法官的思维认知过程中可能会面临各种问题，对此应找出问题的根源，然后有针对性地采取应对方案。本研究给出了有关偏差控制及证立检验初步思维的制度设计，尽管作用有限且不尽完美，起码是作出尝试的持续努力。

二 回顾与架构：成果梳理与结构安排

（一）学术前沿成果梳理

1. 国内的相关研究综述

迄今为止，国内学界对司法判断的认知建构问题作出卓有成效研究的当属郑永流教授无疑，他指出法律方法效命于法律判断（主要为司法判断）的形成，在形成过程中，视事实与规范之间的不同关系，要运用各种方法去建构大小前提：在事实与规范相适应的法律适用中，判断可直接通过推论而得出；在事实与规范不对称的法律发现中，判断通过等置而形成，即使事实一般化、使规范具体化。① 郑教授主要从法律方法论视角详加审视法律判断的建构模型，这是本研究的重要依靠，在此基础上笔者更侧重于从认知心理学、行为经济学的视角剖析司法判断建构模式中的假定，并对其存在的问题提出批判性的检验对策。即使近年来学界及实务界对司法判断的建构过程逐渐关注于思维认知的角度，但仍多是对案件审理程序及裁判文书制作过程的理性分析与研究，其代表性著作主要有王纳新：《法官的思维——司法认知的基本规律》（法律出版社2005年版）；陈增宝、李安：《裁判的形成——法官断案的心理机制》（法律出版社2007年版）；王立人：《裁判文书制作新探》（上海社科院出版社2009年版）；赵朝琴：《司法裁判的现实表达》（法律出版社2010年版）；林莉红：《程序正义的理想与现实》（北京大学出版社2011年版）；季卫东：《法律程序的意义》（增订版）（中国法制出版社2012年版）；陈瑞华：《看得见的正义》（第二版）（北京大学出版社2013年版）等。相关的论文也是置于我国当前社会转型的深度背景下聚焦于程序正义、裁判理性方面的探讨。比如王国龙教授在《裁判理性与司法权威》一文中沿着纠纷解决的线索，阐述了裁判理性、审判裁量、裁量正义、司法权威的内在关联性。② 同时，他认为技术型司法权威在难办案件当中遭遇到了诸多的困境，为克服这些困境，情理型司法作为一种现实的司法策略，往往被法院和法官普遍性地加以采用。③ 王申教授出于为法治中国建设，提供充分理论支持的特定实用目的，发表了一系列文章探讨法官的裁判理性、裁判理

---

① 参见郑永流《法律判断形成的模式》，载《法学研究》2004年第1期，第140—149页；《法律判断大小前提的建构及其方法》，载《法学研究》2006年第4期，第3—18页。

② 这种内在关联性即裁判理性为审判裁量理性化的基础和内在动力，在裁判理性的具体展开中，审判裁量被类型化为规范性与状况性、工具理性与价值理性、专业性与民主性之间的二维权衡，审判裁量的权衡结果关涉裁量正义的最终实现，而裁量正义是树立司法权威的社会基础。参见王国龙《裁判理性与司法权威》，载《华东政法大学学报》2013年第4期。

③ 参见王国龙《从难办案件透视当下中国司法权的运行逻辑》，载《法学》2013年第7期。

念问题。① 这些研究无疑对我国法治进程产生巨大推动作用，但也存在着极为明显的不足，一方面这些研究主要从规范层面分析司法判断的理性运作机制，但法官以裁判理性为前导并不必然编织出司法正义的神话。另一方面，这些研究相对忽略了案件审理前法官的初步决策行为的考察与探究。

从中国知网期刊检索结果可以看出（截至2015年6月），目前研究案件审理前司法判断的资料很少，而集中研究司法实践中有关法律假定的论著更是寥寥无几。国内明确提到"法律假定"的论文目前只有两篇，即毛淑玲、刘金鹏所写《刑事法中的推定与无罪推定》（《法学杂志》2009年第12期）与刘飞宇、张步峰所写《行政诉讼中举证责任的性质论析》（《社会科学战线》2005年第3期）。而明确提到"司法假定"的文章目前只有一篇，即苏晓宏教授所作的《法律中的假定及其运用》（《东方法学》2012年第6期）。苏教授认为，假定是法学的一个方法，是法律思维和法律判断的最基本形式。立法假定和司法假定在面对的对象、假定的立场、运用的方法上是不同的。司法假定并不因为方法的确定而变得确凿无疑，而是受到先见、立场、态度等因素的影响而构成，其结果要通过制度、法律共同体、传媒舆论的限制和复验。这篇文章对本研究的整体构思产生了深刻影响，然而，此文并未对司法假定是如何形成并发挥功用的作出具体阐明，笔者正是对此问题进行深入挖掘，并对司法假定可能产生

---

① 王申教授首先将哲学上的理论理性和实践理性融入法与理性的认识中，概括出法理性为一种逻辑思维活动或思维的反思批判能力、一种调节和控制欲望与行为的精神力量。（《论法律与理性》，载《法制与社会发展》2004年第6期；《法治实践中的理性、理念》，载《同济大学学报》2005年第5期）。这种普遍的、客观存在的法理性反映到司法实践的主导者法官身上，体现在法官裁决活动中的就是法官的裁决理性。（《法官的审判理念与实践》，载《法律科学》2005年第4期）。从现代性视角审视我国法官的担当角色，由于司法制度始终缺乏本土资源的支撑，在受到西方法文化冲击时，法官自身便会出现法理认同上的匮乏，法官的理性能力也显得不足。（《法官、现代性与法理认同》，载《法学杂志》2006年第1期）。中国法官制度建构最应注重对法官理性能力与素养的培养，这种理性能力是一种明智、冷静地对待司法经验的能力，是用排除法官本人来证明不依赖于法官而客观存在的案件事实。（《法官的经验与理性》，载《法制与社会发展》2007年第5期）。也就是法官的智慧，即一种熟练运用法律知识、司法经验、审判能力与技巧，通过其明智与果断的判断与选择，准确判决、实际有效地解决纷争的本领。（《法官的实践性知识与智能导向》，载《法制与社会发展》2011年第6期，第37—48页）。法官思维的理性又依赖于司法审判的既有理念，这主要包括司法独立、程序公正、法律规则至上论等理念。（《法官思维的理性依托于司法审判之既有理念》，载《法学》2009年第12期，第92—101页）。

的认知偏差提供有效控制的方法,以此弥补这方面的理论空白。

启动司法假定的前提是法律前见,但法学作品中对前见则鲜有论及。其中涉及论述的文章主要有郑永流:《出释入造》(《法学研究》2002 年第 3 期);许发民:《论前见、法律事实与刑法解释》(《甘肃政法学院学报》2011 年第 1 期);王申:《法官的理性认知与司法前见》(《法律科学》2012 年第 6 期);范志勇:《法学前见的内涵与特征研究》(《西南交通大学学报》2012 年第 1 期)等。郑永流教授在文章中指出,法律诠释学对于法律解释是一种带有先见的理解,理解是法律文本与理解者两个世界的沟通,在沟通中内在地创造着判决依据的立场,试图颠覆法律解释学只是借助各种方法去寻求判决与法律的一致性这一思维定式。王申教授亦肯定了法官前见对于司法审判的决定性意义,认为它的获得是其理性选择的结果,体现了事物认识发展的本质,由此构成了法官的认知视域。本研究在以上考察基础上,进一步把法律前见进行类型划分,分别指明它们对司法假定产生的不同影响。而对司法假定形成过程的阐释,李安教授的研究最值得称赞,他在《司法过程的直觉及其偏差控制》(《中国社会科学》2013 年第 5 期)一文中,精辟地讲到作为相对独立存在的认知加工系统,直觉与"理性—分析"系统共同处理各种信息。直觉机制以自动化方式发挥先行的加工作用,在信息不充分和判断不确定情形中,为理性分析提供扎实的基础。在司法过程中,直觉通过获取法条、形成初始结论为法律推理提供前提,逻辑自动化型直觉还可以省略认知过程、快捷获得结论。陈林林教授则批判了直觉裁判论,提出了法感裁判论,认为法感裁判论克服了直觉论的缺陷,为法官断案提供了一种指导和制约,并设定了判决说理的范围、要素和目标,因而更符合法律思维和裁判事业的现实及理想形态。[①] 同时,他依据心理学中的格式塔理论(又称完形理论)和联结主义表征,从发生学上阐明了法律现实主义者没能讲清楚的法感裁判问题。[②]以上关于司法假定的论述,虽有助于我们深刻认识司法假定的形成过程,但却都忽视了司法假定展开脉络中的重要一环,即司法假定的功用发挥,而本研究对此尝试作出弥补。

[①] 参见陈林林《直觉在疑案裁判中的功能》,载《浙江社会科学》2011 年第 7 期。
[②] 参见陈林林、张晓笑《裁判行为的认知心理学阐释》,载《苏州大学学报(哲学社会科学版)》2014 年第 4 期。

对法外的影响因素介入司法假定的方式及后果考察，学界主要集中在公众意见的讨论上。有关公众意见或民意在司法裁判结构中地位问题存有争议，主流的观点是一种有限开放的法条主义立场，把公众意见只作为评论性的社会事实，参与个案裁判。认为公众意见不是独立证成判决结论的正当化理由，它只是个案裁判的辅助性理由，其影响力只在法律标准之内发生，且不具备必然适用的约束力。① 有学者则将公众意见安置于不同的案件类型中，其呈现的作用也有所区别：在常规案件中，公众意见作为一种准用的辅助性依据，可以通过弱的裁量成为合理化判决结论的说明性事实；在遇有法律漏洞的疑难案件中，可以借由强的裁量充当个案推理的运作性依据，成为非常情形中正当化个案规则创制的立法性事实。② 其实，疑难案件中把公众意见看作运作性依据或立法性事实，参与到个案规则的创制中来，毋宁是作为辅助性的依据，而不是正当化的理据，真正的规范性依据仍是创制的裁决规范。但在中国传统"政法化"司法体制中，公众意见更多体现为社会情绪、公共激情，带有很强的政治取向和道德期盼，已经超出了"监督"的范围，这就给司法机关带来无力承担的压力，既难以避免"盲从民意"，又难以从个案中回应社会发展的要求。③ 而对法外因素介入司法假定的理论回应，又聚焦于司法判断可接受性理论的考察上，对这一理论主要从规范角度进行技术分析，比如强调程序公正与司法民主化等，但也有学者在法社会学视野下，考虑到社会转型带来的社会冲突的多元化，司法判断可接受性就可转化理解为，相对剥夺感和不公正感较强的诉争一方及其所在的特殊群体听众，与诉争另一方达成协议的程度。④ 不难发现，关于司法判断可接受性的论述，学者主要看到的是此理论的积极方面，却遗忘了它可能存在的潜在危险。此理论允许法外因素介入司法假定，甚至都服务于这种介入的正当化，那么会造成何种不良后果，而这恰是本研究着力要阐明的。

从多维视角的理性规制来检测司法假定，而规制的方法具有多样性。

---

① 参见陈景辉《"裁判可接受性"概念之反省：公众意见、正当化理由与司法民主化》，载《法学研究》2009年第4期。

② 参见陈林林《公众意见在裁判结构中的地位》，载《法学研究》2012年第1期。

③ 参见马长山《藐视法庭罪的历史嬗变与当代司法的民主化走向》，载《社会科学研究》2013年第1期。

④ 参见杨力《司法特殊正义及其运作机制研究》，载《法学家》2008年第4期。

在这些方法中，则集中于法律解释与法律论证的作用，比如陈金钊：《法律解释学——权利（权力）的张扬与方法的制约》（中国人民大学出版社2011年版）；陈林林：《裁判的进路与方法——司法论证理论导论》（中国政法大学出版社2007年版）及侯学勇：《法律论证的融贯性研究》（山东大学出版社2009年版）等。陈金钊教授在追求法治信念和恪守司法谦抑的惯见姿态下，带着对过度解释的反思，结合理论的最新发展和中国司法实践的现状，对法律解释学的基本问题重新作了阐释，并对法律解释的过程及方法运用进行了理论上说明；陈林林教授则提出了司法论证的一般构造，并将裁判进路和方法类型化为合法化论证、合理化论证和正当化论证三种基本模式，以此回应如何借助一般规范获得正当个案判决的法学方法论议题。这方面研究的主要贡献在于，从理论上深刻阐明了规制方法的运用过程，但其局限性也是一目了然的，那就是只对其检验功能做了十分粗略的描述，并未展开深入分析。而本研究的一个特点就在于，从案例与理论相结合的维度来对司法论证检验司法假定的功能进行深入剖析。

2. 国外的相关研究综述

司法假定是整体司法判断的必要环节，国外学者分析个人（包括司法作业者）整体判断过程的代表性著作为，美国科罗拉多大学心理学教授 Reid Hastie 与卡内基梅隆大学坤南二世心理学讲座教授 Robyn M. Dawes 合著的《判断与决策心理学》，此书主要从心理学角度说明个人在不确定世界中，如何进行判断与决策的运作历程：书中前半部分在说明判断历程以及偏误产生的心理学解释；后半部分主要在探讨价值在决策过程中所扮演的角色，以及介绍决策的规范性与描述性理论。[①] 而迄今为止，专门于法律判断的认知路径方面作出卓越贡献的，当属意大利波伦那大学计算机与法律教授乔瓦尼·萨尔托尔。他在巨著《法律推理：法律的认知路径》中阐述了法律推理或法律论证能够被视为，一种更加广泛的人类能力的应用即实践认知或实践理性，也就是处理信息以至恰当决策的能力。此书的第一部分致力于将法律推理嵌入实践认知，并且将法律推理的不同方面整合进一个广阔的图景；第二部分在逻辑分析的说明下，旨

---

① 参见［美］Reid Hastie，Robyn M. Dawes《判断与决策心理学：不确定世界中的理性选择》，林正昌译，学富文化事业有限公司2009年版。

在提供一个关于法律推理基本形式的更精确细腻的说明。① 本研究正是试图借鉴萨尔托尔迥异的分析视角与方法系统,将不同的法律思维模式整合进一个综合性的图景之中,其中囊括哲学、逻辑、心理学、认知科学、人工智能、博弈和决策理论,这些非法学方法与法律价值、原则、规则等法律方法两大方面。本研究沿着司法论证检验司法假定的认知路径而展开。

日本早稻田大学商学学术院教授内田和成把假定看作是一种及早获得结论,并付诸行动的思考能力。他结合具体的案例分析,详细阐明了在实际工作中,尤其是在混沌不明的商业领域,如何建立、运用(发挥功效)、验证以及提升假定思考力等四个方面。② 但作者毕竟是从一位资深企业顾问的角色来探讨假定问题,并有意教授职场工作者如何轻松学会假定思考法,这种分析面向必然会与司法场域中的假定有所不同。而且,更重要的是,对于如何建立假定的说法,虽非错误却只是泛泛而谈,并未结合心理学知识进行深入剖析,实乃一大缺憾。而在司法场域中,国外有关假定对裁判思维过程的影响进行详细论述的,主要有德国学者 K. 吕德尔森的《作为法源的经验:司法裁判程序中假定的设证与证伪》,以及美国学者弗兰克的《法律与现代精神》。③ 法律现实主义的代表人物弗兰克在《法律与现代精神》中提出了富有启发性的问题,如预感论和回溯推理论。他认为法律规则不是法官判决的基础,法官的判决取决于一种预感,这种预感在他对难免有误的作证作出反应之后很久才到来。这就是所谓"事后溯及"。因此,说一个正常人信赖"既定之法"就能够有保障地去行动,这样说是很荒谬的;司法裁判是由情绪、直觉的预感、偏见、脾气以及其他非理性因素决定的。从某种意义上来讲,各种各样的判断(包括判决)都是带着一个或明或暗的既有结论出发的。一个人通常以这一结论为出发点,然后努力寻找能够证明这一结论的依据。换言之,司法裁判是法官从假定性结论出发寻找合适的法律论据(前提),而不是从一般性规范推导出具体的结果。"偶像的破坏者"波斯纳从经验地理解法官的

---

① 参见 [意] 乔瓦尼·萨尔托尔《法律推理:法律的认知路径》,汪习根等译,武汉大学出版社 2011 年版。

② 参见 [日] 内田和成《假说思考法》,林慧如译,经济新潮社 2010 年版。

③ K. Lüderssen, *Erfahrungen als Rechtsquelle. Abduktion und Falsifikation von Hypothesen im juristischen Entscheidungsprozeβ. Eine Fallstudie aus dem Kartellstrafrecht*, Frankfurt a. M. 1972; Jerome Frank, *Law and Modern Mind*, New York: Tudor Publishing Co., 1936.

思维和行为出发,在《法官如何思考》一书中阐述了司法行为的九种理论,即态度理论、战略理论、社会学理论、心理学理论、经济学理论、组织理论、实用主义理论、现象学理论及法条主义理论。他的观点总体上偏向实用主义理论,主要考虑司法的外在环境约束与裁判带来的后果。其中就论述了司法前见与法官个人气质特点对裁决的决定性影响。他实证分析发现,法官并非道德或智识巨人、先知、圣人、代言人或计算机。他们都非常人性,与其他工人一样,对工作的劳动力市场条件作出反应。许多司法决定,不仅限于最高法院的,都受法官的政治偏好或法律以外其他因素的强烈影响,例如,法官个人的特点以及个人的和职业的经验,这些会塑造他的政治偏好或直接影响他对案件的审理。这些政治的和个人的要素创造了一些前见,常常是无意识的,法官会把它们带进某个案件。而要理解司法前见,最好是借助于贝叶斯决策理论。[①] 以上这些对裁判预感以及司法前见的阐述都为本研究提供了很好的论据支撑,当然,它们的局限在于并未从哲学、心理学角度明确予以阐明司法假定到底为何物。

  国外学界关于通过适用理性方法来自觉证立检测司法假定的系统性论述,主要选择为法律解释与法律论证。法律解释方法一直是大陆法系学者研究的重点领域,比如德国学者拉伦茨的经典之作《法学方法论》(陈爱娥译,商务印书馆 2003 年版);而英美法系的学者在法律解释方面有突出贡献的是美国的法哲学家德沃金。他的名著《法律帝国》(李常青译,中国大百科全书出版社 1996 年版)高举"认真对待权利"的自由主义大旗,通过解释性司法运作方式("原则立法论")来获得作为整全性的法律事业,企图恢复古老的"封闭完美的法律体系"神话,寻求司法中客观上唯一正确的答案。当然安德雷·马默主编的《法律与解释》(张卓明等译,法律出版社 2006 年版)也是这方面的一本重要作品。有关司法论证方法的应用,荷兰学者菲特丽丝所著的《法律论证原理——司法裁决之证立理论概览》(张其山等译,商务印书馆 2005 年版),它的主要贡献在于对各国及不同法律论证学说作了一个评论式概览,诸如分析评价了图尔敏的论证模型、佩雷尔曼的新修辞学、哈贝马斯的交往理性理论、麦考密克的法律裁决证立理论、佩策尼克的法律转化理论等,当然,在最后提出了一种对话式的论证理论框架,试图将理性论证的一般观点与法理论的

---

① See Posner R A. *How judges think*. Cambridge: Harvant University Press, 2008.

观点结合起来以系统的、原则方式得以展现。德国学者罗伯特·阿列克西教授所著的《法律论证理论——作为法律证立理论的理性论辩理论》（舒国滢译，中国法制出版社2002年版）可谓是关于论证方法的集大成者。他提出法律论证理论是普遍理性实践论辩理论的特殊情形，主要借助哈贝马斯的真理共识论归纳了普遍实践论证的大纲，接下来在法律论证理论部分，区分出内部证成和外部证成，指出内部证成是逻辑的三段论演绎，而外部证成是对内部证成所需前提正当性的证明，并发展出两种证成的19条程序性规则与6种论证形式。不难发现，司法假定检验方法的类型、构造及规则运用国外学者已作了精准而全面的分析，而本研究也是站在前人巨肩的基础上，试图开拓出还未曾深入涉及的司法论证检验假定的功能领域。

（二）基本框架安排

1. 写作框架

本书的主旨在于借助认知心理学的视角，精细化探究裁判行为背后的思维认知路径，揭示出司法判断中的假定过程及其可能出现的认知偏差，以此在深化司法改革背景下，提出批判性证立检验的方法对策。本书的核心论点在于整体性司法裁决与其建立在纯形式逻辑分析上，毋宁奠基于司法假定的完满性把握之上，而由法律前见作为必要条件来启动司法假定，借以潜在的直觉加工机制来先行获取，其认知功用的发挥可提升决策的质量与效率，但也会导致偏差且无法完全消除，为此假定结论通过裁决规范（合法性证立）与司法论证（程序性证立）的方法检验后，可较好增强裁决的可接受性与公信力。

本书第一章详细阐述了司法假定的性质、意义及其相关理论支持，以此反驳掩饰它的普遍在场现象，为它的正常存在作出辩护。本书首先揭开司法假定的神秘面纱，阐明它为司法过程中作出初步判断的基本思维方式之一，本质上为法官职业判断能力的体现。然后，从外在视角分析假定为相当常见的事实及其他开放的、可修正的性质，以及在适用范围与程序法等面向比较司法假定与司法判断、司法认知的概念异同。最后，以司法假定问题为导向来聚合人文社会科学中的相关理论，通过法学、心理学、哲学、经济学、历史社会学等多学科沟通意义上的描述及评价，以更深刻地把握与司法假定相关的理论支撑。

本书第二章从诠释学与认知心理学视角考察司法假定是如何形成的。

法律前见是司法假定形成的必要条件。司法假定的意义理解来自于法律前见，它是启动司法假定的出发点。前见理论处于哲学诠释学的核心地带，它是在现代解释学范式转换中完成其必然性正名的。美国法学家德沃金将法律诠释学与伽达默尔的哲学诠释学进行有效果的视域融合，深刻挖掘了法律前见的意义内涵，并阐明了事情本身保证前见的正当性。以是否符合法律的规范意旨为标准对法律前见进行类型划分，可分为合理前见与不合理前见。合理前见会对司法假定产生有效指引，譬如法律语言前见带出司法假定的发展图景、法律思维前见维护司法假定趋向稳定、法律伦理前见约束司法假定的正义指向等；而不合理前见会对司法假定产生误导性影响，比如政治信念式前见违逆司法品性与可能生活的愿景，司法功利化前见曲解对司法的忠诚。认知心理学的明确阐释为司法假定形成过程提供坚实的科学依据。司法假定借以潜在的直觉加工机制来先行获取。直觉系统是一种卡尼曼式快思考，可分为逻辑自动化与代表型启发两种模式，前者主要在简单案件中适用，而后者主要在疑难案件中采用。

  本书第三章从认知心理学的方法论视角来探讨司法假定的功用发挥及其偏差监控。在理想运作情境中，由于法官对假定抱有的确信心态及偏好心理，会产生相应的锚定效应，并且会出现一种文书中心主义倾向。当然，此种情境下，裁判文书可看作为假定功用的逻辑化展示，但假定能可靠处理案件也有限度性。在现实运作情境中，法官对假定持有"笛卡尔式焦虑"心态，甚至出现卷宗主义的极端状况。司法假定的功用发挥因受到管理体制、诉讼模式、案件类型及个人特质等内外因素影响，通常存在细化修正的可能。法官若偏执地遵行原先假定的指引，易会发生偏离实际结论的风险。这种认知偏差不易被察觉且无法完全根除，其根源在于权力修辞冲破假定发生机理的承受防线，而且，体制外正常的民情舆论监督也因权力运行系统指挥司法的法外"政治合法性"转化而被异化。因此，为确保司法假定功用的适切发挥，须通过强化司法有序民主地参与，并设置独立的司法体制屏障，以减少法外因素对假定发生机理的不当侵扰，对此，可作为应对司法假定认知偏差的有效策略。

  本书第四章重点阐述法外因素介入司法假定的可接受性理论之回应与检视。面对司法实务界出现的"舆论"审判、"政法化"司法等现象的质疑，学术界提出并深化研究司法判断可接受性理论以作回应。此理论旨在充分采纳受众意见与态度，以在主体间达成基本的司法共识。这符合司法价值取向的实践属性依归。该理论为法外因素合乎情理地介入司法假定，提供了充实的理论基础。然而，表面上看该理论是对质疑的破解，但实际遭遇的困境仍无法避免，就是此理论为异质因素转化为法内评判标准提供正当化依据，显然背离法治论者恪守的"以法律为准绳"信条。在此理论支持下，允许法外因素介入司法假定，甚至都服务于这种介入的正当化。于是，司法假定在裁决标准不明确的情况下，将法外的影响因素作为裁决标准的替代性方案，还要接受道德的外部评价检验，也就必然会使假定呈现出更富弹性化与不确定性。此外，在我国科层官僚体制下，此理论具有潜在威胁法治的可能性，一方面官僚化病态动摇司法独立判断的程序基础；另一方面权力摆平权威遮蔽审判的中立品质，突破司法权合法性底线。

  本书第五章在体系后研究范式下考察裁决规范对司法假定的检验。裁决规范的检验，属于司法假定的合法性证立。在体系后研究范式下，司法假定检验标准的合法性基础，为由融贯性和变动性论据支撑的法律体系。有关司法假定检验基准存在法条主义和规则怀疑主义两种模式的争论，而结果主义可以说是法教义学发展的新动向，主要效命于疑难案件中假定检验基准的确立。处于严格法治阶段的中国，裁决规范是体系后研究范式下重建的检验假定的依据，具备其必要性和可行性。它是法官从多元结构的法源中辨识发现的，结合个案事实与法律条文进行以法律规则为勾勒模型的解释而具体构建出的裁决理由，因而具有特定的构成要素。裁决规范成为假定检验标准而获得权威的关键在于：透过法律规则解释的具体化，使法外诉求纳入法治框架内来表达，从而假定的作出更具刚性与精密性。面对开放的法官法源，裁决规范作为检验基准所遭遇的异议可作出如下反驳：裁决规范与法源是相兼容的，法源是裁决规范建构的必要素材，通过对法律原则、习惯法、法官法等进行以法律规则为框架的整合具化，内化为裁决规范的组成部分，以此更好发挥对假定进行检验的功效；这表明裁决规范中融入技术意义上的裁量方法，本身是对法条主义模式的拓展和深化，也是对规则怀疑主义（强、弱意义上）的检讨与超越。而指导性案例作为司法解释的新形式，其应用按法律规则要素细化后，被裁决规范所吸纳，从而也可成为检验假定的基准。

  本书第六章主要探究司法论证检验司法假定的必要制度设计。司法论证的检验，属于司法假定的程序性证立。从司法假定到司法论证乃为司法判断的认知路径，司法假定要经受司法论证的螺旋式检验，才能得以进化精准。司法论证作为法官断案的灵魂，本身是对司法判断的合理证立，法官为此应负担起论证的基本义务。司法论证的核心要素在于可检验的程序，在正当程序中法官可平等参与案件的商谈论辩，并通过反思性平衡，从中找出与假定结论相左意见的个中原因，这不仅是检验其有无偏差的恰当方法，而且是消解司法判断可接受性遭遇不确定性困境的优化路径。司法论证是通过自身可验证性功能实现对假定检验校正的，而这一功能又可从可证成性与可证伪性两方面来深度把握。经过论证得出的结果与假定结论进行比照，就可发现假定结论往往是不可靠的，而外部证成可起到修正假定引导下所产生偏离实际结论的作用。通过功能主义方法的论证来检验司法假定，能够逐渐消融司法运转的僵化局面。司法假定并不必然确保类比本身所应然达到的同等对待。通过在个案中具体审视可验证性功能的双向展开，就可本真感知论证对假定结论真值性识别的重要意义，从而引起法官对论证方法的运用自觉，使裁决最大限度地接近正义。

最后结语部分，从外在观察者视角再次强调，严格法治论者会坚决禁止司法假定，但这种口号式反对又无法从根本上消除其存在的事实及对后续司法运转的指引功用。很难对司法假定的思维活动作出优劣性评价，但其表现形式即预判结论可以得到复验改进。因而，若对司法假定持有"同情式"理解与宽容，尤其是在民商事案件中，看到其利弊性影响的两方面，可能更为妥当实际些。司法假定须经历合法性、程序性、社会性检验的认知路径，特别是严格接受庭审中心的检验，才能得以不断进化精确。司法作业中的某些法官对于预断结论的一味乐观坚持，甚至直接把它重述为最终的裁判结论，即出现极端的卷宗中心主义情形，也就会导致庭审过程的虚化，与法治论者所反对的内容不同，这才是本书要着力批判反对的。

2. 可能具有的创新之处

首先，从宏观层面上看，本书的创新之处主要在于系统地提出了司法判断的认知建构过程，以及对其存在问题提供的批判性建议。本书从中国当前司法场域出发，采用跨学科的交叉视角，试图将不同法律思维模式整合进一个综合性的图景之中，并较全面地描述分析法官思维的认知框架与演进脉络，能够在一定程度上增强裁判理论对司法实践的解释力与批判力。

其次，从中观层面上看，本书明确提出司法初步判断的基本思维方式及其他形成的必要条件，并对两者是如何发生及其运作，进行了广泛而深入的内在剖析，特别是借助认知心理学与哲学诠释学的观察视界。对于学术界只侧重于程序行为及裁判结论的论述，而相对忽视司法初步决策的研究来说，本书则用整个一篇的篇幅（第一章至第四章），来阐发司法初步判断的思维方式，可视为作了填补式的揭示与以往研究的矫正。

最后，从微观层面来看，本书在具体论述司法判断中的假定及其检验方法时，对围绕假定的思维认知呈现的理论争议进行了许多独到的评论，这在文中几乎无处不在，其中犹可注意的，有下列几处：一是司法判断可接受性理论回应法外因素介入假定，而产生的一系列质疑，是否取得了预期的效果？该理论在我国科层官僚体制下，又存在怎样的危及法治的可能性？二是有关体系后研究范式下裁决规范对司法假定的合法性检验，围绕假定检验基准的模式争论，裁决规范是如何实现对法条主义的拓展与规则怀疑主义超越的？结果主义的导向又扮演何种角色？三是如何理解指导性案例的真正性质？它的应用为何能被裁决规范所吸纳，而成为检验司法假定的依据。四是有关司法论证程序性检验假定的破解思路，司法论证可验证性功能是如何对假定真值性进行识别的？通过功能主义方法的论证来检验假定，其效果如何？司法假定缘何不能必然确保类比本身所应然达到的同等对待？等等。

三 研究方法上的交叉与调适

研究对象、研究目的实际上决定着研究方法的选择，因而并非具有完全居于其他方法之上的方法，也不必专采一种而排斥其他。本书研究的对象为裁判行为的思维认知过程，其研究方法并未局限于法学的规范分析，而是更多采用跨学科交叉的视角来深入透视，跨越法学、哲学、心理学、经济学、历史社会学等，对司法判断的认知理论进行批判性展开。具体来说，主要有以下方法：

1. 案例分析法。司法假定的思维过程需要透过案例来本真把握，因而此方法基本上贯穿全书。囿于篇幅所限，本书以指导性案例与影响性诉讼案例为主要分析对象，具体通过法律关系分析与请求权基础分析法，对案例裁判理由的证立脉络进行深入的逻辑剖析，以此呈现出法官断案的认知思维路径。当然，此种方法在第二章、第三章、第四章、第六章中表现最为突出。

2. 心理学观察与实验法。本人通过到人民法院实习，并参加河北省高院重点调研课题，这样亲身参与（而非局外人）法官的裁判活动，观察记录法官的各种行为及变化情况，从法官所处的工作情境里，认识他们为案件寻找答案的深层心理运作轨迹；借鉴心理学实验得出的结论与总结的心理学效应，与法官的行为相结合，以此为裁判形成的实然过程提供心理学的阐释依据。本书在第二、三章中集中运用了这种方法，用来说明司法假定的形成、功用发挥及其偏差监控。

3. 实证分析法。主要通过实地访谈法展开定量分析与定性分析。具体是对法官进行有目的的对话采访，首先确定话题实施深入访谈，然后记录整理材料、汇总统计数据，最后分析材料数据是否能证明自己的理论假设。本书第三章第一节"司法假定在现实运作情境中的认知功用"部分，采用此方法较为明显。

4. 范式研究法。此（又译为"典范"）方法特指库恩提出的在科学研究过程中共同遵循的价值取向、观察对象、解决问题、技术方式等所构成的整体模式。此方法比较常用的有历史数据分析法、比较分析法等。本书的研究主题是司法判断中的假定及其方法检验，紧扣这一主题，本书依思维方法展开了司法假定与假定检验的论述过程。在第二章第一节中描述了哲学诠释学的演进脉络，并分析了法律前见与哲学诠释学如何视域融合的过程；在第三章中对司法假定的认知功用进行类型划分与比较；在第五章中围绕司法假定检验基准的争辩，对法律现实主义、法社会学、分析实证主义等流派的思想观点进行总体归纳与评述等。

第一章
在场的司法假定

第一节 司法假定的提出

一 司法活动中的假定

假定是人类思维与判断的基本形式之一。有时甚至是有限理性的人类在生活中的一种思考习惯，即从信息收集还相当有限或分析未及完成的阶段起，就针对问题以及解决办法以直觉方式所获取的暂时性答案，为此就会不断思考问题的全貌与结论。在一般定义上，"假定，或称假设、假说，是以已有事实材料和科学理论为依据而对未知事实或规律所提出的一种推测性说明。假定需要从事实材料出发根据已被证实的科学理论进行逻辑的论证。"[①] 因而"假定"一词更多在科学研究活动中使用（见图一），按照学术惯例指称在原有科学知识基础上得出的前提性结论，即理论预设或曰前科学的科学发现。对此无论是日常生活领域，还是科学研究领域，有学者就指出，"人们在日常领域的行为通常是不按逻辑规则进行的，其认知方式主要依赖直觉机制，即以便捷的启发方式迅速作出决定；而科学领域的认知方式则主要遵循假设检验方式，以不断试错的方式获得科学结论，即问题的解决方案先在直觉基础上形成一个或多个假设，然后对假设进行验证，验证成立的假设最终成为问题解决的答案。"[②] 历史的经验业已表明，假定是人类探究知识的最伟大的一项发明：科学理论的正统建构

[①] 苏晓宏：《法律中的假定及其运用》，载《东方法学》2012年第6期。
[②] ［美］约翰·B.贝斯特：《认知心理学》，黄希庭主译，中国轻工业出版社2000年版，第302页。

与对事物的完善理解都离不开假定;① 而且,这里讨论的假定,在自然科学家的实验发明、艺术家的新奇创作以及企管顾问的高超经营等,跨领域的广泛运用,都足以说明其非凡的作用。胡适先生就曾坦言,要"大胆假设,小心求证"。科学的特征不是确认为真,而是证明为假(Falsification)。英国著名科学哲学家卡尔·波普尔(Karl Raimund Popper,1902—1994)也提及,如果我们发现结论是错误的,那么一个或多个初始假设必然也是错误的;自然科学和各种社会科学的开展都是永无终止的试错实验,科学家的程序并不依赖从实在事实归纳出的理论,而是依赖对各种问题提出的初始假设的证伪。② 从最宽泛的性质上来说,假定是人类在长期自然演进过程中积淀生成的先天本能心理活动,因而是一种生态学意义上的生物现象。

笔者提出假定思维这项命题,既非陈腔滥调亦非标新立异。不论是法官还是普通民众在看到任何事情,都会在头脑中自觉形成初始的假定,这种假定就是他们根据自己感官所看到、听到而缺乏当事人的事实介绍或辩解而作出的,而且虽无须费力地作出,却影响以后对事物的认识评价。③ 在司法的特殊语境中,法官断然不是德沃金先生(Ronald Dworkin,1931—2013)笔下虚构的超人法官"赫拉克勒斯"(Hercules),也非在审判当天才降临,他或她在断案中必然受庭前信息影响,也就遵循着这一假定思维规律,只是案件裁决的最终物化载体是向公众展示的逻辑严密、析理透彻的公文书而已。假定模式对于科学起着重要作用,恰恰还对法律科学(在法权中)是如此地有价值。④ 法官断案情况与科学家的工作颇为相

---

① 我们熟悉的有,自然法学派提出拟制的"自然状态"说、刑事责任理论中的"自由意志"论、霍布斯假定主权政府及独立政治社会起源于原始社会契约、罗尔斯在理念化正义理论中的"无知之幕"(Schleier des Nichtwissens)、法律身体(Rechtskörper)是耶林对法学本质所作的存在与生命的假设、凯尔森在纯粹法学中"基本规范"的超验逻辑预设(transzendental logische Voraussetzung)以及康德在界定正义含义时以"自由"为前提、制度经济学与新古典经济学派假设存在着稳定的社会游戏规则,等等。
② 参见[英]韦恩·莫里森《法理学:从古希腊到后现代》,李桂林等译,武汉大学出版社2003年版,第241页。
③ 笔者曾访谈过一位从业27年技能娴熟的理发师,他讲到当看到顾客的第一眼,就会结合顾客的头型快速地作出直觉性判断与选择,在头脑中形成顾客剪发后应当呈现的样子。为此他不会轻易改变最初的预测构图,除非在修剪过程中顾客明显表示不满意。
④ 参见[德]阿图尔·考夫曼《后现代法哲学——告别演讲》,米健译,元照出版有限公司2002年版,第73页。

似，通常都为先凭直觉提出假定，然后尝试对假定进行证立检验。"司法假定"并不是一个正式的法学名词，有关文献并未将司法活动中的初步思维方式确切地描述为"假定"，但事实上这在法律中确实是一种假定的方式，比如法官从一开始就认为"这种情形应该是一个##案件"。虽然法官们作出的预判结论可能不一，但思维过程的本质具有同一性。更何况，要求中国的法官在庭前不接触任何案件证据，一步到庭，是难以实现的幻景。① 笔者结合以上论述，大胆地把司法活动中的假定定义为，法官面对待决案件尤其是庭前信息尚不充分阶段，在法律前见基础上通过直觉机制对信息加工处理，所进行初步推测或预断的思维方式。司法假定的表现形式则为预判结论或假定结论。

司法假定是司法过程中作出初步判断的基本思维方式之一，也可以说是所有司法判断都无法绕过的思维环节。很难对司法假定的思维活动作出优劣性评价，但其表现形式预判结论可以得到复验改进。司法假定始终处于层级递进式的状态，本质是法官实践理性（Praktische Vernunft）基础上职业判断能力的体现，通常表现为不完善的尝试性结论或确信效果，从而不同于纯思辨的猜想与荒诞的幻觉。司法假定作为一种思维固有的模式，并不是思维断片时候的补充。在大多数情况下，它发挥着积极作用，使得司法活动更加顺畅简洁，但有时也会带来消极影响，使裁判结果发生偏差。在康德（Imanuel Kant，1724—1804）的形而上学世界中，可抽象理解为一种先天综合性判断（synthetisches Urteil a priori）。而在美国法学家卢埃林（Karl Nickerson Llewellyn，1893—1962）及其忠实追随者看来，这是一种法官辨识情景类型的能力即情景感，它并不是法官个人的主观偏好，而是具有客观性的"内在法则"，它的实现有赖于法官通过职业理性与生活情感的交互作用，来直觉性认知和经验性把握某类生活情景，从而发现和重述相关规则。② 有论者适切地指出，"法官裁判案件首先产生的是直觉，它将提供被遵守的假定，然后才是寻求法律根据以支持上述

---

① 参见莫湘益《庭前会议：从法理到实证的考察》，载《法学研究》2014年第3期，第59页。

② 参见周国兴《审判如何回应民意——基于卢埃林情景感理论的考察》，载《法商研究》2013年第3期。

的智识性任务。"① 当代德国哲学家哈贝马斯也很清楚这一点，"从参与者的角度上来说，司法判决实践如果没有理性化的预设，是不可能进行的。"② 既然司法假定在司法适用中扮演如此关键角色，那就很有必要阐明司法假定的形成过程。

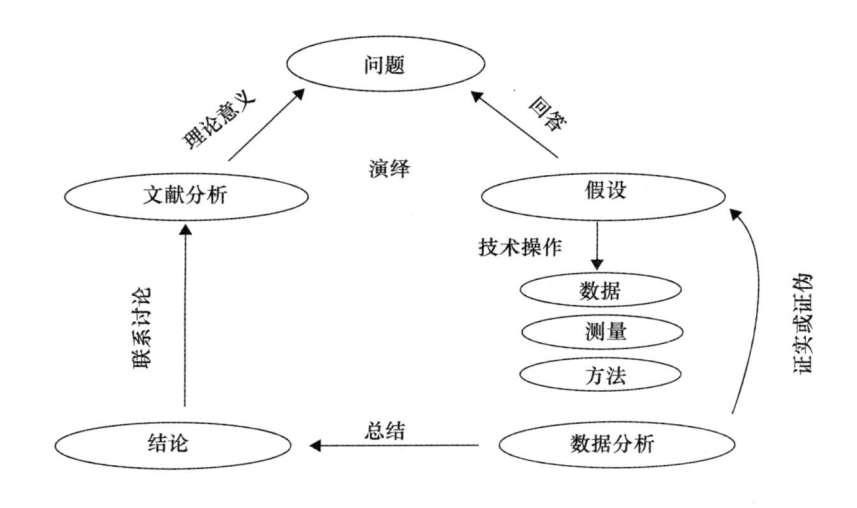

图一 科学研究活动的基本结构③

二 包含与被包含关系：司法判断与司法假定

概念使用都有自身的学术语境。司法判断与司法假定属于裁判理论语境中两个重要的概念，对此有必要作出相应辨析。两者主要的区别表现在适用范围上，前者包含后者。判断是个体或社群在相互竞争的两难境地内，作出的符合价值理念约束的最优选择。司法判断在学术界一般指称司法作业者应用法律所得出的最佳结论或结果，又可称为司法裁决、司法决策，而法律应用包括法律发现和法律适用。法律只能透过裁决（Entschei-

---

① ［意］皮罗·克拉玛德雷：《程序与民主》，翟小波、刘刚译，高等教育出版社2005年版，第24页。
② ［德］哈贝马斯：《在事实与规范之间——关于法律和民主法治国的商谈理论》，童世骏译，生活·读书·新知三联书店2003年版，第247页。
③ 彭玉生：《"洋八股"与社会科学规范》，载《社会学研究》2010年第2期。

dung）来解决问题，这意味着以形式之物来决定实质。① 司法判断是一种规则判断，围绕着事实与法律展开，具有连续性、规范性、主体间性（intersubjektive）与复杂性。首先，司法方法服务于它的形成，它通过一系列连续地判断决定，最终的结论才得以作出；其次，它区别于高标准的道德判断，判断的规范性（当为性）推演不出行为的善恶性，因此，英国法哲学家拉兹（Joseph Raz，1939— ）将这种现象称之为规范判断与评价判断之间的"裂缝"（gap）；再次，根据"休谟法则"的逻辑面向，事实与价值无法直接相互推导，判断的规范性推导不出行为在现实生活中就已落实；复次，它并不是判断者的独断，而是一种具备"扩大的见地""再现性思维"和"共通感"的主体间性的反思判断②；最后，作为大前提的法律规范是否足够有效，以及裁判者认定事实、适用法律是否足够有效，这些问题使得司法判断显得错综复杂③。此外，司法判断的最终结论具有终局性和既定力，一旦确立不得再向其他机关寻求救济。司法权的核心内涵是司法审判权，司法解释权、司法建议权、司法执行权和司法帮助权皆是围绕司法审判展开的。④ 而司法审判权或裁量权本质上是一种有权力结构关系所保障的判断权，这是司法改革的理论基点。司法权既无强制又无意志，而只有判断，因而司法工作者（更精确说是法官）就是通过行使判断权来为法效劳，实现法的决定的。"司法权之所以是判断权，是因为司法权的根本任务在于对当事人之间具有争议的利益之是与非、合法与违法作出判断和裁决，以评断社会纠纷和平息社会纷争为己任，从而促进社会的和谐和发展。"⑤ 对于司法判断概念的认识，人们总是关注于最终结论（形式为实存的裁判文书）的作出，却往往忽视它的连续性，其中还包括司法初步判断（结论）的部分。从形式上看，结论性判断是法官在准用规范和个案事实之间不断进行比对、调适"初步结论"得来的，

---

① 参见颜厥安《幕垂鸦翔：法理学与政治思想论文集》，元照出版有限公司2005年版，第23页。
② 参见唐丰鹤《论司法判断的性质》，载《前沿》2013年第8期。
③ 参见周祖成、喻彦霖《法律心智：返回法律的生活世界——一种现象学的视角》，载《法制与社会发展》2012年第3期。
④ 参见施新洲《司法权的属性及其社会治理功能》，载《法律适用》2014年第1期。
⑤ 王纳新：《法官的思维——司法认知的基本规律》，法律出版社2005年版，第40页。

即所谓的"目光的往返穿梭"理论。① 司法假定作为司法初步判断的思维形式,与司法判断相比较,很明显地,前者属于后者范围内的部分,也就是包含与被包含的关系。

三 程序法上的区隔:司法假定与司法认知

司法假定与司法认知这两个概念属于不同范畴,由于学术界对此界定的不统一,导致两者容易发生混淆。在此有必要进行概念释义与辨析。"认知"一词主要在心理学上使用,意指人的心智或思维活动。但司法与认知的结合却具有了法律层面的特殊意蕴。司法认知源于英美法系国家的证据法概念,本质上是一种免证事实制度。对此可定义为法官在审判过程中,依职权或依当事人申请,对某些特定的事项,无须当事人举证证明而直接确认的,并将其作为定案根据的特殊职权行为。② 它属于法庭的一种裁判职务行为。③ 司法假定是法官在案件审理前对获得的不充足信息,通过直觉机制加工处理而初步确认与判断,产生的确信效果。两者在程序法上的区别表现在:(1)司法认知发生在案件审理过程中,而司法假定主要发生于案件审理前;(2)司法认知的作出无须以任何事实的证明为基础,而司法假定的作出必然以已获得的一些案情信息为前提;(3)司法认知不可能被证据全盘推翻,不具有可反驳性或可废止性,而司法假定的结论可能被后来更强的证据所推翻,具有可反驳性④;(4)司法认知中法官对不具有争议的可靠事实和明确的法律予以直接认定,而司法假定中的案情信息是不完全不确定的,法官只是暂时予以确认。

在此需要补充的是,司法假定也有别于司法推定。在诉讼证明中,认定案件事实的方法有两种:一是严格证明,即通过证据来证明案件事实;二是推定。⑤ 司法推定又称事实推定(在德日民事诉讼法上称"表见证

---

① 参见[德]拉伦茨《法学方法论》,陈爱娥译,商务印书馆2003年版,第13—14页。
② 参见阎朝秀《司法认知研究》,中国检察出版社2008年版,第3—35页。
③ 参见周萃芳《司法认知论》,中国人民公安大学出版社2008年版,第4—5页。
④ 可反驳性(defeasibility,或译为可击败性),并非一个困难的概念,它的意义其实就是指:某些真或正确的命题并不绝对地真或正确。这些命题的正确性随时可以被更强的反面论据(stronger counter-arguments)所否定(所击败,defeated)。Peczenik说,"所有的法律规范都在其内容的可改变性意义上,具有可反驳性的特色"。参见颜厥安《规范、论证与行动——法认识论论文集》,元照出版有限公司2004年版,第93页。
⑤ 参见李浩《民事举证责任研究》,中国政法大学出版社1993年版,第186页。

明"），它是与法律推定相对应的概念①，属于法官自由心证的范畴，在我国司法实践中是客观存在的。作为对司法三段论中小前提的预设，是一种事实认定的重要技术手段，其基本功能是为法官审判提供一种简捷的认定未知案件事实或争议事实的方法。② 它强调认定事实的思维出现断片（推不下去）之时，根据经验法则使用逻辑方式，从基础事实（间接性事实）推导出未知事实（待证事实）。由此，事实推定并不能彻底排除发生错判的风险。而司法假定是法官在案件审理前对案件结论作出的初步判断，就不仅仅包括事实认定中的假定，还包括适用法律中的假定。

第二节 揭开司法假定的面纱

一 相当常见却为人遮蔽的司法假定

在明晰司法假定的简单定义及相关概念后，有关司法假定更为深层的问题开始浮出水面。司法假定是法官给予的思维方式。它本来在司法活动中相当常见，却为人忽视或被刻意遮蔽。有学者以32万刑事判决（指被控罪名及其相应法律后果的罪刑关系个数）为样本进行实证分析表明，这种初始假定来自于证据信息不对称、实体性暗示、控辩力量对比悬殊、控方对案件的初选等四类背景信息，使司法人员对案件（被控告者）是否有罪的最终结果早有心理准备和预期；由于司法假定的存在，一些有罪判决是实体定罪条件与有罪前见的综合产物，因而零无罪率是不可能的；司法假定位于形式理性与实质理性二元分析框架的盲区，只有在坚持形式理性的过程中，自觉控制司法假定的影响，才能实现对公民法权利的平等保护。③ 司法假定存在于裁决过程中，也就是说我们无法拒绝司法人员对案件最终结果产生的心理预期。若放在刑事案件中司法人员对犯罪嫌疑人可能产生有罪或无罪的预期，但出于司法人权保障的目的，各国刑事法律

---

① 从历史角度看，事实推定是法律推定的遗留。这种推定原本是调整证明评价的，但由于它被误认为是法律，对证明责任就必然会产生影响。一旦推定脱离了法律，那么，推定的法律基础就丧失了。参见［德］汉斯·普维庭《现代证明责任问题》，吴越译，法律出版社2000年版，第77—78页。

② 参见洪冬英《民事诉讼中推定的运用与规制》，载《法学》2010年第10期。

③ 作者在文中将此初始假定称为"司法潜见"，详见白建军《司法潜见对定罪过程的影响》，载《中国社会科学》2013年第1期。

要求司法人员作出无罪的预期，也即"无罪推定"原则（presumption of innocence）。而从目前的实践情况来看，司法人员往往习惯于肯定一个人的罪行即倾向于"有罪推定"。依笔者之见，这里的"无罪"预设并不是司法人员在思维断片时作出的补充，而是法律所强制要求的思维假设，因而称之为"无罪假定"似乎更加妥当些。再比如，在合同法领域书面契约的解除被假定为债的清偿，在错债给付诉讼中存在有利于债权人的假定，以及关于死亡顺序的假定和妻子财产源于丈夫的假定，等等。[①]

欧陆学者一般醉心于逻辑三段论（Syllogismus）公式[②]，以此作为理性分析工具来建构司法裁判结构，并用来评价裁判结论的形式有效性，但逻辑技术并非推动法律发展的唯一动力，他们在司法决定中往往忽视了非理性要素[③]的价值，也没有对司法判断的发现模式提供完善的原创性理论。当然，这种忽视并非局限于司法决定中[④]，更重要的是，笔者不是持一种反逻辑或反概念的蔑视心态，认为形式逻辑在裁判思维中不重要，有意为司法过程抹上非理性主义色彩，而是强调三段论法的概念包摄不能涵盖所有的裁判思考模式。逻辑理性不仅是西方哲学传统中（尤其是分析哲学）的主要议题，而且萦绕在整个法学思想意识的谱系中。"冷静的理性方式可以充斥我们的教科书，但世界要丰富得多。"[⑤] 理论家并没有坚定地揭穿丰富实践中司法假定的神秘面纱，尽管法律现实主义者的理论见

---

① James Williams. *The function of evidence in Roman law*. Law Mag &L Rev, Vol. 19, 1894, p. 279.

② 欧陆学者一般偏重于法律的逻辑分析，主要是由三个因素促成：①由于法官作判决时，须受到法规范的拘束；②因一切法律皆由国家制定，国家制定的法律是唯一的法源；③因国家的法律秩序，必须彼此不相矛盾，具有体系性或统一性。参见杨日然《法理学》，三民书局 2005 年版，第 186 页。

③ 主体认识结构中的非理性要素指的是在认识过程或思维活动中出现的非逻辑的思维形式及通过非逻辑的思维形式进行思维活动的能力。它的主要内涵包括两个方面：一是作为非逻辑思维认识过程内部结构和具体形式的联想、想象、直觉、灵感、顿悟、潜意识或无意识；二是参与调节和控制非逻辑思维认识活动的，作为进行非理性认识不可缺的那些外部成分，如欲望、需要、情绪、情感、兴趣、爱好、意志、信仰、理想及信念等要素。参见张浩《认识的另一半：非理性认识论研究》，中国社会科学出版社 2010 年版，第 9—11 页。

④ 继启蒙时代的唯理主义而来的非唯理主义思潮，如浪漫主义、历史学派及生命哲学等，恰恰合理地表明了：人类存在的一些重要方面——意志、感情、经历、经验、动机——曾被忽视，因而必须重新说明它们的合理性。参见 [德] 阿图尔·考夫曼《后现代法哲学——告别演讲》，米健译，元照出版有限公司 2002 年版，第 15 页。

⑤ Sen A. , *On Ethics and Economics*. Oxford: Blackwell Press, 1987, p. 11.

解带给我们重要的启示。① 他们不敢直面裁判过程中真实存在的假定，只是以"不予明言"的词汇进行搪塞，却并未明确予以阐明其到底为何物。

其实，司法假定一直在场。作为法律践行者的法官们心里都很清楚，每天都会多次表现出很强的假定思考能力，但却一直试图向公众隐瞒真相，保守着此秘密。那至于不去坦然自揭面纱，其顾虑想必有三：一是裁判须真实性与相关性论据来证成（Rechtfertigen），但假定之所以称之为假定，就是未经证明先暂时确定为真（并非完全正确），对此的揭开也就可能害怕，被贴上反理性或反法治思维的标签，进而招致"裁判是恣意武断作出的"诘难；二是法律程序被誉为"看得见的正义"，而假定隐藏在程序的背后，保留这块遮羞布似乎就能维护程序正义，不然就把正义搞得看上去太个人化了，反而会令人不快；三是这种假定固守"眼见即为事实"的原则，更多依赖的是经验知识积淀后灵感与悟性的闪现，法官自身都无法很好地用言语清晰而明确地表达，更不用说让争讼双方当事人及社会公众认同接受了。不仅仅是法官的刻意隐瞒，作为严格的法治论者更会为司法假定的提出感到焦虑而坚决反对，但这种反对又无法从根本上消除假定的存在事实及对后续司法运转的指引功用，而且一味地反对反而显得有些呆板僵化。在司法实践中，想绝对消除假定只不过是法治口号下的美丽"乌托邦"。司法假定作为职业判断力的运用，须通过长期的专业练习才可熟练掌握。其实，康德早就指出关于判断力是无法教授的，而只能从具体事情上去感觉、领悟。② 正是这样一种内在类似于共同感觉的能力，虽表现出沟通知性与理性的特有魅力，但不免让人觉得它无迹可寻。当我们勇敢戳穿司法中这一不为人知的秘密后，或许很多普通民众会认为，法官裁决是恣意擅断的产物，毕竟没有经过透明可见的主审程序，以全面了解案情就径直预先得出结论。而事实上情况可能并非如此。借助于认知心理学的敏锐洞察来深刻剖析司法假定形成的内在过程，就可很好地

---

① 法律现实主义者主张最初的直觉判断（假定）是全部司法程序的根本基础与核心。他们认为这种判断并不是一个值得争议或刻意藏匿的问题，波斯纳就将法官依最初直觉行事视为"无言之知"。同时，著名代表人物弗兰克也指出，"从某种意义上来讲，各种各样的判断（包括判决）都是带着一个或明或暗的既有结论出发的。一个人通常以这一结论为出发点，然后努力寻找能够证明这一结论的依据"。参见 Jerome Frank, *Law and Modern Mind*, New York: Tudor Publishing Co., 1936, p. 100.

② 参见［德］康德《判断力批判》，邓晓芒译，人民出版社 2002 年版，第 12—16 页。

消除公众的误解或有意曲解，使司法假定走出法学的阴影区域，实现其华丽的转身。

二　司法假定应是开放的、可修正的

司法假定是由设证（假说）推理发现的，它是从结论出发试图寻找最佳前提（解释）依据的推理，其中选择的结论由于来自司法作业者在信息不确定状态下的预感或闪念，本身具有似真性、可废止性。"假说推理中的看法如同灵光闪现，忽然降临。它是一种直觉，虽然是一种易错的直觉"，[1] 这意味着自我的假定思维及得出的假定结论必须与他人进行平等沟通交流，谁都没有资格将自己的假定强加给别人，因而司法假定应是自由开放的、可修正的。从法律应用的实际经验看，应用者往往先有初步结论，然后经由大前提去寻找小前提，以获得引起结论的条件，这些结论也常常是透过直觉产生，其过程为结论——大前提——小前提，而这点与杜威的实用主义作为一种工具主义的观点很相似；在假定中，前理解发挥着作用，前理解既可对也可错，这就使假定应当是开放的、可修正的。[2] 司法假定结论的可废止特性（可反驳性）必然要求受多种考虑因素的制约，如社会机制、事物本质、最低限度的道德要求及民情舆论等，但最根本的是受到法官共同体实践理性的限制。[3] 法官获取假定结论来自于长时间有效的法教义学（Rechtsdogmatik）训练，以及生活经验积累的前见所形成的法律人思考方式，而实质的意蕴就在于依赖简单逻辑涵摄（Subsumtion）模型在规范与事实间快速等置获得稳健的法感。公正的法感是法律人在长期实践中意识与行为间建立的条件反射性的关系模式，总是会在法律适用之前指示案件的解决方案。它不需要注意中心机制的参与，就直接"闯进"我们的脑海中，而裁判思维的基本质料——规范与事

---

[1]〔美〕斯蒂文·J.伯顿主编：《法律的道路及其影响》，张芝梅、陈绪刚译，北京大学出版社2005年版，第153页。

[2] 参见颜厥安《法与实践理性》，允晨文化实业股份有限公司1998年版，第153页；杨日然：《法理学》，三民书局2005年版，第188页；郑永流：《法律判断大小前提的建构及其方法》，载《法学研究》2006年第4期，第11页。

[3] 法官的实践理性既是法官的一种逻辑思考的能力，还是一种用以调节和控制法官欲望和行为的精神力量。借助于它，法官来掌握法治世界，并指导法官行为的实践之知。参见王申《法官的实践理性论》，中国政法大学出版社2013年版，"导论"第1—6页。

实——在法感养成方面处于根本规定性地位。在 20 世纪 60 年代发生"语言学转向"潜移默化的影响下，词与概念的关系规定着思维关系，这样法感又直接体现为法官通过语言媒介来理解当前案件。

　　法官总是习惯于把假定硬是塞入案件的后续审理中，因为这种事先练就的手法既迅捷又坚固耐用。然而，这本身就有操纵法律、使法官中立的角色滑向控告一方之危险，从而使法官忠诚法律的坚守变为凭空虚幻。同时，假定的指引在心理监控机能不完善的情况下，更有可能产生认知偏差，从而导致不公的裁判。法定构成要件（der gesetzliche Tatbestand）是案件事实的类型化。而法规范是由法条与法律规定构成的完整但变动的体系。若从逻辑结构上讲，法条由规范性的假言语句（如果……就如何）来表达一种意志或意愿①，案件事实涵摄于构成要件下而适用的法效果，恰好与法条的表达逻辑相契合，也就在外观规范功能上直接为法感的获取铺平了道路。前已述及司法假定的结论具有可废止性，在此处经验的意义上，就表明涵摄公式的"短板"所在。其实，有洞识的学者早就强调过，"迄今提及的作者们在一点上倒是意见一致，质言之，对于借助逻辑涵摄（即：将案件事实归属一法规范的构成要见之下），由法律推得裁判的程序，他们或者根本无法做到，或者认为其意义并非如想象般重大。"② 以上论述，从外在视角我们可觉察到司法假定结论本身的效力是待证的，及其对潜在危险性的防范，都须对假定保持开放的、可修正的姿态。

第三节　司法假定的相关理论支持

　　通过上文的阐明，我们发现司法假定处于感性与理性的中间地带，对这一盲区的努力开拓，还需深入挖掘司法假定的理论来源。而这不仅关涉到假定的形成及运作的展开，而且直接涉及法治中国建设中法律实施的优劣及司法公信力的形塑。司法假定并非神奇般捉摸不定而匪夷所思，它涉

---

　　① 规范性的假言语句是含有或暗含"应该"（ought to be）这一价值判断性语句，当这种规范语句的劝导意向弱于怀疑态度时，任何一种"应该"就都有可能是不应该的了，而这一问题的解决依赖着存在论根据。参见赵汀阳《论可能生活》（第 2 版），中国人民大学出版社 2010 年版，第 1—6 页。

　　② ［德］卡尔·拉伦茨：《法学方法论》，陈爱娥译，商务印书馆 2003 年版，第 33 页。

及的是法官的初步决策行为。法学作为一门规范科学，是以人的各种社会关系为研究对象，以实定法体系为研究范围（比如法教义学、分析法学）的，但研究对象决定了它不能只把自己孤立在规范的学问之中，也应关注与其相关的其他学科领域的最新研究动向与进展，甚至要打破学科壁垒分明的界线，实现知识的融合贯通。规范的学问并不能为司法假定给出恰当明晰的理论方案，我们不得不转向其他学科，拓展问题意识以寻求更有说服力的智识资源与方法进路。换言之，应当立体地、动态地、交叉地去考虑法律问题，以问题（而不是规则）为出发点，以综合交叉（而不仅是法学）为出发点，以行业法（而不是部门法）为出发点。[①] 笔者以下就试图从多学科交叉渗透或法律科际整合（Interdisziplinäre Zusmmenarbeit）[②]的视角，对支持司法假定相关的理论加以探讨，以期能促进司法假定议题研究的不断深入。

一　假定由生活体验形成的前见来把握

德国当代著名哲学家伽达默尔（Hans-Georg Gadamer，1900—2002）在其师海德格尔（Martin Heidegger，1889—1976）"理解前结构"理论[③]基础上把握解释学的历史性深层向度，超越存在论解释学转入哲学诠释学（Philosophical Hermeneutics）。哲学诠释学主张，理解的经常任务是作出历史视域的筹划活动，这种筹划作为筹划就是预期，而预期应当是"由

[①] 参见孙笑侠《论行业法》，载《中国法学》2013年第1期。

[②] 法律科际整合是指法学知识借由法律科际整合拓展其领域与范围，借以回应社会对于法学之期待与认知，以解决社会问题。其目的即是作为法学与其他学科或社会之沟通桥梁，并以建构程序性法律作为沟通机制，使法学得以精确地将社会事实转译为法律事实，借以因应新兴社会价值的出现、传统权力关系的改变、经济全球化所产生之合法性危机，进而能够实质上解决社会问题，达成社会对于法律正当性之期待。参见李铭杰、贾凡逸、陈怡君《何谓法律科际整合？》，载杨淑文等主编《迈向科际整合的法学研究》，元照出版有限公司2013年版，第65—82页。

[③] 在海德格尔看来，此在在世的解释奠基于理解前结构之中，一切解释都有其先行具有、先行视见和先行掌握。我们把这些"前提"的整体称为诠释学处境。如果解释作为阐释而成为一项明确的研究任务，那么就需要从对有待开展的"对象"的基本经验方面并在这基本经验之中先行澄清和保障这些"前提"的整体。此在之存在的操心构成了此在的结构整体的整体性，而操心的首要环节是"先行于自身"，"先行于自身"之为操心的本质结构环节是不可抹杀的。参见［德］马丁·海德格尔《存在与时间》，陈嘉映、王庆节译，生活·读书·新知三联书店2012年版，第266—273页。

事情本身"才得到证明。① 预期的内容借由解释者日常生活世界的印迹与职业经验形成的前见来完满性把握,而预期在同一解释对象的更改修正中达到对事情本身(Sachenselbst)的正确理解。所以,"解释者需秉持某种积极投入的态度。在没有适当的把握之前,解释者须要作出一种先行方案,然后一再修正,形成新的方案。这种筹划就是一种先行预备的备案,直到符合事物本质的筹划产生为止。"② 这里的"预期"是任何想理解文本之人一直向该文本提出的一种意义期待,就相当于司法裁判中的假定结论,而"事情本身"相当于司法理性与裁判正义。预期的造就需要审美教育培育的"是非感",在康德那里赋予这种感觉能力以游戏的趣味性。"是非感"(Rechtsgefühl)是带有十足诠释学意味的法哲学思想。它是一门具有正确的前见之技艺,法官若告别它,在任何情况下不应把它带到判决中,仍然"只服从法律",则非常罕见。③ 当代英美世界自由主义法理学的重要代表罗纳德·德沃金在采纳伽达默尔的哲学诠释学基础上,将此哲学原理应用于司法场域进行了有益的尝试。他的整全性(integrity)实质法治观就是对司法实践作出最佳建构诠释的成果,对此留待后文会有详细阐述。

而体验哲学在我国传统思想中具有很深的存在根基,它是基于身心体验而悟到的对事物不可言状的理解,本身需透过冥想的功夫才有所掌握,因而含有超越的神秘化色彩,譬如儒家的"修身养性"、道家的"非常道"、佛家的"非法非非法"等。"体验哲学的发展是在'道可道'的思路下展开的,作为传统思想最主要部分的儒家在道家和佛家的影响下,将体验哲学发展成为一种可以实践的通向'圣贤'之途的生活方式,最突出的就是宋明理学的发展。"④ 体验哲学的知识谱系所勾勒的"体验"轮廓,强调的是对事物印象的直观感受性,儒释道三教也都系统肯认了人有智的直觉。由此可联想到柏拉图(Plato,公元前427—前347年)的洞穴

---

① 参见〔德〕汉斯-格奥尔格·伽达默尔《真理与方法——哲学诠释学的基本特征》,洪汉鼎译,商务印书馆2010年版,第379页。
② 吴庚:《政法理论与法学方法》,中国人民大学出版社2007年版,第281页。
③ 参见〔德〕阿图尔·考夫曼、温弗里德·哈斯默尔主编《当代法哲学和法律理论导论》,郑永流译,法律出版社2013年版,第170页。
④ 沈敏荣、桁林:《论法律万能主义与法律虚无主义》,载《思想战线》2003年第3期,第130—131页。

比喻，其寓意在于真正的知识并非由事实观察获得，而是透过人直观冥想的功夫。体验哲学不去追问事物的本质或背后的逻辑原因，而是不加批判地相信事情神秘化的发生，即使是有说服力的统计资料，也很难改变内心体悟到的信念，此种心理特质在国人心中可谓根深蒂固[①]，颇具跳跃的直觉打败严密逻辑的味道。这种体验不同于康德所指称的"纯粹悟性概念（范畴）"，它指的是一种思维自发性的判断能力，而思维则是由概念所生的知识[②]，类似于哈耶克所说的在人类自发进化选择过程中形成的"默会知识"，处在"本能与理性之间"。在简单案件（easy case）中，法官主要依靠缺乏意识监控的直觉加工机制获得假定结论，这一结论作出的过程本身不能较好地通过语言媒介加以明晰表达；在疑难案件（hard case）中，法官主要依赖启发性直觉进行原则权衡与利益衡量来获取假定结论，由于"客观上存在'不可理论化'的向度，其间的司法智慧和裁判技艺，有的或许只能意会而不能言传"[③]。而这裁判思维中的直觉，虽不如"道可道"那般暧昧而玄奥，但也许我们可以更恰当地说，是因生活的独特体验而产生纯化了的顿悟。顿悟问题的表征就是重新诠释的问题。[④] 司法假定的前奏来自于法官这种难以言传的瞬间顿悟时刻。法官会在今后的大量实践中将直觉转化为稳定的知识结构与职业技能。

二 法律假定可能的源泉就是法感

法律现实主义者对规则与事实抱以存疑的立场，持一种行为主义决断

[①] 其实，体验哲学在将事物神秘化、赋予神祇、巫术力量等克里斯玛资质的同时，也就相应缺失了科学精神去理性阐明与实证分析，周遭事物是何以发生的，比如很多中国人表现出对金庸小说中，武侠英雄所施展武功（如九阳真经、六脉神剑、降龙十八掌等）的迷恋与痴狂，再比如"喜鹊代表吉祥"是很多中国人对此的传统认识。当然，即使是当今科技文明的信息社会，想要彻底清除尚带有神秘化色彩的残余，往往并非一件容易之事。相反，西方哲学是"思"的哲学，更重视科学理性与实证分析。此观点的形成深受笔者在复旦大学历史系访学吴以义教授的启发。

[②] 参见康德《纯粹理性批判》，蓝公武译，商务印书馆1960年版，第81—94页。

[③] 陈林林：《裁判的进路与方法——司法论证理论导论》，中国政法大学出版社2007年版，第203页。

[④] 顿悟这种重新诠释可透过以下方式发生：(1) 精致化，亦即，根据推论或环境增添和问题有关的新讯息；(2) 限制松绑，亦即，改变目标上的限制；(3) 重新编码，亦即，经由重新分类或删除某种讯息的方式来改变问题表征的面向。参见［英］Michael W. Eysenck and Mark T. Keane《认知心理学》，李素卿译，五南图书出版股份有限公司2003年版，第589页。

论的法学思维类型，认为书本上白纸黑字的规则是模糊的，案件事实也是不确定的，而要重点关注的是实际影响法官判决的个人因素与主观态度，这又主要表现于对法适用动态审判过程的现实描述。他们通过经验科学的方法对许多法律判决进行比较分析后发现，真正的判决奠基在法官训练有素的预感之上，大胆地"跟着印象和感觉走"，凭直觉自然地引导判案，而纸上规则（paper rules）、内部逻辑推理并未在司法裁判过程中发挥太大作用。法律仅仅是法院所宣称的决定，以及对将来决定的有效预测，而所谓的以"R（法律规则）×F（案件事实）= D（判决）"形式给出的书面理由构成，实际上是法官事后追加的，都是无关宏旨的。法律现实主义的健将弗兰克（Jerome Frank，1889—1957）就认为，法律规则不是真正指导法官判决的基础，法官的判决取决于一种预感，这种预感在他对难免有误的作证，作出反应之后很久才到来。这就是所谓"事后溯及"（ex-post facto）。因此，说一个正常人信赖"既定之法"就能够有保障地去行为，这样说是很荒谬的，判决是外界刺激作用于法官气质、性格、兴趣等个性特征的产物，也就是说，司法裁决是由情绪、直觉的预感、偏见、脾气以及其他非理性因素决定的。[1] 法律现实主义者还通过"自然观察和控制观察""临床访谈""内省""实验和准实验"等心理学方法对法官裁决行为进行实证研究后表明，"理解法官发现裁判结论的实际心理运作，不仅有助于法官为案件提供更加高明的裁判结论，还能够使裁判结论的正当化更加明晰。"[2] 在此可以看出，法律现实主义者的"直觉法理学"揭示出司法运转过程的核心，在于法官敏锐的直觉或预感形成的尝试性结论，它才真正决定着判决的最终结果，而非从一般规范直接推导出具体结果。为此，美国联邦最高法院大法官霍姆斯（Oliver Wendell Holmes，1841—1935）相当中肯地评论道，"在合乎逻辑形式的背后，存在着对于相互竞争的立法理据的相关价值和重要性判断，这个判断常常是一个无从言喻且无意识的判断。但是，这是真实存在的，而且还构成了整个判决过程的根基和命脉所在。"[3] 弗兰克亦给出

---

[1] 参见 博西格诺 等《法律之门》，邓子滨译，华夏出版社 2002 年版，第 33 页；J. W. Harris. *legal philosophies*. London Butterworths, 1980, p. 95.

[2] 李安：《裁判形成的思维过程》，载《法制与社会发展》2007 年第 4 期，第 14 页。

[3] See Oliver Wendell Holmes, *The Path of the Law*, in *The Common Law & Other Writings: Selected Legal Papers*, the Plimpton Press, 1982, p. 181.

这样的感叹，"从某种意义上来讲，各种各样的判断（包括判决）都是带着一个或明或暗的既有结论出发的。一个人通常以这一结论为出发点，然后努力寻找能够证明这一结论的依据"①，这显然对裁判理论具有重要的启发意义。

特别要指出的是，"法律人在接触待决案件时，都能借由潜意识、直觉和经验得出一个初步的法律结论，这种感性的判断能力就是所谓的'法感'（Rechtsgefühl）。获得任何一项法律上之发现，以及判断该项发现或决定是否正当、合理，第一种可能的源泉和认识根据就是'法感'。"②尽管法律现实主义者的法感决定论挑战了法官作为纯然理性智者的传统③，从而受到法条主义者或法教义学者的猛烈抨击与质疑，认为这种论断未能提供一般性的评判标准和价值序列即缺失思维坐标，过分依赖于非理性的直觉反应与外在刺激的回应，仅使判断停留在法感、激情的模糊形态层面，因而已逃逸出法律规则的约束而使裁判走向极致，难免滑入主观神秘化与法律虚无主义（nihilism）深渊的危险。针对直觉决定论，常被提起的富有讽刺意味的论题是"裁判取决于法官早餐吃了些什么"④。但不可否认的是，要使我们彻底摆脱这种法感决定论或感情法学的束缚，必然也是枉费心机。因为法律现实主义者深刻揭示出法官预感形成初步假定结论的主张，而这一主张恰好与现代认知心理学的研究相吻合，而非无稽之谈。欧陆的利益法学（Interessenjurisprudenz）、目的法学（Zweckjurisprudenz）也与现实主义法学（Legal Realism）站在同一立场，对法条主义者的诘难作出了回应。利益法学开启了欧陆法学怀疑主义的大门，它的健将德国法学家赫克（Philipp Heck，1858—1943）就认为，一个合理的判决，并非只能通过对法条进行深思熟虑的

---

① Jerome Frank. *Law and Modern Mind*. New York: Tudor Publishing Co., 1936, p. 100.

② 陈林林：《裁判的进路与方法——司法论证理论导论》，中国政法大学出版社2007年版，第26页。

③ 关于现实主义者对司法传统的挑战，有学者作出回应，认为在"一战"后美国国家崛起的时代，他们解构规则和揭秘法律确定性神话的目的并非"反传统"，甚至恰恰是通过反思欧陆法学的误导性影响，捍卫面向个案和现实的"普通法传统"。参见陆宇峰《"规则怀疑论"究竟怀疑什么？——法律神话揭秘者的秘密》，载《华东政法大学学报》2014年第6期，第70—77页。

④ R. Dwokin, *Law's Empire*, Harvard University Press, 1986, p. 36.

理性适用才能获得，法官同样可以通过直觉，借助于法感获得这一判决。① 而目的法学派创始人耶林（Rudolf von Jhering, 1818—1892）甚至认为，法官的法律感觉为确保法律目的获得实现而存在，有左右判决结论的决定力。②

三 司法假定也受动物本能的影响

传统主流经济学是以非人格化的"理性经济人"假设为理论基石，以亚当·斯密（Adam Smith, 1723—1790）那只"看不见的手"为理论基调，自我陶醉在人本主体中心主义中，而行为经济学直接对这一理论前提提出了挑战与修补，突破了传统经济学的界限及视域，"回归于个体行为的异质性本质，从而在本质上拓展了主流经济学理论的解释能力"。③ 面对不确定社会状态下的风险，行为经济学不再坚持同质理性人假定，而是把人看作理智和情感的混合体。人是社会性的，有着各种情感，会表达出情绪，会凭借直觉做事情，如此等等。④ 此学派提出受主观性预期影响的经济行为带有浓厚的非理性色彩，正是投资者非理性的个体异质行为，才导致经济运行的不稳定性与不确定性，造成市场体系的脆弱与失败。行为经济学所指的非理性行为是指理性行为之外的行为，这种非理性行为有时候以经济学标准而言，有时候是以心理学标准而言即考虑某一个体行为和他所处社会环境是否相符，比如冲动行为、从众行为、摆阔消费、股票交易、"夸张贴现"等。⑤ 非经济动机和非理性行为在诺贝尔经济学奖得主席勒（Robert James Shiller, 1946— ）

---

① See Philipp Heck, *The Formation of Concepts and the Jurisprudence of Interests*, In the Jurisprudence of Interests, trans. and ed. By M. Magdalena Schoch, Harvard University, 1948, p. 182.

② "法律感觉"这一机制在耶林的学说中扮演着极为重要的角色。对耶林而言，法律感觉就是正义感或价值感（Gerechtingkeits-und Wertempfinden），是人类用来掌握被实现在法律秩序中的"目的"之机关（Organ）。参见吴从周《概念法学、利益法学与价值法学：探索一部民法方法论的演变史》，中国法制出版社2011年版，第141—142、490—491页。

③ 贺京同、那艺：《行为经济学对个体异质行为的研究与启示》，载《光明日报》2007年8月7日第1版。

④ 参见周业安《行为经济学的缘起》，载《中国社会科学报》2012年3月28日第6版。

⑤ 参见刘波等《行为经济学对传统经济学基本假设的修正和发展》，载《西安交通大学学报》2004年第3期。

看来就是所谓的"动物精神"（animal spirits）[①]，他认为人类并不愚蠢，但其理性有所局限，为此他准确预言了世纪之交纽约股市的暴跌和2008年美国次贷危机的爆发，并直言中国房地产现在泡沫严重。另一位诺贝尔经济学奖得主克里斯托弗·西姆斯（Christopher Sims，1942— ）也十分明白，他表示事实上在经济学领域中，大部分个体在大部分方面的表现都并非完全理性的；通过资本市场和个人行为的研究发现，几乎每个人在每个时段内都会作出一些不切实际的预测；人类在经济活动中的非理性行为或是2008年全球金融危机产生的一个缘由。[②] 理解现实的理性力量虽野心很大，但纯粹的理性与逻辑无法替代经验世界的知识。行为经济学的反悖理论就恰恰阐明了现实社会中有限理性（bounded rationality）的人，凭借无意识的情感冲动来行事，有时公然反抗经济逻辑，虽是不可超越的局限，但却是人性的本能反应。而且，这也更加逼近真实世界中的决策动机与行为结构。因为这种非理性行为更多是长期经验积累与知识储备的直接反应，在心理上是可以理解的，也往往符合事物的发展规律与制度逻辑。在这个意义上，卢曼的风险社会学与行为经济学的主张实有异曲同工之妙。卢曼认为任何个人或群体的社会行动，都无法避免其局限性，即使是最细致、最合理的计算或筹划，都仍然陷于双重偶然性的交错关系网络之中，不可能作出最万无一失的决策。[③]

我们把行为经济学的核心见解即非理性行为吸收到司法裁判中来，就会发现法官并非完美无瑕之人，他也是肉体与灵魂的存在、感官的理解存在，也会打破思维定式而凭借直觉预感作出不合逻辑的裁决行为。法官们也珍视人类的情感，甚至为感情欲求所蛊惑。若强说他们完全受理性左右与支配，这不仅是对法官控制能力理解上的一种"致命自负"，而且会遭到整个判决沦为工具主义产物的谴责。如果把法官的断案看作与经济决策

[①] "动物精神"又译"动物本能"，一词源自中古拉丁语"spiritus animalis"，在现代经济学中，指的是让经济动荡不安和反复无常的元素，也用来描述我们与不明确或不确定之间的奇特关系。我们有时被它麻痹，但有时它又赋予我们能量，让我们振作起来，以克服畏惧和迟疑不决。它在信心、公平、贪腐与反社会行为、货币幻觉、故事等五个层面，显著影响着经济决策，甚至能左右经济的实际运作。参见 [美] 乔治·艾克罗夫、罗伯·席勒《动物本能：重振全球荣景的经济新思维》，李芳龄译，天下远见出版股份有限公司2010年版，第35—127页。

[②] 参见克里斯托弗·西姆斯《即便最好的专家也无法完全洞察负增长趋势》，载《文汇报》2013年11月18日第9版。

[③] 参见高宣扬《鲁曼社会系统理论与现代性》，五南图书出版公司2002年版，第283页。

相似的行为，那么法官作为劳动力市场的参与者，就会视法律为公共产品，在分配社会利益、资源的过程中也会受到情感、冲动甚至偏见的影响而作出不确定性的司法决策。这些影响因素是不可避免的。因为人们不得不依凭个体的知识、经验和信念去解释生活中多种多样的结果，并且对他人行为的成因作出推断。[1] 特别是在中国当下基层乡土社会，由于受到当地社会经济发展水平、自身不可抑制的情感等因素的制约，法官的断案可能会偏离其角色本应要求的职能，成为事实上偶尔的立法者或法律服务者，使其行为决策显示出更大的不确定性。当然，法官要为这种必要的司法性立法承担风险。因而，此处的不确定性并非一定是缺点，在当代正统自由主义者罗尔斯（John Bordley Rawls，1921—2002）的正义论中，甚至将其看作人们所期望的东西。至于在庭前阶段法官会受到动物本能的影响，通过非理性的直觉系统加工信息得出假定结论，也就不足为奇了。

四　司法假定离不开历史偶然性向度

历史社会学主张社会现象（或社会事件）研究要考虑历史性因素，社会现象的产生本质上是历史过程中多种因素相互作用、协同运作的结果。历史社会学研究特色就在于"解释过去，了解现在；立足现实，研究过去"，强调历史与现实的连接，正如论者言及的那样，"社会学研究现实社会问题不能脱离历史，应当在历史过程中把握现实社会问题的根源和实质。"[2] 以实际问题为导向，我们须在历史谱系中完成属于今天的使命；我们须抗拒失忆，以在历史性的生活意义中寻找到自身的现时存在。理性本身只是理解历史性的一种可能。在历史社会学的视域中，客观世界的关系模式具有非单向的多维度性（多因多果），而且历史往往不按照逻辑运作，社会系统本身也是非线性的动态结构。黑格尔（Georg Wilhelm Friedrich Hegel，1770—1831）曾指出，一切偶然性都是必然性的交叉结果。在对社会现象展开分析的过程中，偶然性叙事向度成为发现、证立（justification）历史模式构成的重要方法。这是一种真正实事求是的做法，

---

[1] Lawrence S. Wrightsman, Michael T. Nietzel, William H. Fortune, *Psychology and the legal System*, Brooks/Cole Publishing Co., 1994, p.313.

[2] 肯德里克等编：《解释过去，了解现在——历史社会学》，王幸慧等译，上海人民出版社1999年版，第5页。

的确如斯考切波所言，这应该是历史社会学中最有前途的一种方法。① 历史性因素的复杂性与偶然性促使社会秩序及变迁趋向多种可能，因而不能轻易断定哪种因素居主导地位并决定事态的走向，但情景性、机缘性因素时刻都在形塑着社会系统的特定形态，试图抹杀无法控制的偶然因素只是数学上的一种诱人妄想。社会现象主要受人的目的律（teleology）支配，② 而非因果律（causality）的必然支配，因此我们所必须处理的是主观几率而非确定性。特别是对近代历史社会之实践哲学的理论检讨，更不可能回避这个偶然性、目的律问题。③ 特定历史事件是围绕故事叙事形式来组织的记忆，而纯粹偶发事件不适合放进故事建构中。因而，对偶发的社会事件刻意作出故事性的因果关系的解释，而不是以概率论（如贝叶斯概率论）进行思考，尽管有助于模拟事件当时的情境而让人感到满意舒服，但却存有很大的问题。比如，大多数人不愿相信不幸事件只是偶然发生而已，而宁愿相信是应得的报应惩罚。赵汀阳的批评有用地厘清了要旨，"我们总是把'客观的'等同于'普遍必然'，其实存在着某些'不普遍但是必然'的偶然客观性。"④ 科学发展史就可作为伟大的成功范例，"科学史毋庸置疑地表明，数学、算术和几何学都是在从收集有关可数的和可度量的物体的单纯经验的机遇中开始发展起来的"。⑤ 这样可以看出，有些社会现象来自机遇巧合，属于混沌偶然事件，也就无法通过逻辑理性进行很好的澄清明晰。不言而喻，从历史性经验出发的理论探究，取得的建设性成果更具全面性与说服力。历史与法律总是相互交织在一起，历史造

---

① 参见陈纪昌《社会学的历史化还是历史学的社会化》，载《西北民族大学学报》2011 年第 5 期。

② 包括在法律现象中，此一事实也符合一般人的确信，主要不是形式逻辑的方法，而是一种目的论的方法；确定生活事实是否对应于规范事实，一直是一种"目的论"的判断。但须说明的是，这种"目的论"的结构，只能是"超验的逻辑"。参见［德］亚图·考夫曼《类推与"事物本质"——兼论类型理论》，吴从周译，学林文化事业有限公司 1999 年版，第 39、85 页。

③ 这是因为置身于广泛偶然性关系与条件下的行为抉择，正是近代人或主体所必然面对的浪漫悲剧式/存在主义式的命运。这种命运所蕴含的，既非（古代）悲剧罪责，亦非道德错误，而是一种新的命运式分裂冲突。而且，社会已经愈益复杂化，形成了功能区隔的不同行动领域，而个别的行动主体也不再能够完全自由地自行其是，反而被压缩到"委托者"的角色，而受到自主化系统运作之偶然性的控制。参见颜厥安《幕垂鸮翔：法理学与政治思想论文集》，元照出版有限公司 2005 年版，第 76、172 页。

④ 赵汀阳：《论可能生活》（第 2 版），中国人民大学出版社 2010 年版，第 54—55 页。

⑤ ［奥］恩斯特·马赫：《认识与谬误》，李醒民译，商务印书馆 2010 年版，第 215 页。

就了法律的发展，告别历史的法律是极度空洞且盲目的。"理性地研究法律，很大程度上，就是研究历史。因为没有历史，我们即无以知晓规则的精确范围，而对此了然于心，乃吾人职责之所在，因而，历史必得成为法律研究的一部分。因为这是迈向启人心智的合理怀疑，即对于那些规则的价值重予审慎思考的第一步，故而，它是理性研究的一部分。"①

其实，法律受制于偶然性。裁判中假定结论的形成过程也是历史性因素综合的生成物，其中通过经验直觉因素加工信息获得假定结论的方式不容忽视。直觉因素是头脑中闪念性质的偶然性体现，但生活中我们却往往愿意相信依直觉获取的假定结论并不是偶然随机的。比如，行为科学家们实证性验证了"投篮顺手"（hot hand）现象并不存在，它就是一个把偶然事件看作是有规律事件而犯的直觉性错误，因为这很容易地就可以去想象因果过程会衍生出预期的组型。② 从历史社会学角度看，如同宇宙万物，司法成长史乃为一种合乎道德力量的自然演进史。不可否认，立法者的意图与设计的制度功能也会随司法自律运作而发生改变。司法活动具有内在的不确定与种种偶然性特征，无法消弭事实与规范之间的永久性张力。法官只能根据不充分理由的原则来推理，尽力通过法律自组织体系的自创生塑成功能（卢曼系统论意义上）来自动控制、自我循环，以此臻于完善法的内在秩序。然而，这种努力归根结底可归入社会网络系统自然演化与统合的有机部分。正如新自由主义的代表人物哈耶克对法官实际工作过程的杰出论述，"法官的工作乃是在社会对自生自发秩序赖以形成的各种情势不断进行调适的过程中展开的。换言之，法官的工作是这个进化过程的一部分。"③ 法官在一定程度的弹性裁量空间内，释放自身的能动性与创造性，通过建设性阐释来应对情势的变化，才使得法律成长茁壮的可能性不至于枯竭。或然性直觉恰好能敏捷地处理信息获取假定结论，以有效应对社会情势的变迁。而这种突然降临的直觉，从上文分析的历史社

---

① Oliver Wendell Holmes, *The Path of the Law*, 10 Harvard Law Review (1897). 转引自许章润译，载《环球法律评论》2001 年秋季号。

② 参见［美］丹尼尔·卡尼曼《思考，快与慢》，胡晓娇、李爱民、何梦莹译，中信出版社 2012 年版，第 98—99 页；［美］Reid Hastie, Robyn M. Dawes：《判断与决策心理学：不确定世界中的理性选择》，林正昌译，学富文化事业有限公司 2009 年版，第 181—183 页。

③ Hayek. *Law, Legislation and Liberty: Rules and Order（I）*. The University of Chicago Press, 1973, p. 119.

会学研究特色来看，就来源于法官生活世界的印迹和长期实在经验的累积。

小 结

假定作为人类思维与判断的基本形式之一，是以已有事实材料和科学理论为依据而对未知事实或规律所提出的一种推测性说明。几乎所有关于法治能否成立的命题是建立在假定基础之上。① 而司法假定并不是一个正式的法学名词，本书大胆地把它定义为法官面对待决案件尤其是庭前信息尚不充分阶段，在法律前见的基础（必要条件）上，通过直觉机制对信息加工处理，所进行初步推测或预断的思维方式。司法假定的表现形式则为预判结论或假定结论。司法假定是法官在裁决活动中给予的，本质上为法官职业判断能力的体现。它在司法运转过程中相当常见却为人忽视或刻意遮蔽。当解释问题出现时，无论法官选择何种方法，都依赖于经验性和制度性的司法假定。② 对于严格法治论者来说，他们会坚决禁止假定思维渗入到裁决过程中来。而对于法官来说，不去坦然揭开此面纱，有其相当多的顾虑存在。司法假定是由设证推理发现的，其预判结论本身的效力是待证的，谁都没有资格将自己的假定强加给别人，因而司法假定应是自由开放、可修正的。司法假定与司法判断相比较，前者属于后者范围内的部分，也就是包含与被包含的关系。司法认知本质上是一种免证事实制度，属于法庭的一种裁判职务行为；而司法假定中的案情信息是不完全不确定的，法官只是暂时予以确认，其结论具有可反驳性。司法假定在司法适用中扮演重要的角色，从多学科交叉渗透或法律科际整合视角，对支持司法假定相关的理论加以探讨，能促进司法假定议题研究的不断深入。通过法学、哲学、经济学、历史社会学等多学科沟通意义上的描述及评介，就可很好地把握与司法假定相关的理论支撑。譬如，假定由生活体验形成的前见来把握，法律假定可能的源泉就是法感，司法假定也受动物本能的影响，司法假定离不开历史偶然性叙事向度，等等。

---

① 参见陈金钊《法律人思维中的规范隐退》，载《中国法学》2012 年第 1 期。
② 参见 [美] 阿德里安·沃缪勒《不确定状态下的裁判——法律解释的制度理论》，梁迎修、孟庆友译，北京大学出版社 2011 年版，第 163 页。

第 二 章
司法假定的形成机制分析

上一章笔者着重阐明了司法假定的含义、性质，从而揭开了司法活动中为人遮蔽或遗忘的司法假定现象。那么，如果接下来仍不说明司法假定是如何形成的，那就会再次陷入法律现实主义者"无言之知"的逻辑怪圈。司法假定有时可能是司法者有意识作出的，如南京彭宇案中法官的推理活动，但更多是司法者主观上并未自觉意识的产物。这一点从心理学角度可以找到相应的解释。司法假定的形成需要特定的条件，而法律前见是其必要条件与启动机制。法律前见影响法官对法条与事实的知觉与注意，构成了法官的认知视域与框架。

第一节　司法假定形成的必要条件——法律前见

有关前见的学说主要在哲学领域中探讨，而在法学文献中却多付之阙如，至多只探讨到与法应用现象的关联。法律前见经历与哲学诠释学视域融合的生成过程。对法律前见生成的全面考察能更好把握其对法律职业共同体的影响脉络。法官受前见的影响，这在今天是尽人皆知的，法官必须揭示出这个前见结构并提出讨论，唯有如此，他才能作出一个"正确的"判决。[①] 法律前见是法官司法作业得以进行的前提，我们须进一步探问的是，法律前见是如何影响到法官的假定判断的？多样性的前见中哪些在司法运作中发挥着积极的作用，又有哪些前见对假定产生消极的影响？对此问题的探究，须在我国司法实务的场景下，进行实证考察与理性分析，以为法律前见的持续培养抑或必要修正甚至放弃，做好前提性准备。

---

① 参见［德］阿图尔·考夫曼、温弗里德·哈斯默尔主编《当代法哲学和法律理论导论》，郑永流译，法律出版社 2013 年版，第 310 页。

一　司法假定的意义理解来自于法律前见

(一) 哲学诠释学视界中的前见

1. 前见存在的必然性正名

前见又称前理解或先见，它是在传统（古典）解释学向现代解释学的范式转换过程中，完成对其存在必然性正名的。传统解释学向来是拒斥前见的，依德国哲学家施莱尔马赫（Friedrich Schleiermacher, 1768—1834）与狄尔泰（Wilhelm Dilthey, 1833—1911）之见，我们理解的对象是原作者的论述文本，由于理解者自身与文本作者之间存在着"时间距离"（Zeitenabstand），部分与整体的诠释学循环（指符号与被指称者之间固有的指向性）只能在封闭的文本内部单方面进行，理解者就要根据作者的看法，严格把文本作为一个语言关联体来描摹，以复原文本所反映的历史本来面目，"排除一切偏见，克服历史的陌生与失落感，进入文本作者的内心，重新体验被理解者的经验，以达到他们在心灵状态上的神秘交流与重合"。[①] 当代法国哲学家保罗·利科（Paul Ricoeur, 1913—2005）对这一传统解释学表示尊重，他高度弘扬"回到文本"——重返施莱尔马赫与狄尔泰的基点。他认为任何解释学，无论明显还是不明显，都是经由理解他者的迂回而对自身进行理解。[②] 简言之，理解者要在完全舍去前见的基础上，将自身置于文本所产生的历史情境、作者精神之中，以重构作者的真实意图。但传统解释学对前见的舍去与拒斥，而要求判断者心地无私，这是一种相当苛求的做法，本身也消解了真正生活世界中理解者（读者）的历史性。德国哲学家、现象学创始人胡塞尔（Edmund Husserl, 1859—1938）致力于主体性建构"生活世界"，这种"生活世界"是始终在先给予的直观世界，其"在先"的有效并不基于传统解释学所谓的真实"意图"或"课题"。海德格尔则在继承胡塞尔现象学思想遗产的立论基础上，提出存在论解释学。它探讨的是真切的自我理解之时间性存在，从而完成了传统解释学向现代解释学的转换。在海德格尔看来，解释奠基于前理解之中，永远都是被前理解的先把握活动所规定，"一切解

[①] 潘德荣：《诠释学：从主客体间性到主体间性》，《安徽师范大学学报》2002年第3期。
[②] 参见［法］保罗·利科《解释的冲突——解释学文集》，莫伟民译，商务印书馆2008年版，第18页。

释都有其先行具有，先行视见和先行掌握。我们把这些'前提'的整体称为诠释学处境。如果解释作为阐释而成为一项明确的研究任务，那么就需要从对有待开展的'对象'的基本经验方面并在这基本经验之中先行澄清和保障这些'前提'的整体"。① 这样，任何此在在世的本真性理解都包含着海德格尔讲的"理解前结构"（Vorstruktur），即"先行具有，先行视见和先行掌握"。欧洲启蒙运动时代对前理解的贬斥，本身被证明就是一种前理解。我们总是带着"理解前结构"去解释事物，这就须注目于事情本身，摒弃站在方法论与认识论立场上，主体与客体、自我与他者相分离的图式，以"主体间性"（主客体相统一）进入理解的宽广视界。

2. 前见理论位于哲学诠释学的核心地带

作为海德格尔的得意门生伽达默尔更是在老师的"理解前结构"理论基础上把握解释学的历史性深层向度，超越存在论解释学转入哲学诠释学。哲学诠释学恢复了前见在理解过程中的合法性。伽达默尔的哲学诠释学认为，前见来自于同事情本身相关联的存在，并根据完满性前见把握这一预设而进行修正，从而达到对事情本身的正确理解。② 他曾确切地说道"谁试图去理解，谁就面临了那种并不是由事情本身而来的前见解（Vor-Meinungen）的干扰。理解的经常任务就是作出正确的符合于事物的筹划，这种筹划作为筹划就是预期（Vorwegnahmen），而预期应当是'由事情本身'才得到证明"。③ 可以说，前见是卓识洞察伽达默尔哲学诠释学思想的核心观念。伽达默尔诠释学就是以前见理论为中心展开的：理解过程始于读者（理解主体）之前见，终于读者之自我理解；解释者与文本互动的解释活动，必然受到前见和文本的双重制约，而前见不但受到传统的影响，也来自所处时代的局限，因此想要超越或避免前见，绝无可能。④ 试图摆脱前见实际上正反映出掩盖前见的顽固性。是故，从哲学诠释学视角

---

① [德]马丁·海德格尔：《存在与时间》，陈嘉映、王庆节译，生活·读书·新知三联书店 2012 年版，第 267 页。

② 参见洪汉鼎《伽达默尔的前理解学说（上）》，《河北学刊》2008 年第 1 期。

③ [德]汉斯－格奥尔格·伽达默尔：《真理与方法——哲学诠释学的基本特征》，洪汉鼎译，商务印书馆 2010 年版，第 379 页。

④ 参见范志勇《法学前见的内涵与特征研究——以哲学诠释学为视角》，《西南交通大学学报》2012 年第 1 期；潘德荣：《理解方法论视野中的读者与文本——加达默尔与方法论诠释学》，载《中国社会科学》2008 年第 2 期；高鸿钧：《伽达默尔的解释学与中国法律解释》，载《政法论坛》2015 年第 3 期。

看，前见就是我们对事物着手解释之前，在心中先行具有的对于所欲解释对象的理解和看法。前见是在一切对于事情具有决定性作用的要素被最后考察之前被给予的，其内容由解释者生活世界的印迹和历史性经验所决定，在经验中人类的筹划理性的能力和自我认识找到了它们的界限。① 理解、解释与应用为三位一体的同一过程。包含前见的理解就不只是一种简单复制行为，而始终是一种积极的创造性行为。法律诠释学是继受了哲学诠释学的本体论法律解释学。伽达默尔就将法律诠释看作是哲学诠释学的有效性范例，也就是因规范一般性与个案特殊性之间隔阂所进行创造性的补充活动。而上文所说的传统诠释学循环理论就陷入了误区，他认为正确的循环指的是解释者与文本之间内在相互作用，通过循环往复的互动和整合，对文本内容的意义达成一致意见，所以，理解的循环一般不是一种方法论的循环，而是描述了一种理解中的本体论的结构要素。② 德国法学家埃塞尔（Josef Esser, 1910—1995）则将哲学诠释学的前见理论移入法律发现的过程中，认为法律适用者的法规范之间，处在关涉决断（Entschluss）的冲突情势的前见之中，在开放法秩序体系与其所赖以组构而成的各项法规范之间具有整体关联关系，从而在作法律解释时必须不断往返观照法体系个体、整体界域；他是先根据有节制的前见及可信度衡量决定正确的结论，然后再回过头来寻找能够证成这个结论的解释方法。③ 笔者试图将此哲学视域中的"前见"融合到司法活动中来，在类型划分基础上分析对司法假定产生的具体影响，以期对法官的裁决思维产生有益指引。那么，在融合过程中就面临着两者间的豁裂该如何弥补，笔者试图通过生成的法律前见作为沟通桥梁来弥补之。

（二）法律前见的生成——与哲学诠释学的视域融合

1. 法律诠释蕴含描述与评价的成分：布朗诉教育委员会案的注脚

对于法律前见在当代法律诠释学中的生成理论，"浪漫而崇高的梦想

---

① 参见［德］罗伯特·阿列克西《法·理性·商谈：法哲学研究》，朱光、雷磊译，中国法制出版社2011年版，第68页；［德］汉斯-格奥尔格·伽达默尔：《真理与方法——哲学诠释学的基本特征》，洪汉鼎译，商务印书馆2010年版，第505页。

② 参见高鸿钧《伽达默尔的解释学与中国法律解释》，载《政法论坛》2015年第3期。

③ Josef Esser, *Vorverständnis und Methodenwahl in der Rechtsfindung*, Frankfurt a. M. 1972, S. 122 ff, 134, 139.

者"罗纳德·德沃金所作的理论贡献非常卓著。① 德沃金打破当代英美分析学与欧陆诠释学的对垒,采纳了伽达默尔的哲学诠释学观点,主要将此观点运用到填补法律的疑难案件解决中来,提出了"法律是一种诠释性的概念"(Law is an interpretive concept)。当然,由二战后德国法学家卡尔·拉伦茨(Karl Larenz, 1903—1993)发展出的具有内在价值导向的评价法学(Wertungsjurisprudenz),也继承了哲学诠释学的传统与主张,形成一种辩证式(Dialektik)法律诠释学,但他主要还是受到新黑格尔学派(Neuhegelianismus)的理论影响,其诠释学也就不如德沃金那般发挥地彻底自然。德沃金在批判地接受伽达默尔诠释学原理的基础上,拓展出一种本体论范式的法律诠释学。他明确反对传统解释学的"重构意图论",放弃了对文本原意的诉求,认为当代法律的目的并不在于,重新捕捉最初制定法律的政治家们的理想或实际意图,而且立法背后也不存在作为统一集体意志的立法者原意,也就是反对法律解释的考证式发现。德沃金反对这种传统的法律解释方式,抛弃方法论至上主义的主张,而是采取一种"视点性认识论",仅把法律方法作为限制法官恣意张扬的因素,提出真正的法律解释境界是创造性的建构性解释(constructive interpretation)②。法官对法律的理解、解释是结合当前的境况对法律文本的应用,可视为动态的视域融合过程。实际上,这种境界,就类似于伽达默尔所言的"视域融合"的效果,两者的区别在于,伽达默尔更看重传统对解释活动的约束。③

在美国"重构意图论"的理性主义认识论范式直到20世纪末遭遇文本主义挑战之前,最高法院一直宣称历史上立法者原意是过滤和检验法律

---

① 面对以碎片化、多元视角观、边缘叙事等为特征的后现代主义挑战,德沃金顽强地高举着"认真对待权利"的自由主义法学大旗,通过建设性阐释获得法律整体性事业,在法律帝国中精心编织着为有目的的司法实践提供连贯性与原则一致性之网,始终坚持法律以道德为基础,寻求着司法中唯一正确的答案,不愧为"浪漫而崇高的梦想者",他本人也自谓为属于刺猬式(代表价值一元论)的哲学家。这种寻求虽合乎法律自身"封闭完美体系"的理路发展逻辑,然而,在实际司法裁决中不可能存在唯一正确的答案,这仅是法律帝国中的高贵迷思。

② 在这种建构性解释中,法律的历史与现实、法律的文本与解释者以及法律与政治、道德等各种要素都处在一种互动关系中。换言之,法律寓于动态的解释过程中,并不是一个独立的客观实体。法官在解释法律过程中,应立足当下情境和需要,根据原则理解和应用法律文本,而不应受到传统的束缚。参见高鸿钧《德沃金法律理论评析》,载《清华法学》2015年第2期。

③ 参见高鸿钧《伽达默尔的解释学与中国法律解释》,载《政法论坛》2015年第3期。

解释的试金石。德沃金把持有这种"重构意图论"意见的法律人称作历史主义者。历史主义者坚持法律解释必须符合法律缔造者的意图,对他们而言,美国宪法第十四修正案的平等保护条款是由不要取缔种族隔离教育的立法者提出的,那就是平等保护条款并不使种族隔离违宪。[①] 德国历史法学家萨维尼(Friedrich Carl von Savigny,1779—1861)是这一论者的代表,他认为法律解释是设身处地考虑立法者的立场并人为地事实上重复立法者的行为。历史主义者表述的见解在今天看来那是大错特错了,尽管推翻它的过程历经艰辛,但它的确严重违背了禁止种族歧视的宪法平等原则。事实上,同案同判并不是绝对的法律义务而是可以放弃的道德要求。[②] 联邦最高法院在"布朗诉教育委员会案"(Brown v. Board of Education,347 U.S. 483 (1954))的判决中,以"学校实施种族隔离会对黑人儿童造成心理伤害,并耽搁黑人儿童的教育和发展"等为依据,宣告了各州的公立学校种族隔离教育法违宪无效,就推翻了半个世纪前的先例"普莱西诉弗格森案"(Plessy v. Ferguson,163 U.S. 537 (1896))——此案确立了"隔离但平等"原则,也就是认定与先例判决意见相左的"隔离但不平等"才真正体现平等保护条款的意旨。美国社会中本来因为人种、肤色的表面差异,黑人族群就处于受不公平对待的弱势者地位。现在基于表面差异所作的隔离教育这种差别待遇,会被视为是低贱的污名和耻辱的象征,显然违反宪法平等保护的原则。此案的伟绩标志着"合法"种族等级结构的终结,实现了"两元制学校体系"向"一元的非种族化学校体系"的转变。

哲学诠释学是一门关于理解与解释的艺术学,本身具有独断论教派的意义。它源自于实践,是对存有处境的独断性建构诠释即实践描述。依据其观点,文本向着读者的历史性敞开,卓越文本的意义会在理解中被读者、解释者创造出来即"读者中心论"。置于法律科学之中,"诠释"是

---

① 参见[美]德沃金《法律帝国》,李常青译,中国大百科全书出版社1996年版,第320—323页。
② 同案同判虽然经常会以可见的方式落实正义,但如果一个不同的判决可能以更好的方式来实现正义的要求,法官此时并没有理由拒绝作出违反过去实践的全新判断。因此,在面对更为实质化的正义要求时,同案同判有时反而是阻碍正义实现的借口,所以我们不能过高估计正义以可见方式实现对于同案同判的支持。参见陈景辉《同案同判:法律义务还是道德要求》,载《中国法学》2013年第3期,第59—60页。

语用学概念、主观性范畴，是一种建构性的创造活动。① 法律知识也总是一种关系性的存在，它会从个别情况得到补充，也就是创造性地被规定。而且，法律诠释学以诠释学眼光对法学作自我反省的思考过程，在某种特定意义上就是再创造。所以，对法律文本保持适度敏感的法官不仅应用法律于具体事件中，而且通过他的裁决要对法律的发展作出贡献。简言之，法官的法律诠释过程是法律意义的创生过程。德沃金以此为鉴，认为法律文本的真实含义是法律意蕴不断塑造的过程，其价值存在于作者与读者的交流辩证运动中，即"效果历史"的反思，在此基础上，法律解释如艺术性解释，是个建设性的解释。② 德沃金认为法学问题的本质是道德理论问题，那么法律意蕴的塑造过程也就随时向道德原则开放。诚然，德沃金的这种法律诠释学观点，也会打乱严肃法治论者的心绪③，遭遇过于钟爱理解者主观评价，解构法治的确定性而容易流于不可预测的恣意之有力批评。为此，德沃金也作出了有力回应。按照他的看法，法律制度的运作为一种诠释性的实践活动，"法律命题不仅仅是以一种平铺直叙的方式对法律历史的描述，也不仅仅是以脱离法律历史的方式对他们的简单评价。法律的命题是对法律历史的解释，这一解释融合了描述和评价的成分"④。关于这一点，德沃金对法律制度运作的理解类似与魏因伯格（Ota Weinberger，1919— ）对行动理论的性质说明。⑤ 德沃金对于以上"价值专制"责难的防御，捍卫了法律诠释学的特性：实证法与透过实证法所表达的价值因素之共同作用。因而，对于布朗案来说，大法官试图探究的并不是制宪先贤者们是否有禁止学校种族隔离的意图，而是抱以对历史负责任的态度，结合个案情境与社会现实，通过建设性解释赋予宪法第十四修

---

① 参见戚渊《论法律科学中的解释与诠释》，载《法学家》2008 年第 6 期。
② 参见李晓峰《美国著名法学家：德沃金法律思想研究》，人民法院出版社 2005 年版，第 118—123 页。
③ 法治论者对把法律解释的创造性视为司法的本质耿耿于怀，他们对司法克制主义被放逐心怀不满。在司法过程和法律解释中，他们追寻法律的原意似乎已经成了笑柄。参见陈金钊《法律人思维中的规范隐退》，载《中国法学》2012 年第 1 期。
④ R. Dwokin, *A matter of Principle*. Harvard University Press, 1985, p.147.
⑤ 魏因伯格的行动理论并不是一种对自然流程的单纯描述性之理论，因为行动牵涉到资讯，信息牵涉到意义，意义问题就需要通过诠释性的理解，因此单纯描述是无法掌握到行动之基本特性。参见颜厥安《规范、论证与行动——法认识论论文集》，元照出版有限公司 2004 年版，第 234 页。

正案以正确的时代意蕴，即被后人理解的禁止种族隔离的学校体现平等保护的社会（公共）价值。修正案的一般性语言已许可法院去执行演进中的种族正义理念，其条款可根据社会价值的变化而进行与时俱进的生长和发展。① 当然，这种社会价值的评价限于客观法秩序范围的框架内，实际考虑当代公立教育的充分发展和美国人生活现状的基础上，来审视考察隔离教育本身对公立教育所产生的后果，而不是法官个人主观好恶之陈述与表白。

如果对此国外案例的分析，尚不足以说明法律诠释蕴含描述与评价的成分，那么颜厥安教授对我国台湾地区司法院大法官会议第三七四号解释的思考检讨②，就可较完整的补强此论点的说服力。他同样采纳超越基础规则理论的法诠释学立场，抱以对历史负责任的态度，通过建设性诠释赋予宪法以正确的时代意蕴。认为宪法设立释宪制度的本意在于尽可能强化对人权保障的范围，因此宪法亦将允许，甚至是要求大法官会议审查最高法院的判例及决议，以避免人权保障制度发生漏洞。也有学者从哲学诠释学对中国法学及法治可能贡献的角度，认识到其表面解构性的背后存在着极为深刻的建构性③，也就是对存有处境的独断性建构诠释即实践描述。

2. 事情本身保证多样前见的正当性

在此我们可以看出，德沃金将哲学诠释学扩展到法律诠释学领域，法律诠释的目标就是解释者通过探求法律文本在当下的客观意旨，以达到对主体间的真理性认知。在这种解释目标指引下，生成的法律前见可理解为

---

① 参见［美］托马斯·格雷《美国法的形式主义与实用主义》，田雷等译，法律出版社2014年版，第12页。

② 司法院大法官会议第三七四号解释所处理的实体问题为土地法第四十六条之一至第四十六条之三的地籍图重测的法律效力问题，但此号解释的标的却为最高法院于一九八六年四月二十二日所第八次民事庭会议所作的一个决议："为贯彻整理地籍之土地政策，免滋纠纷，自不容土地所有人于事后又主张其原指界有误，诉请另定界址"。参见颜厥安《规范、论证与行动——法认识论论文集》，元照出版有限公司2004年版，第55—62页。

③ 在哲学诠释学表面解构性的背后存在着极为深刻的建构性：哲学诠释学的诞生是西方社会经历了科学理性与规则理性的洗礼后重人文价值的产物，它对传统解释学中的技术与规则崇拜、主客体截对立、解释结论唯一正确性等命题提出的反思意见为我们提供了一种开放的法意识形态和法解释观，它为蕴涵着建构科学理性与重铸人文价值双重使命的中国法学开辟了思想的入径，也为法律由抽象而具体、由静止而行动、由符号而意义化建构了开放性的平台。参见齐延平《法学的入径与法律意义的创生——论哲学诠释学对中国法学与法治的可能贡献》，载《中国法学》2001年第5期。

法律职业共同体在对法律文本进行解释前，在内心先行具有的见解或看法，即是法律解释的历史性存在方式。很多人也许会提出这样的质疑：经验和记忆是个人自己特有的，每位法律人都会有自己的法律前见，那么这样形成的多样性前见会不会导致观点的评价标准的丧失？抑或多样性前见的正当性和有效性如何可能？这种质疑只是转移人们注意力的"障眼法"罢了。德沃金还是巧妙化用哲学诠释学观点来回应，即前见来自同事情本身特有的实质关联，以事情本身作为理解的预设标准，无论在自我表现中可能发生多少改变和变形，仍能确保主旨论题的科学性。置于法律诠释学中，它的理论预设在于自我指涉的体系本体论（die selbstreferierende Ontologie des Systems），也就是哲学诠释学中"事情本身"的转译。德沃金认为，法律解释者都是围绕同一对象而争论的，原因在于这些不同的理解是针对与阐释有关的同样事物或事件的，习惯或事物的历史或形式限制了阐释的范围，尽管这种限制的性质还需要在后面作审慎的叙述。从建设性观点来看，创造性阐释是在对象与目的之间的一种内在相互关系。[①] 存在意见分歧的现象是正常的，创造性阐释并不要求也非源自于意见相一致，只需对阐释的相同对象如作品文本保持敏感即可。恰如基于对正义的相似情感与态度造就城邦或主权在民的民主一样，正是解释的同一对象标的，包含着对多样性前见的有意识同化，保证了评价标准的普遍有效性，使争论变得相当有意义。德沃金的妙用并非形单影只、孤军奋战，在不同的理解中进行建设性选择，对欧文·费斯与李文森而言，同样是被称为法律解释的理性过程的核心。

在哲学诠释学中以上提及的"对象"视为"事情本身"，而在法律领域德沃金为避免解释相对性，将法律解释对象界定为法律是什么这一本体论问题达成的先在合意（共识），在先在合意命题的基础上解释共同体才能发展起来，而要维护这种先在合意，怀疑论者一定要被遏制。[②] 只有先前理解了法律的确切所指，我们才有可能知道法律是如何成长起来的，也才有可能对将来决断疑难案件时作出合理预期。总的来说，德沃金是想在

---

① 参见［美］德沃金《法律帝国》，李常青译，中国大百科全书出版社1996年版，第43—44、48页。
② 参见［美］韦恩·莫里森《法理学：从古希腊到后现代》，李桂林等译，武汉大学出版社2003年版，第469—474页。

法律前见基础上通过阐释性概念获致自由主义法学整体性事业的，而这种法律解释方法本身并不是静止的而是持续动态的，具有创造性和可塑性特征①，已遁入司法造法（judicial legislation）之中，也就区别于传统法律解释方法的单一描述性。② 在此，我们可以发现德沃金虽声称从无漏洞的法律体系中，可寻找到案件解决的唯一正确答案，但当面对公共政策、法律原则与法律规则公开冲突时，他欲把政策、原则当作解释来严肃看待，不认为其在创造着法律，其实却披着解释者的外衣，隐藏了法官的造法功能，呈现出法益衡量的内在结构，故他仍无法完全跳脱霍姆斯所讲的"形式与实质的吊诡"现象：形式上为逻辑演绎的法律适用，实质上则是立法。如此看来，法官的每个法律创造活动，都被视为危害法治国及破坏权力分立的现象，是片面夸大了法官造法的危险性，或者形式法治国思想本身就单方面表现出对法官造法的极端不信任。法律规范与案件事实当然不会自动结合，当今世界大多数国家的法官通过法律解释来能动性造法，已成客观的事实。法官造法固然会发生司法权介入立法权的外观，但不会导致权力区分制度失效的情况。③ 法官造法必须把决定建立在他理解的立法者确定的限度以内的坚实公共政策上；法官坚信自己不造法，这种信念会钝化他们的分析批判能力，乃至法律变化

---

① 对此，"解释并不仅仅是对历史的细微之处的注解，而是一种将过去的意义适用于当代问题和环境的诠释活动"。See William N. Eskridge, *Dynamic Statutory Interpretation*, Cambridge: Harvard University Press, 1994, p.9.

② 其实，哲学诠释学所宣扬的，就是一种英美式的"法官造法"之观念。实际上法律诠释学继受哲学诠释学的诸多观念，并不符合法律解释的教义学特性，也必须明确法律诠释学继受哲学诠释学的可能与限度，但法律诠释学模式对传统三段论涵摄模式的批判与改造并非意在否定逻辑，而在于恢复司法者在法律适用过程中的主体性角色。参见姜福东《法律解释的范式批判》，山东人民出版社2010年版，第100页；姜福东：《反思法学对哲学诠释学的继受》，载《法商研究》2010年第5期；王彬：《再论法学对哲学诠释学的继受》，载《法学论坛》2012年第5期；王彬：《法律适用的诠释学模式及其反思》，载《中南大学学报（社会科学版）》2011年第6期。

③ 究诸实际，法官造法活动只是候补于立法机关，就个案，尝试地从事法律漏洞的补充，以修正立法机关迟迟不修正的法律（监督功能），或"创制"立法机关迟迟不制定的法律（鞭策功能）。因为它只针对个案生效，而且只是候补于立法机关所作之造法的尝试，因此，不但并未侵害立法机关之立法的"优先权"，而且造法的结果还是停留在逐案尝试的阶段，与立法机关之为一般案件制定决定性之法案者不同。参见黄茂荣《法学方法与现代民法》，法律出版社2007年版，第112页。

太慢，他们还长时段锁定那些过时的法律教义。① 殊不知，被认为与德沃金思想所对立的卡多佐大法官（Benjamin Nathan Cardozo，1870—1938），也赞同司法过程的性质就是法官在判例拘束原则（stare decisis）的前提下灵活创造法律的过程。

根据以上阐明，人总是带着既有的经验和知识即"前见"进行理解与解释活动的，不包含前见的理解是不存在的；所谓解释就是从事先被理解的事物出发向未知的领域迈进，即解释只能从前见出发；在法诠释学中，法解释是由一种源自规范与个案事实相关联的评价性前见出发，并由此开启更广泛之关联境域，而在规范与事实的相互关照下具体化个案规范。② 解释适当地兼顾了经验中的主观与客观的维度。与哲学诠释学视域交融后的法律前见，就可界定为法律职业共同体在对法律文本进行解释前，内心先行具有的见解或看法。作为法律职业共同体中最重要的成员之一法官，其在司法三段论框架内裁决案件之际，必然也早已在心中对所欲解释的待决事实及规范有了初步的见解，这种初步的见解是法官在历史知识所形成的概念基础之上，建立起来的准备性心理状态。也就是说，法律前见的生成更多仰赖于个体自身经验的培植，而非先验论上的"与生俱来"。法律前见是法官司法作业得以进行的前提，也就必然会影响到法官裁量权的正当行使。生活事实与法律事实意义的理解来自于法律前见：前理解告诉人们，何种生活事实的特点对于法律判断可能是关键的，它起着指引判断者往何方向去查明生活事实和寻找法律规范的作用；通过前见理解大体将生活事实归入法律事实，若缺少有意义的前理解，不可能获得有关法律事实。③

要确保法律前见在法律权限范围内影响司法假定，就需要对法律前见进行类型化地展示与分析，以此发挥合理前见对司法假定确切的指引作用，修正盲目的不合理前见对司法假定产生的误导。影响法官司法裁

---

① 参见［美］理查德·波斯纳《波斯纳法官司法反思录》，苏力译，北京大学出版社2014年版，第140—141页。

② 参见许发民《论前见、法律事实与刑法解释》，载《甘肃政法学院学报》2011年第1期；张明楷：《刑法学研究的五个关系》，载《法学家》2014年第6期；颜厥安：《幕垂鴞翔：法理学与政治思想论文集》，元照出版有限公司2005年版，第145页。

③ 参见郑永流《法律判断大小前提的建构及其方法》，载《法学研究》2006年第4期，第4—5页。

决的前见是多种多样的，前见的中性说法是"先验因素"——是由背景、经验和气质塑造的，比如政治和意识形态倾向、法官的个人特点、个人的和职业的经历、法条主义决策模式、战略考虑、制度性要素等前见，都会影响法官的司法行为，法官会把这些常常是无意识的前见带进某个案件。① 事实上，美国实用主义法学创始人霍姆斯也很清楚这一点，他指出"对时代需要的感受，流行的道德和政治理论，对公共政策的直觉知识（无论是公开宣称的，或是无意识的），甚至法官与其同僚共享的偏见等，所有这一切在确定支配人们所依据的规则时，都比三段论式逻辑推理具有更大的作用"②。缺乏真实生活体验而抽象出的概念是苍白的，甚至是无知的表现。至于何为"真实生活"这一形而上思辨的困扰难题把它留给哲学家来争辩。前见并不必然意味着错误的判断，它具有两面性，既可以具有肯定的价值，也可具有否定的意义。对于解释来说，解释者的前见是影响解释的不利因素，但前见也是解释得以可能的有利因素，如果解释者的头脑处于没有前见的"白板"状态，就无法对任何文本作出富有价值的解释。③ 笔者在此仅根据自身司法实践的体验及法律研习，并结合相关专著的论及，以是否符合法律的规范意旨为标准进行类型划分，可分为合理（或恰当）前见与盲目（或不合理）前见。

二 合理前见对司法假定的有效指引

正是由于法律前见的存在，履行司法之职的法官刚接触到待决案件时，就会自动加工获得的不充分信息，作出直觉的判断，进而得出初始的假定结论。这种假定结论会非常顽固地嵌入法官思维中，成为法官进行推理的隐形前提。而且，法官会为证明假定结论的正确而寻找各种证据，虽然法官不会公开承认这一司法心理过程，但却是经常发生的事实。然而，这种假定结论往往是不可靠的，与实际经常发生偏离。我们要做的，不是竭力阻止法官这一心理活动，毋宁是如何健

---

① 参见［美］理查德·波斯纳《法官如何思考》，苏力译，北京大学出版社2009年版，第7—11页；《波斯纳法官司法反思录》，北京大学出版社2014年版，第149页。

② Oliver Wendell Holmes Jr., *The Common Law*, Mark DeWolfe Howe ed., 1963 (Boston: Little Brown, 1881), p.5.

③ 参见高鸿钧《伽达默尔的解释学与中国法律解释》，载《政法论坛》2015年第3期。

全法律前见的生成及作用机制，以此保证法官作出司法假定的内在起点是正确合法的。此处的"合法"特指符合法律的规范意旨，在当为规范本身的客观目的与意义范围内。合法的法律前见对确保以后司法运作公正而妥当起到关键性作用。因为无论是案件事实建构中对材料的加工，还是法律规范发现中对法律原则和制度的理解，都是由法官的前见所决定的。[1] 那么，在笔者看来，合理的法律前见至少包括以下基本内容：

（一）法律语言前见带出司法假定的发展图景

语言是以言行事的行动、能被理解的存在，因而具有本体论的性质。透过语言分析、诠释学与结构主义，言谈与行动已成为当代哲学最核心的问题。[2] 一切理解都是语言的理解。分析哲学（analytical philosophy）的显著特征就在于重视语言的日常分析。而诠释学则开展自文本、源发自语言；它主要涉及在语言表达的理解过程中诠释主体的角色；唯其语言，而有社会的存在。[3] 语言活动（sprachliche Tätigkeit）决定或影响人的思考，而语言一般在句法、语音、语义、语用等水平上被人建构分析。哲学诠释学则是以语言为主线完成本体论转向的。按照它的观点，语言是谈话双方进行相互了解并对某事取得一致意见的核心（Mitte），整个理解、解释、应用的同一过程乃是一种语言运用的过程，因而需要语言表达作为普遍媒介来揭示经验世界的存在。[4] 按照普遍实践论辩理论的过渡规则要求的，任何人在任何时候都能够转入语言分析的论辩。不可否认，二十世纪以来语言在哲学中取得中心地位，这对法律前见之一的法律语言产生了深邃影响。法律是通过语言表述出来的。语言本身是司法工作者工作的核心对象，作为司法裁决依据的法律规则正是通过规范性叙述的语言结构实现的。故此，有学者指出的，"可以说，语言之外不存在法。只有通过语

---

[1] 参见陈增宝、李安《裁判的形成——法官断案的心理机制》，法律出版社2007年版，第195页。

[2] 参见颜厥安《法与实践理性》，允晨文化实业股份有限公司1998年版，第26页。

[3] 参见黄建辉《法律阐释论》，学林文化事业有限公司2000年版，第12、17页；[德]亚图·考夫曼：《类推与"事物本质"——兼论类型理论》，吴从周译，学林文化事业有限公司1999年版，第181页。

[4] [德]汉斯-格奥尔格·伽达默尔：《真理与方法——哲学诠释学的基本特征》，洪汉鼎译，商务印书馆2010年版，第539—569页。

言，才能表达、记载、解释和发展法。"① 既然如此，引述德国法哲学家阿图尔·考夫曼（Arthur Kaufmann，1923—2001）相关的话，"法律是通过语言被带出的"②，也就不足为怪了。法律不可能完全游离于社会日常生活。法律语言正基于社会日常生活的语言而产生，对此具有表意性、准确性、一致性及权威性的要求。③ 事实上，这也是既成事实。每种职业都有它自己特有的概念语词，"外行人视为空洞的词或记号的东西，对专家来说具有十分精确的意义；它向他提供了明确定义的心理或物理活动的训练，如果完成这些活动，它们就能够在想象中唤起同样被限定的反应的对象，或把它们呈现给感官。"④ 语言是层级结构化的生产性系统，所有的概念、术语及构成的规则、原则都需通过言语式或文字式的法律语言表达出来。制定法正是书本上的言辞。法律语言确实成为我们进行法律解释的前提。更何况，在大陆法系凭借法律语言对制定法文本作教义诠释，才能揭示出文本所表现的事物本质即法律意义。当然，语言虽提供了意识与沟通具体结构相耦合的可能性，但它只有在特定语境中才能获得这种可能性，而法律的逻辑语言是贫瘠骨感的，光靠这种贫瘠的逻辑语言是不可能足够的，法律语言也只有在具体案件或者预设案件情形中才能获得意义。⑤

司法工作者的目光持续地在语言上对实证规范与案件事实之间往复流转、来回穿梭顾盼，借助平等商谈式言语行为（speech-acts），以此定分止争、建构秩序。法律的本质就是话语、叙事以及议论，就是沟通行为，就是象征性符号的互动关系。⑥ 我们无法想象失去法律语言的符号载体与实用工具，如何能形成最初的法律知识、法律思维？又如何去构思处理具体的个案？是故，正是通过法律语言作为首要前见的帮助，才开启我们透彻认知法律意义世界的可能性。而对法律语言的特殊要求，保证了法律前

---

① ［德］伯尔尼·魏德士：《法理学》，丁小春、吴越译，法律出版社 2003 年版，第 73 页。
② ［德］阿图尔·考夫曼：《法律哲学》，刘幸义等译，法律出版社 2011 年版，第 133 页。
③ 参见苏晓宏《法理学通论》，法律出版社 2009 年版，第 117—121 页。
④ ［奥］恩斯特·马赫：《认识与谬误》，李醒民译，商务印书馆 2010 年版，第 145 页。
⑤ John F. Manning. *What Divides Textualists from Purposivists*, Colum. L. Rev. 70, 2006, p. 106；［德］Ingeborg Puppe：《法学思维小学堂》，蔡圣伟译，元照出版有限公司 2010 年版，第 162、171—172 页。
⑥ 参见季卫东《法律议论的社会科学研究新范式》，载《中国法学》2015 年第 6 期，第 39 页。

见的适当性、合法性。

（二）法律思维前见维护司法假定趋向稳定

思维是认知王冠上的明珠，不仅如此，它也是我们人类这一物种特有的伟大奇迹之一。[①] 而法律思维这颗耀眼明珠往往更受理论家与实务者的瞩目。法律思维指的是法律职业共同体以概念、规范为基础，遵循法律的内在逻辑体系，进行类型化、价值导向的思考，以此分析、解决社会问题的独特思维方式。法律思维是法律人具有的理性认识能力。个体能力之间不可消除的差异性，使之不可能做到思维的完全同一，但社会角色决定了思维具有可通约的同构型。职业法律人存在一种区别于大众思维的独特思维方式，不同法系的法律人思维风格会拥有且应当拥有相通的、相似的思维特点，比如，英美法上的判例区别技术与大陆法上的类推技术，都运用了逻辑上的模拟推理，通过法官思维进而得出判决结论，但这并不否定不同国家的法律人有差异，也从来不否定同一国家的法律人在思维方法上有熟练水平的差异；而且，虽然从表面上看法学家与法律家（法官）之间存在各种不同点，但如果仔细考察法官工作的事实认定和法律适用过程，那就会发现两者的思维模式在本质上是一致相通的，他们对概念的认知具有共识性，唯一可能的区别在于前者更多表现了一些"抽象"。[②] 法律思维是法律人应具备的一项基本素质，具有规范性、全面性、共识性、程序性及严谨性等特点。[③] 法官在司法裁决活动中的思维模式最能体现法律思维的特点，视其为最典型形态。法官在裁决案件时必然会启动，之前通过长期法教义学教育、实务训练等，逐渐养成的法律思维，以此用法律人的思考方法去解决个案。

法官断案能力和由此而来的正当性，来自于其司法过程的性质即商谈对话与独立性。法官先前掌握的具有保守中立倾向的法律思维，作为前见因素构成了法官们进行法律解释的基本能力或资格，保持着对司法裁决的

[①] 参见［美］罗伯特·索尔所、金伯利·麦克林、奥托·麦克林《认知心理学》（第7版），邵志芳等译，上海人民出版社2008年版，第371页。

[②] 参见孙笑侠《法律人思维的两元论——兼与苏力商榷》，载《中外法学》2013年第6期，第1120—1124页；周赟：《论法学家与法律家之思维的同一性》，载《法商研究》2013年第5期，第58—66页；刘星：《司法方法中的推理、管理、修辞及司法公正》，载《法学》2015年第4期，第147页。

[③] 参见王利明《法学方法论》，中国人民大学出版社2012年版，第738—743页。

前提看法的内在统一性，使得法官们能够相互流畅地沟通、对话，从而达成对案件裁决最低限度的价值共识，减少裁决结论的实质性分歧。恰如波斯纳所言，"法官对司法决定的前提看法一致，他们就可以按自己的方式推理得出结果，反映并扩张一个融贯的教义学说"①。从某种程度上说，法官以法律思维作为前见内容，是自身得以安身立命，并维护司法假定趋向稳定一致的首要力量。法律思维是以法律语言为依托的，正是"语言的内化导致了用内在言语表达思维"②，而且法律语言在一定程度上达到限制法律思维的囚笼效应。法律思维同法律语言一样，其本身具有的特点，保证了作为前见内容的恰当性与合法性。

(三) 法律伦理前见约束司法假定的正义指向

法律伦理是法律人所共同坚守、分享的基本价值理念，蕴含着法律人特有的品格与气质，凸显出法律人的内在价值关怀与社会责任感。法律伦理体现实质法治的要求，即法律内容必须符合正义或道德原则，而公平正义的价值追求又通过平等、秩序、人权、公共福祉等得以具体化。当然，法律职业伦理是镶嵌在各种社会、经济及政治力量对比之中的，它起码要符合公众所持一般价值观念才能得到社会文化传统的支持。裁量正义的达到需要民众内心的接受与信赖，这样，法官就需"食人间烟火"，秉持法律伦理道德，作为一种客观的法律前见进入当前的裁决个案之中。这也意味着法官的法律解释伴随法益衡量、价值评价当属必要。③法官在作出不可避免的价值判断时，也会面临着这样的现实攻击：法官作为不是由选民公开投票选举产生的"公务员"或"官僚"，倒也无须对其裁决负起政治责任，这样扮演的反民主（或反多数决）角色，也就会对工作的劳动力市场作出反应而不去机械地执行法条，那么，会不会存在他们为了达到自我预期效用最大化而不当地滥用裁量权呢？确实，法官们不具备全知全能的哲学王品质和能力，这种担

---

① ［美］理查德·波斯纳：《法官如何思考》，苏力译，北京大学出版社 2009 年版，第 340 页。

② ［美］罗伯特·索尔所、金伯利·麦克林、奥托·麦克林：《认知心理学》（第 7 版），邵志芳等译，上海人民出版社 2008 年版，第 349 页。

③ 法律本身，无论是条文制定或是解释，总是价值抉择、利益衡量的结果；法官在解释、适用法律时，总是会遭遇利益衡量、价值抉择难题。因而，司法审判永远无法满足不同立场的当事人。参见江玉林《台湾法律伦理规范反思》，载《世新法学》2013 年第 1 期，第 52—59 页。

心并非多余，但他们却具有的法律职业伦理情操作为合理前见，则会对其滥用裁量权的想法产生内在抵制效果，而有心专注于个案正义（Einzelfallgerechtigkeit）的达致与社会结构的建造。因此，法官们虽与哲学王的称号无法匹配，但被喻为社会建筑家和法体制的工程师也并无不妥。美国联邦最高法院九位资深大法官的日常实践正证实了这一点。在法律领域内，解释性共同体是现实存在的，它走出洞穴并超越派系之争，以此赋予规则必要的权威。法律伦理前见约束司法假定的正义指向。法官作为解释性共同体的核心成员，以法律伦理精神为前见约束，为司法公正提供着精神支撑，使得裁量正义得以可能。法官并不因为对特定问题或解释持有相同的意见，才属于同一解释共同体，而是因为他们承诺以捍卫和推进法治为己任的职业伦理特性；如果否认解释团体的权威，他们将丧失凭借法律的权威发言的权利。① 至少法官在职业伦理世界中，以实现个案公正为需要与追求，能够获得"正义化身"的尊严与良知的心安。

　　以上合理前见由于具有历史性、开放性、创造性、实践理性和客观性等特质，能够使法律解释达到法律真理。② 同时，合理前见能够凝聚法律解释共同体内在的、潜移默化的力量，共同捍卫法律的至上权威与尊严，保证法官司法裁决作出独断型解释的客观正确性（Richtigkeit）。也许司法假定的结论最终会被证伪，但合法前见已融入法律解释之中，本身就为司法假定的得出提供了确实可靠的依据支撑，也在某种程度上约束了司法直觉判断的随意性。从更深层次、更根本的角度上讲，合理前见对整个司法判断的良性走向发挥着有效指引作用。

三　不合理前见对司法假定的有害误导

　　接下来，笔者着重探究盲目的不合理前见对司法假定的影响。那么就面临这样一个首要亟待解决的问题，即找出不合理前见并呈现到我们面前，为此还需要哲学诠释学为我们提供纾解的思想理路，才能解决解释者

---

① 参见［美］欧文·费斯《如法所能》，师帅译，中国政法大学出版社2008年版，第203页。

② 参见范志勇《法学前见的内涵与特征研究——以哲学诠释学为视角》，载《西南交通大学学报》2012年第1期。

真正批判性的任务。也就是伽达默尔所突出强调的,解释者自身不能自由支配占据解释者意识的前见并事先区分出真假前见,而必须通过时间距离来区别,伴随着时间距离造成的过滤过程,把前见作基本的悬置,不仅使无效的、有问题的前见消失,而且也使那些促成真实理解的前见浮现出来。① 就此而言,时间距离具有一种过滤"假的前见"的方法论功能,同时也具有实现作品真正的意义之功能。② 如果我们把目光放到我国历史的时间长河中来过滤,至少有两种盲目前见在司法实务中被"悬置"出来。其一是政治信念式前见;其二是过于追求社会效果的司法功利化前见。这两种前见从法治论者的立场来看,都逾越了法条主义决策模式所秉持的框架秩序,逃逸出了法律的规范意旨范围,并把法外本属不应干涉司法的因素纳入到了法官裁决的思维中来。事实上,司法裁决结果公正妥当的达致,须法官从逻辑分析与经验分析两条进路来清楚地加以把握,逻辑分析的结果与经验事实考察的结果不能相互替代,"不可徒凭纯粹形式的逻辑,为机械的操作,仍应注意法学实践性格,始切合法学之需要"。③ 这样,法外空间(rechtsfreier Raum)的诸如主流价值观、民意、公共舆论与政策等都是法官进行利益权衡时加以考虑的因素。但问题的关键在于,过多的法外因素已渗透到法官的裁决思维中,突破了法治本应坚守的最低限度。若采考夫曼的"法外空间"学说,只能在关联于负责原则及宽容的要求时,才有正确的意义。因而,让人担忧的是,以上两种过分轻率的前见都会阻碍理解,对法官的裁决思维产生误导性影响,从而可能导致"坏的判决"。对此前见保持高度的警觉,是可欲的与必要的。以下分别作出详细解读。

(一)政治信念式前见对司法品性与可能生活的违逆

所谓政治信念式前见,指的是以政治服从为纲的态度,凭借政治权力垄断地位对国民生活的强力渗透,已在国民内心得到权威认同与自觉服从。这一前见的生成与我国古代封建君主专制统治及近现代革命运动,导

---

① 参见[德]汉斯-格奥尔格·伽达默尔《真理与方法——哲学诠释学的基本特征》,洪汉鼎译,商务印书馆2010年版,第418—424页。
② 参见潘德荣《理解方法论视野中的读者与文本——伽达默尔与方法论诠释学》,载《中国社会科学》2008年第2期。
③ 杨仁寿:《法学方法论》,中国政法大学出版社2013年版,第55页。

致的公民性品格缺失密切相关。① 尽管法官们都愿意成为政治的局外人和程序性专家，而不喜欢被贴上政治性标签，被指责为是身披长袍挥舞法槌的政客，但当政治信念式的意识形态作为一种规范性的劝导意向，渗入他们的裁判思维中，即出现外部行为转变为内部心理功能的内化现象，这时它就变成了内心自然接受的前见判断。此时已非法官们喜欢与否的问题，事实上变成了如假包换的官僚。这种前见使政治后果的权宜考虑成为先验的必然，依规则治理则退居其次。树立这一前见并不需经验事实的支持，而法治是需要真实性与相关性的论据来证成的。因而，这种政治敏感性的前见会容易消解法治的根基，带来法治的多种深层危机。这样的论断并非一种欺骗，但却不是问题的根源所在。我们追问的问题恰恰是，这种不合理前见的错误之处到底在哪里呢？

一种思路是理论理性（Theoretische Vernunft）的批判分析，其错误之处在于：（1）它仅仅承认某个由它定义了的可能世界而拒绝其他可能世界；（2）它的基本假设拒绝被检查和反思，而各种问题的答案又都由各种基本假设事先规定好了，这样就等于不许"思"而只许"学"。② 就是说，政治服从意志的前见本身是极度压抑人的善性的，甚至可能激发人的恶性。在马基雅维里那里，人的恶性反而促成了统治机器国家的诞生。于是，权术的掌控被奉为生存的王道，生活世界只按照政治逻辑要求展开，个体性也沦为政治系统支配结构的被宰制者，从而在政治权术羽翼的庇护或殖民化下，人逐渐失去多样生活意义与反思认识的能力，精神也变得极度麻木而冷漠。即使有人对这种前见保持一种特别的正确感，那也是来自于意识形态或情绪性表达。由于此感觉缺乏了理性的基础，自然谈不上正确与否。

另一种思路是实践理性（或技术理性）的批判分析，把这种前见放在历史效果的实践中来考察，极易被论证弱于社会一般人的怀疑态度：（1）此种前见直接背离权力制衡下的司法中立性，而司法中立性是被人类历史经验证明的司法应具有的宝贵品质。笔者承认，司法与政治作为各

---

① 当然这种前见的生成并非我国独有，从司法行为的经验研究来看，这种前见就是法官所持的政治性态度，即法官的意识形态或政策偏好。有学者指出，态度模型作为一种主导型司法决策理论，能解释、预测大多数美国最高法院和联邦上诉法院的判决，它将法官描绘成"身披法袍的政客"，这决定了它是一种片面的司法决策理论。参见陈林林、杨桦《基于"态度"的司法决策》，载《浙江大学学报（人文社会科学版）》2014年第3期，第168—173页。

② 参见赵汀阳《论可能生活》，中国人民大学出版社2010年版，"前言"第4—5页。

自运作上封闭的不同功能系统相互分殊，但这并不排除两者系统之间具有密切勾连的可能性。不存在纯粹的司法独立与法官只服从法律①，只能是相对的、有限的独立，法官的地位与角色本身就决定了他无时无刻不受到权力与意识形态的影响。美国开国元勋汉米尔顿（Alexander Hamilton，1757—1804）早在《联邦党人文集》第七十八篇中就写道：司法没有力量也无意志，仅有判断，而且，即使要让司法的判断能够发挥效力，终究还是需要仰赖行政力量的协助。法院内部的行政管理权也必然会在一定程度上影响审判权的行使。特别是当代中国的司法不可避免地有很强的政治色彩，因为若持一种民族主义的非对称优先性思想，那司法本身就是中国建立现代民族主义的国家、有效扩张国家权力的战略组成部分。一个精辟的论调是，"法律是政治的晚礼服"，政治透过法律的论证使其自身正当化。对此批判法学研究运动可谓最激进，它把所有法律都看作是戴着面具的政治（"作为政治的法律"），也就直接否认了客观法律存在的可能性。无政治的判决是不可能的，现实生活中司法决定与政治过程纠缠在一起，甚至出现交替移转。的确，司法与政治相互间存在着极端复杂的关系，从政治学视角考察，现代法院还被看作一个政治决策机构，正如有些学者指出的那样，法律与政治相互依赖、共同演化，还具有结构耦合的关系，其中最重要的是宪法担负着两者之间"结构耦合形式"的功能；在一般法律概念适用中，无论如何掩饰、遮盖，确定的判决必须牵涉到对政治目的的参考；而且无论从实然还是应然层面，政治化都是司法的一种面向，只不过司法政治化与其他国家公权的政治化应具有不同品性。② 即便是一直

---

① "法官是独立的，并且只服从制定法"，不只是错误的，而且根本不可能实现。确信只从制定法接受判决标准，并且不将其先在理解带入反思之中的法官，实际上是最不独立的法官。Authur Kaufmann, *Fuenfundvierzig Jahre erlebte Rechtsphilosophie*. Archiv fuer Rechts und Sozialphilosophie, Beiheft44, Hrsg.: R. Alexy, R. Dreier u. U. Neumann, 1991, Franz Steiner Verlag, Stuttgart. 对司法至上和司法独立不能有过于浪漫的期待和幻想，司法至上本身依赖于政治基础，无论是对当事人保持中立、法官的自主性、还是与政治隔绝，都只能是有限的、相对的，其更大意义上乃是一种恰当尺度上的"平衡摆轮"，这是由司法权的本性与地位所使然。参见马长山《新一轮司法改革的可能与限度》，载《政法论坛》2015年第5期，第7—9页。

② 参见张嘉尹《系统理论对于法全球化的考察》，载王鹏翔主编：《2008法律思想与社会变迁》，台湾地区"中央研究院法律学研究所"筹备处2008年版，第97页；［美］马丁·斯通：《聚焦法律：法律解释不是什么？》，载［美］安德雷·马默主编：《法律与解释：法哲学论文集》，张卓明、徐宗立等译，法律出版社2006年版，第95页；周赟：《政治化：司法的一个面向》，载《法学》2013年第3期。

以司法独立为豪、视其为宪政主义特点的美国，也不能想当然地认为司法绝对隔绝于权力政治的影响，法官思维不受任何干扰。比如美国总统有提名且参议院同意而任命联邦最高法院新成员的权力，法院需要依赖其他政府部门执行其判决等。所以说，司法活动难免也会"讲政治"，而司法独立只是保持在适当的程度而已。

但是，法律人须对政治过程的运行保持严谨的批判态度。政治永远是强权政治，政治目的若完全绑架司法意志，则司法就形同虚设了。司法应与行政分立，不仅不能与行政共存于同一机关，而且也不可以隶属于行政。这是因为司法具有自身发挥作用的特定空间，通过权利救济赋予宪法价值以具体社会意义，铲除威胁宪法价值实现的现有障碍。司法的任务是通过其判决确定是非曲直，判决为一种特殊"认识"，不容许在是非真假上用命令插手干预，命令不能把真的说成假的，也不能把假的说成真的。① 政治信念式的前见会固化意识形态的话语，使判决受制于扭曲了的权力关系，从而逐渐丧失"认识"的评价性与行为赖以为继的独立性。特别在我国科层行政等级体制下，官僚化的组织关系是垂直的金字塔型结构，法院的财权与人事权由同级地方政府和地方党委、人大掌管②，案件管辖范围也取决于行政区划。这样，服从上级领导的命令与司法纠缠在一起，地方政府与党委、人大直接干预或变相干预司法办案，并控制案件的审判结果，司法活动要服从政治维稳的需要，法官的意志就被政治命令所操纵，司法的功能与司法权的行使也就被异化，国家的法制统一也就无法得到保证。在这种体制熏陶或驯化下，会让法官在个人心理层面，无法抵挡来自指示命令所强加于身的各种支配关系，进而逐渐认同这种服从上级领导指示的观念与角色扮演③，从而变成了身边所有法官裁判案件的前见，不管其多么荒唐，这种前见都已

---

① 参见［德］拉德布鲁赫《法学导论》，米健译，法律出版社2012年版，第121—122页。

② 需说明的是，《人民法院第四个五年改革纲要（2014—2018）》规定了推动探索建立省以下地方法院经费省级统一管理的机制。

③ 有学者深刻指出了法官认同这种服从上级观念的理由，也就是在现实生活中，上级领导主宰了法官的前途命运，而且按照领导的意图办案，法官心里头会有底气，最起码判错了不会受到上级的指责。参见高其才《当代中国法律适用中的关系因素——文化视角的实证分析》，载《云南大学学报》2009年第3期。

融化为政治信念的角色期待而变得不可动摇，一旦面对待决案件都会不假思索的考虑政治效果。

此种前见遭到女性主义方法论者的严厉质疑，认为它直接违背宪法上性别平等的原则理念。他们尖锐地批评道，政治信念式的意志形态是在父权制结构下创造出来的"服从"政治哲学，实质上来自男性主义"疏离"的生活体验，男性通过权力等级控制着现实，而女性的"关爱与联系"体验表达被压制，在男性权力意志的主导下，女性处于群体的结构性弱势地位，只能服从男性的霸权统治。① 女性的"关爱与联系"主观意义体验，使她们在解读情感信息方面普遍强于男性，较容易通过非独裁主义的友好交流方式，进入别人的内心世界，减少权力的竞争性带来的敌意情绪。男女之间认识事物的风格存在性别差异，即联系性认识与疏离性认识，这本无可厚非，毕竟男女有别可实现行事风格上的调配。然而，问题是政治信念式的前见更符合男性的认识模式，冠冕堂皇地维护着男性不平等宰制的世界②，而司法强调中立品性与救济功能，这恰恰需要与女性认识模式相互弥补来处理问题，以此挣脱家父长主义的枷锁，才能取得好的司法效果。因而，这种意识形态的前见在现代司法价值理念的映照下，违逆了人类整体追求平等与幸福的愿景。我们需要勇气去剔除这种根深蒂固的错误且有害前见，在此可借用陈金钊教授的一句话，"法治时代的标志是去革命化、消除政治权威的绝对性。"③

（二）司法功利化前见对司法忠诚的曲解

法律的实施会在一定程度上影响到国民的行为方式，法官在作出司法裁决时，有必要考虑裁决结论作用于社会生活所产生的社会效果。这需要在法律范围内释放法官的能动性与创造性，留下一定的自由裁量余地，进行实质性的价值评价而不仅仅局限于形式逻辑的思考运作。对此，美国的成功经验也提供给我们有益的启示，"实际上，美国进入'权利的时代'

---

① 参见［美］韦恩·莫里森《法理学：从古希腊到后现代》，李桂林等译，武汉大学出版社2003年版，第513—537页。

② 社会结构并没有因女性地位的改变而彻底进展，她亦知道职业和男性的保护所带来的双重奴役，这一直是属于男人主宰的世界，仍然保留它原来的霸权面目。参见［法］西蒙·波娃《第二性（第三卷）》，杨翠屏译，志文出版社1992年版，第88—137页。

③ 陈金钊：《把法律作为修辞——认真对待法律话语》，《山东大学学报》2012年第1期。

与美国法院在权利和自由领域的司法能动主义具有很大关系"[1]。本来社会效果主要为弥补法律效果之不足而存在,然而,一旦司法能动主义扩张不受限制,社会效果就很可能借能动主义的"东风",把循法而行的法律效果给异化,直接伤害到法治的原则与理念。不得不让人担忧的是,近年来随着我国法院系统强调"能动司法"及推动"大调解"司法政策,法官逐渐接受作出司法裁决结果要时刻考虑社会效果的评估,以至于过度渴求社会效果,这样一种司法功利性的心态成为前见判断。这尤为值得商榷。

在此,我们省察到这种前见判断取决于法官对当下司法政策的盲目忠诚;反之,忠诚敬畏的约束把前见铸造为一种常规,"我们的希望,我们的担心,我们的无知(常常是不容易甚至是不可能避免的),我们对团体的忠诚,这些东西使我们养成种种成见,成为把一个问题想清楚的有力障碍"。[2] 当然,也不排除法官为维护某种不恰当的既得利益,而全盘放弃对这种前见的质疑与挑战。我们可以说,由于法官过于追求社会效果,已把它上升到了与一般裁判规则并列的位置,成为了判决的合理化基础或来源。而这种社会效果好坏更多是由当时的"社情民意"或强势需求所决定,实际上这就具有了社会效果或民意决定审判的讽刺意味。民意"挟持"了司法,这显然突破"依法裁判"提供的框架界限,有违司法裁决的初衷。民众的情绪、道德激情移转到法官断案的前见中,正如有些刑事判决书中写道的"不杀不足以平民愤"[3] 一样,这不仅损害了司法机关的权威和信誉,而且削弱了抵抗司法权滥用的方法效用。它让法官们挣脱了深思熟虑、系统地思考问题的压力,使得他们以特殊性为说辞为判决提供正当化理由。[4] 法官断案首先要查阅的是指示性法律条款,而不是倾听公众舆论和道德观念。法官一旦形成这种前见,不仅会容易陷入司法民粹主

---

[1] 高鸿钧:《美国法全球化:典型例证与法理反思》,《中国法学》2011 年第 1 期。

[2] [英] L.S. 斯泰宾:《有效思维》,吕叔湘、李广荣译,商务印书馆 2008 年版,第 34 页。

[3] 在张金柱案中,1998 年 1 月 12 日河南省郑州市中级人民法院作出的一审判决书[(1997) 郑刑初字第 307 号] 中写道:"被告人张金柱身为民警……其行为已分别构成交通肇事罪和故意伤害罪,且手段特别残忍,社会影响极坏,不杀不足以平民愤。"

[4] 参见 [美] 欧文·费斯《如法所能》,师帅译,中国政法大学出版社 2008 年版,第 288 页。

义的窠臼之中,引起法官裁决思维的混乱,而且从认识论角度瓦解法治的权威性与严肃性。① 为此,当代德国法学家罗伯特·阿列克西(Robert Alexy,1945—)确切的指出,"普遍共同体的评价,在许多情况下并不很容易准确地确定。即使借助社会科学的方法,我们也常常不能以足够具体的方式把握民众的评价,并用来作为裁判的根据。"② 另外,法官过分关注社会效果进行自由裁量案件,可能会使司法权摆脱法律权限的"笼子",冲击司法内在消极被动的规律性,导致司法权受到约束的情形消失殆尽,进而侵害到国民生活的安宁与自由。职是之故,应积极纠正法官这种过于偏激的前见,坚持能动主义与克制主义相结合,特别是在处理对司法知识构成严峻挑战的疑难案件时,更应审慎不能逾越司法的限度,使司法的技术关照与司法的理想建构两者协同推进,警惕司法能动主义扩张可能带来背离法治的危险。

总之,在我国目前科层行政化境遇下,"官员的个性、政治因素或各种偏见对判决的影响比法律要大"。③ 也有学者通过对广西"驴友"案、朱建勇案、泸州"二奶"案与许霆案等影响性案例的实证分析,得出共性的一点,就是司法裁决都受到了法律规则之外的一些因素的深刻影响。④ 不可否认,政治信念式的意识形态与过于追求社会效果的功利化心态等法外因素,已成为法官裁决案件的前见,并被直接纳入到法律论证的考虑因素中来,甚至成为司法裁决可资援引的依据。这样,法外空间的前见似乎具有了合法性而被正当化。但通过上文的剖析,我们已明确揭露这两种前见的错误之处,经受不住常规的批判性审查,使其失去了存在论的

---

① 有关对"社会效果决定论""民意决定论"的批判和反思,可详见王利明:《法学方法论》,中国人民大学出版社2012年版,第449—450页;江必新:《在法律之内寻求社会效果》,载《中国法学》2009年第3期;陈金钊:《为什么法律的魅力挡不住社会效果的诱惑——对社会效果与法律效果统一论的反思》,载《杭州师范大学学报(社会科学版)》2012年第2期;陈金钊:《法治信念的危机与法治论者的姿态——法治进入方法论时代的背景考察》,载《法学论坛》2011年第1期;陈金钊:《被社会效果所异化的法律效果及其克服——对两个效果统一论的反思》,载《东方法学》2012年第6期。

② [德]罗伯特·阿列克西:《法律论证理论——作为法律证立理论的理性论辩理论》,舒国滢译,中国法制出版社2002年版,第13页。

③ [美]史蒂文·J.伯顿:《法律和法律推理导论》,张志铭、解兴权译,中国政法大学出版社1998年版,第4页。

④ 参见陈坤《疑难案件、司法判决与实质权衡》,《法律科学》2012年第1期。

根基。既然这两种不合理的前见会对司法假定产生误导性影响，扭曲法官对相关规则的解释和争议案件的解决，那就有必要对其进行认真审查与修正，至于彻底执迷错误的自然要敢于加以摒弃。我们可以通过强化法律解释的自主性意识与借助法律解释共同体的力量两种方法，来抗衡政治因素对司法裁决的侵扰，瓦解政治观点优先顺位的思想。[①] 当然，由于法律绝对工具主义（实力主义）在我国的长期盛行，法律人的自主意识并未完全觉醒，法律解释共同体的有机成长还需漫长的过程。这也表明，为防止盲目的错误前见对司法假定产生不利影响，作为法治论者必须对渐进的司法改革，保持一种科学取向的坚定姿态。

第二节 司法假定何以形成

一 直觉加工机制的认知心理学描述

（一）直觉系统是一种卡尼曼式"快思考"

任何一种心理现象同时也是一种认知现象，认知贯穿于我们日常生活的行为决策中，但我们却常常忽略它的作用。其实，许多认知活动的复杂程度是会让人感到惊讶的，譬如艺术作品、文学作品的创造过程。认知科学从其诞生之日起，就是一个松散的跨学科的知识领域，它探究人类感知、判断、决策与行动的内在机制与物质过程，揭示出行为决策的复杂心理、生理的本质与规律，对当代哲学在破解"意识难题"与消除"解释鸿沟"问题上构成重大挑战；它已受到西方发达国家的广泛关注和重视，并有机会成为改造我国法学界有效观察、描述和解释法律认知与判断方式的分析性工具与批判性力量。[②] 而成熟的认知心理学作为认知科学学科群中的子域，重点关注人类行为背后思考着的心智（mind），乃被喻为打开人类心理"暗箱"的钥匙。认知心理学本身就带有隐喻的特征，而认知

[①] 参见陈金钊《法律解释学——权利（权力）的张扬与方法的制约》，中国人民大学出版社 2011 年版，第 235—241 页。

[②] 参见周昊天、傅小兰《认知科学——新千年的前沿领域》，载《心理科学进展》2005 年第 4 期；王凌皞：《走向认知科学的法学研究》，载《法学家》2015 年第 5 期；葛岩：《法学研究与认知—行为科学》，载《上海交通大学学报（哲学社会科学版）》2013 年第 4 期；李学尧、葛岩、何俊涛：《认知流畅度对司法裁判的影响》，载《中国社会科学》2014 年第 5 期；刘晓力：《当代哲学如何面对认知科学的意识难题》，载《中国社会科学》2014 年第 6 期。

神经心理学代表其新的发展方向，所研究的内容主要是脑功能与行为的关系，其与法学的对接，也成为法学跨学科研究的新动向[1]。认知心理学是以感觉信息的内在加工与问题解决为认知模型来研究人类的高级心理过程，这个内部运作历程是知觉、注意、记忆、知识表征、语言、情绪、思维、推理、创造力等多种因素的综合，并呈现出单向序列的阶段特性，包括信息数据的搜集、输入、编码、存储、变换、简约、提取与使用等，并以一定的行为表现出来。作为连接外界刺激与条件反应间的认知加工通道，包括直觉加工系统与理性分析机制。而非理性的直觉系统呈现的是常态下简化的认知模式，因而一般发挥先行作用，通过自动化信息加工整合来获取假定结论（见图二），借此可节省采取行动的时间。当然，许多预测判断，特别是专业领域的判断，受到了直觉与分析的共同影响，这会让整个状况变得更加复杂。[2] 现实生活中纯粹依赖即时直觉或慎思分析而作出决策是不存在的。直觉是与感性知觉和直观观念相关的基本范畴，没有任何概念可以放弃直觉的要素，因为它构成了人类相互沟通与认知的最起码条件，亚里士多德（Aristotle，公元前 384—前 322 年）则将它视为科学知识的创始性根源。[3] 在罗尔斯以规范主义为主轴的伦理学建构中，将直觉系统称为"慎思的判断"。

事实上，直觉系统并非严谨缜密，而是一种卡尼曼式的"快思考"，是感觉型的、即时迅速的、不费力的，如内在的幽魂一般，处于自主无意识地运行状态。卡尼曼式的"快思考"是由"认知工具箱"内的捷思法（Heuristics method）所提供，虽面对不完整的信息、变动的环境时，这种方式相当好用，但有时也会导致严重且系统性的错误。[4] 作为适应性无意

---

[1] 参见梅锦荣《神经心理学》，桂冠图书股份有限公司 1991 年版，第 1—13 页；郭春镇：《法律和认知神经科学：法学研究的新动向》，载《环球法律评论》2014 年第 6 期，第 146—159 页。

[2] 参见 [美] 丹尼尔·卡尼曼《思考，快与慢》，胡晓娇、李爱民、何梦莹译，中信出版社 2012 年版，第 166—167 页；[美] Reid Hastie，Robyn M. Dawes：《判断与决策心理学：不确定世界中的理性选择》，林正昌译，学富文化事业有限公司 2009 年版，第 6—7 页。

[3] 发明家的空前发明，艺术家的创意乍现，有识者的改革创新，科学家的探索发现，人类心灵浮现的各种绝妙点子，都源自于直觉的灵光闪现。参见 [美] 威廉·杜根《策略直觉：伟大成就来自灵光一闪》，刘慧玉译，财信出版有限公司 2008 年版，第 51—61 页。

[4] See Daniel Kahneman and Amos Tversky. *Judgment under uncertainty*: *Heuristics and biases*. Science，1974，Vol. 185，pp. 1124—1125.

识的直觉系统在司法判断和决策中具有重要的作用。在大法官卡多佐制造的"化合物"成分中,直觉系统被看作是下意识的因素,它是对案件决定起着重要作用的在表层之下的无可名状(ineffable)的力量。[1] 此模式在现实动态生活中也广泛存在并被适用,可以看作是"朴素的生活逻辑"。如此"朴素的"机制提供优良的行动方案,大部分是能够被理性分析机制所接受的。近年来饶有兴味争论的"道德难题"理论,比如"电车难题""天桥难题",以及相关实验结果都充分证明了普遍共享的道德直觉作为一种更亲社会性而且具有跳跃性的决策模式,虽不如理性分析机制那样具有直接的逻辑性,却有保全物种生命与维持秩序安定的特殊实践功用。

(二)直觉加工机制的模式划分

大脑被视为认知的引擎,其特定脑区的结构与功能构成了认知与智力的神经学基础,而认知过程又是通过脑内广泛分布、联结着的神经元,它们同时相互作用(递质释放与活性改变)以完成信息的平行加工。通过脑成像技术探测脑中血流量的变化,可反映出大脑特定区域对感觉信息的酝酿加工过程。采用当代最先进的医学影像学检查方法之 fMRI(功能性磁共振成像)技术,来研究意志行为形成的神经机制实验结果表明,被试者在作出决策前,人脑的无意识活动可能就已决定了随后的选择;并且初步确定了道德判断与行为选择的相关脑区,肯定了直觉情感在道德判断中的相对优先地位。[2] 实际上,无论面对危险还是遭受疼痛,我们的很多反应都是未经思考的举动。大体上可以说,直觉是一种明显自发的、自我证明的认知方式。[3] 认知心理学的研究还认为,直觉可分为两种模式即逻辑自动化型直觉与代表型启发直觉。逻辑自动化型直觉是建立在高度自动

---

[1] 正如心理学家约翰·巴奇概括说明的,自动化加工、潜意识思维大过于有意识活动的特权位置,无意识绝不像某些研究者认为的那样简单和无理性,它是直觉的洞察倾向和个体化历史规律性的反映。参见[美]戴维·迈尔斯《你该不该相信直觉?》,章崇会译,漫游者文化事业股份有限公司 2009 年版,第 45—46 页。

[2] Soon C S, Brass M, Heinze H J, et al. *Unconscious determinants of free decisions in the human brain.* Nat Neurosci, 2008, Vol. 11, pp. 543—545; J. Greene, L. Nystrom, A. Engell, J. Darley, J. Cohen. *The Neural Bases of Cognitive Conflict and Control in Moral Judgment.* Neuron, 2004, Vol. 44, pp. 389—400.

[3] Fischbein, Efraim, *Intuition in Science and Mathematics: An Educational Approach*, Vol. 5. Springer, 1987.

化逻辑操作基础上,所形成的占用较少心理资源的认知过程,而代表型启发直觉是根据常规或惯例来判断同一类别的组成个体是否具有相似性。[1] 在信息表征(描述)方面,[2] 逻辑自动化型直觉是潜在和内隐式的,隐蔽在意识思维的背后,使用最少的心理资源完成某项认知作业任务,因而不会轻易察觉到如何组织一般性知识;而代表型启发直觉具有外显性,同形(isomorphism)于知觉暗示,某一类别的样例会被分派到比较高的出现几率,因而会有意通过执行提取样例或建构样例这样的心理操作,比如回想起典型事件等过去的内容,来完成认知作业。

二 司法假定形成的认知心理学阐释

(一)司法假定总是先于司法推理与司法论证

司法裁判过程本身是法官智能的综合性体现,它为公共领域提供解纷管道与规则架构,从而推动着法律体系、权利形态及社会价值的发展演进。与市场和政治过程相比,司法裁判过程展现出三个明显的系统性因素特征:首先,司法裁判过程中存在着种种更为正式的规定;其次,司法裁判制度自身的规模、拥有的资源量要少得多;最后,作为司法裁判过程的中心人物,法官具有很强的独立性,使之免受那些扭曲了其他制度的系统因素所带来的压力,而超然中立地对各种社会问题进行判断。[3] 然而,司法裁判过程的特征在当为与存在间出现脱节,国内法学界提出的裁判学说面临着很多令人相当棘手的难题。它过多的是理论性独白,不仅在规范体系化层面相当肤浅、无法自圆其说;而且也无法对司法实践作出准确描述与分析。在对法律解释去理论化之后,如何看待实践中存在的"具体案件中法院没有一套统一的理论,但却有一套相对统一的概念工具与分析框架",就需要一种立场转换,即关注作为解释主体的法官的复杂认知过

---

[1] Daniel Kahneman and Amos Tversky. *Subjective Probability*:*A Judgment of Representativeness*. Cognitive Psychology, 1972, Vol. 3, p. 432.

[2] 所谓的表征(representation)就是把某件事物重新呈现在我们心里的任何标记、符号、或一组象征,但是该项事物并没有实际出现。内在心理表征所处理的对象是,表征在我们脑海里的运作过程和情形。参见〔英〕Michael W. Eysenck, Mark T. Keane《认知心理学》,李素卿译,五南图书出版股份有限公司2003年版,第343—345页。

[3] 参见〔美〕尼尔·K. 考默萨《法律的限度——法治、权利的供给与需求》,申卫星、王琦译,商务印书馆2007年版,第36—39页。

程，他们是如何内在地理解法律解释的。① 从认知心理学视域来观察"法官如何思考"，法官的裁判行为是一种独特且微妙的认知心理活动，也就是法官对案情信息加工处理与解决案件的认知过程，而潜在的直觉加工机制一般先行获取假定结论。这种认知过程的独特性主要体现在：（1）认知职能的判断性；（2）认知目的多样性；（3）认知结论的相对性；（4）认知路径的追溯性；（5）认知方式的间接性；（6）认知过程的交涉性；（7）认知方法的思辨性；（8）认知手段的人性化。② 法官裁判的直觉艺术是一个值得认真研究的现实课题。强有力的直觉是法官认知案件事实的基础，法官首先是通过感官的直觉或感知来获取案件信息的。受直觉反应支配而获得的司法假定总是先于司法推理和司法论证。从逻辑的观点来看，没有先在判断就没有逻辑判断，至少在基层司法层面，司法适用与司法推理是司法假定后的产物，而不是相反。③ 其实，"直觉"在《牛津英语词典》中就恰恰定义为"未经任何推理过程头脑便对事物产生的即时性理解"。这也与法国数学家庞加莱（Jules Henri Poincaré，1854—1912）的观点不谋而合，即"逻辑是我们用来证明问题的，而直觉是用来发现问题的"。

（二）直觉模式在案件类型中的适用

从定性角度可将待决案件分为两种基本类型，即简单案件与疑难案件。④ 对于简单案件来说，法官更多采用逻辑自动化型直觉处理信息，选取法条来实现个案事实与一般规范的事实要件直接涵摄对应，快速得出假定结论。记忆是直觉认识的心理基础：从直觉产生的心理机制来看，创造

---

① 参见王云清《法律解释的去理论化与立场转换——认知心理学的启示》，载《法律科学》2014年第3期。

② 参见王纳新《法官的思维——司法认知的基本规律》，法律出版社2005年版，第51—56页。

③ 参见［德］亚图·考夫曼《类推与"事物本质"——兼论类型理论》，吴从周译，学林文化事业有限公司1999年版，第135—137页；苏力：《送法下乡——中国基层司法制度研究》，北京大学出版社2011年版，第201页。

④ 本书从定性角度即案件与规则能否对应来划分简单案件与疑难案件，此时的疑难案件就落在哈特所说的，法律体系空缺结构或阴影地带的案件中。有关如何从定性与处理两角度来重新界定疑案案件，请详见唐丰鹤《疑难案件及其法律方法》，载《法治研究》2012年第2期。

者感知获得的信息，储存在记忆中作为心理基础。① 记忆具有多种储存模式，从结构上看，主要分为感觉记忆、短时记忆以及长时记忆。逻辑自动化本来就是一种记忆现象，需仰赖编码与储存之间的关系。而逻辑自动化型直觉处理简单案件，只需很少的集中注意与意识努力，因而它主要依赖的是信息的短时记忆（初级记忆）。法官通过视觉、听觉等富有生机的感觉器官，觉知到的图像、声像等信息碎片，会暂时保留在感觉记忆中，记忆信息的短时提取与匹配法条的涵摄是自动化而非控制式进行的。简单案件的逻辑自动化处理简捷而有用。在那些司空见惯的变量很少的决策中，这类自信的直觉预感通常会被证明非常有用。② 当然，记忆痕迹由于外界竞争信息的干扰破坏或自身衰退而存在遗忘的规律，并且案件记忆信息的短时提取输出时，也会主动进行有所选择的编码③建构，这样有些信息可能就会有意被增减、排除甚至歪曲，因而不能保证从案件样本中抽取的有限信息量完全是正确真实的。"眼见不一定为实"，所见到的（如假象）并非都为外部世界的精确复制，但"并不是只有视觉才会产生错觉，记忆也容易产生错觉，并且这种现象更加普遍"④，因而法官通过逻辑自动化型直觉来执行裁判任务也会造成误导。

　　长时记忆（次级记忆）的作用在于确保存储的信息能够及时访问，就可帮助人们运用过去经验与情景理解现在相似事件。它将分散的信息容量按有序方式组织、整合成封闭的模块化（modularity）单元，以便使信息得以长久甚至终生保持。而疑难案件的处理，主要依赖的就是信息的长时记忆。对于系争疑难案件来说，法官运用代表型启发直觉来引发联想搜寻，再现之前通过个体感觉经验，获得的存储在大脑中的意义上与当下案件相匹配类似（模块化）案件或法条的长时记忆（见图三）。换言之，法官首先需要从长时记忆中将相关的类似案件调取出来，然后他要将长时记忆中的材料投射到目标上，以便进行比对，并将相应的记忆与目标案件匹

---

① 参见张浩《认识的另一半：非理性认识论研究》，中国社会科学出版社2010年版，第239页

② 参见［美］阿德里安·沃缪勒《不确定状态下的裁判——法律解释的制度理论》，梁迎修、孟庆友译，北京大学出版社2011年版，第176页。

③ 编码，也就是信息转换成心理或内在表征并加以存储的认知过程。

④ ［美］丹尼尔·卡尼曼：《思考，快与慢》，胡晓娇、李爱民、何梦莹译，中信出版社2012年版，第44、354页。

配起来。① 意识的体验具有相当的主观性特征。我们的心智看起来运作的是一种相似性的概念，其判断通常是基于特征与类别或基模间代表的或相似的程度；联想是情绪、思想与行动的重要决定因素，代表型启发直觉的机理就在于意识深植于再现和联想，可再现的和可联想的感觉经验的记忆痕迹，对于我们心理生活的整体而言是重要的；由先前的经验激起的整个联想的观念束与实际的感觉交织在一起，并且比后者能够独自制约的更广泛地制约着我们的行为。② 在此，法官在整体法秩序的语境下，依据有效的语义线索与情节线索的联结，通过联想记忆将疑难案件归入应然的典型案件或实然的先例，比较判断与之异同点的程度，以决定将探知的事实诉诸性质相似的法条得出假定结论。

当然，法官多数的连贯性联想是运用想象扫描出的特定表象作为挂钩，来连接个案情景，因而它是无声的，隐形于有意识的自我推理之后。典型表象是脑海中浮现的一个最佳生动形象，因为它的代表性能最快和个案连接。可以说，疑难案件中的假定是由个别的模拟迁移形成的。而且，典型案例或判决先例在法官头脑中的存储，对假定形成的科学范式来说十分关键。关于这个历久弥新的重要议题，后文将有相当详尽地探讨。记忆的存储之间总是存在相互作用，彼此影响的。③ 法官的案情记忆具有伸展性，无论是简单案件还是疑难案件的处理，其直觉加工系统中所有记忆操作，都受到长时记忆的引导和影响。

（三）司法假定由认知图式所开启

有论者就有效借鉴认知心理学的原理，来实证探讨司法过程中的直觉加工机制，指出在信息不充足和判断不确定情形中，直觉通过获取法条、形成初始结论为法律推理提供前提，逻辑自动化型直觉还可以省略认知过程、快捷获得结论。④ 上文提及的认知加工通道包括直觉加工系统与理性

---

① Linda L. Berger, *A Revised View of the Judicial Hunch*, Legal Communication&Rhetoric, 2013, p. 22.

② 参见［美］Reid Hastie, Robyn M. Dawes《判断与决策心理学：不确定世界中的理性选择》，林正昌译，学富文化事业有限公司2009年版，第131、153页；［奥］恩斯特·马赫：《认识与谬误》，李醒民译，商务印书馆2010年版，第39—58页。

③ 参见［美］罗伯特·索尔所、金伯利·麦克林、奥托·麦克林《认知心理学》（第7版），邵志芳等译，上海人民出版社2008年版，第160页。

④ 参见李安《司法过程的直觉及其偏差控制》，载《中国社会科学》2013年第5期。

分析机制，实际上两者并不矛盾。因为作为直觉的法权感只是论证的起点，只有经过理性机制的方法论说明之后，法官的裁判才具有真正的法律效力，而关键的问题在于对于道德判断如何进行理性地证成；从法律论证的理论框架来看，两者可看作法律发现与法律证立的过程，它们是两分的：前者关涉发现裁判结论的心理过程；后者则关涉判断的证立以及在评价判断中所使用的评价标准。① 但是不管怎样，我们注意到司法假定通过认知加工通道——无论是直觉加工系统还是理性分析机制②——来形成，这需要法律前见的启动。"前见"在认知心理学上称之为"图式"③，用来对知识表征的记忆结构，其形成和变化是认知发展的实质。认知图式作为法官预先具备有组织的智识结构体系，影响法官对法条与事实的知觉与注意，是法官司法作业得以进行的前提，构成了法官的认知视域与框架。根据认知发展心理学家皮亚杰的观点，知识总是通过具有适应机能的心理结构而加以获取和解释的。④

只有启动大脑中的认知图式，并与案件外在信息相融合（包括同化与顺应的过程），才能驱动认知加工机制，而先行的直觉加工机制一旦开启就无法关闭。基于认知图式差异，Dane 和 Pratt 将直觉区分为启发式和专业性两种，两类直觉的运作模式都是个体非意识地将外界刺激与其认知图式进行匹配和整体联想的过程，但由于认知图式复杂性不同，直觉决策

---

① 参见王彬《司法裁决中的"顺推法"与"逆推法"》，载《法制与社会发展》2014 年第 1 期。

② 这就是认知的双重加工模型：直觉加工为系统一；理性分析为系统二。有学者指出在司法决策中，快速且自动化的思维系统一对事实与法律问题作出判断时，虽高效但容易出错，需要深思熟虑的思维系统二进行分析推理加以检验和纠正，但系统二的运作过程耗时费力。参见陈林林、张晓笑《认知的双重加工模型与司法决策》，载《浙江学刊》2014 年第 5 期，第 132—135 页。

③ 图式（schema）是人脑中先前知识的心理结构，通常涉及对于事件、情景或物体的已经组织好了的知识单位，用于表示对于外部世界已经内化了的知识。图式的作用主要表现在：（1）图式是一种信息接受系统，环境中的信息只有与个体具有的图式发生联系时，才算是有意义的；（2）图式提供了从环境中提取信息的计划。参见陈增宝、李安《裁判的形成——法官断案的心理机制》，法律出版社 2007 年版，第 111—112 页。

④ 参见［美］Kathleen M. Galotti《认知心理学》（第三版），吴国宏等译，陕西师范大学出版社 2005 年版，第 323—324 页。

的效果也存在差异。① 须注意的是，由于法律前见有合理前见与盲目前见之分，法官依赖所有可得的盲目前见作出的假定，就会造成严重的系统性失误。这一观点在上文已有详细地考察，对此不再赘述。

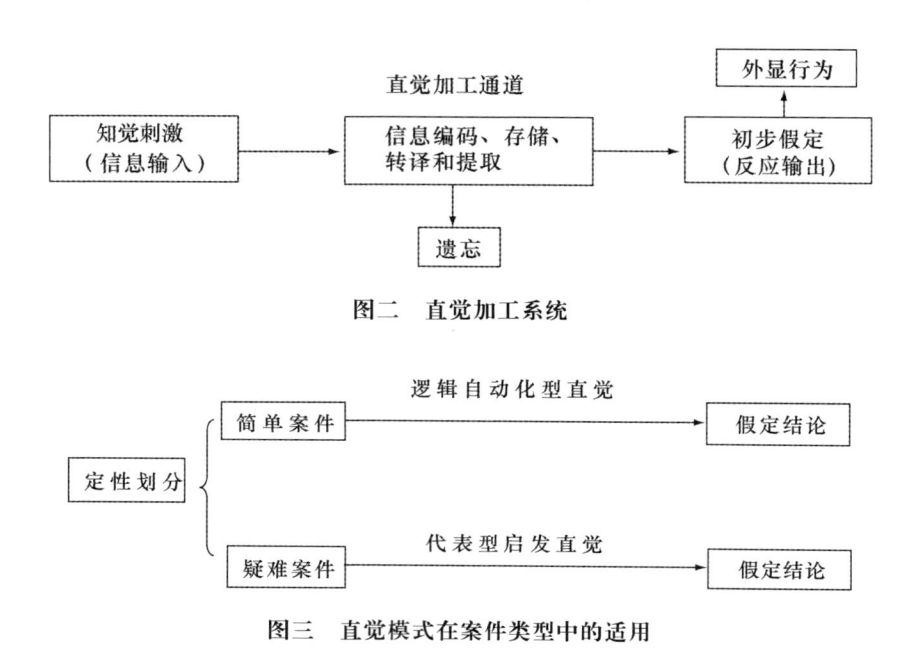

图二 直觉加工系统

图三 直觉模式在案件类型中的适用

小　结

伽达默尔的哲学诠释学是在批驳传统解释学"重构意图论"基础上，独立肯定了前见作为人类生活原初存有特征之意义。哲学诠释学对法律解释的核心启示在于，它为法律解释与价值立场的关系，提供了有很强内在说服力的理论工具：解释者不可能价值无涉，解释者均有是非感，是非感存在先见、前理解之中，解释者的立场偏向，就决定了不存在能普遍接受的要么对要么错的判决，只有通过理解者与作者的沟通对话，在探究性造

---

① 参见张静、刘远《直觉型决策效用下的专业性与灵活性的悖论和应对研究》，载《南京社会科学》2014 年第 11 期，第 33 页。

法解释中，才能达到一个合理的、可接受的、合意的结论。① 美国著名法学家德沃金就将法律诠释与哲学诠释学进行了有效果的视域融合，从而使法律前见得以生成，即法律职业共同体在对法律文本进行解释前，内心先行具有的一般见解或通俗看法。德沃金正是在法律前见基础上通过法律建构性解释获致宪政的整体性事业，而这种法律解释的特点在于读者（理解者、听众）与作者（立法者、言说者）的交流互动中生发出法律文本的真实含义，因而就具有创造性特质。法律前见是司法假定形成的必要条件，必然会影响到法官裁决权的正当行使。法律前见表面上是个人的，但实际还受个人所属的社会团体如政党、宗教组织，以及在社会中占主导的文化的影响；它使解释者或多或少地意识到寻找问题答案的方向，意识到何种事实的特点对于法律判断可能是关键的，但先见、前理解是前科学甚至很多是非理性的，也就存有谬误，消除它们的办法不是将先见从理解中彻底驱逐，而是必须不断地加以核对和修正。② 以是否符合法律的规范意旨为标准，对法律前见进行类型划分，可分为合理前见与盲目前见。合理前见诸如法律语言、法律思维、法律伦理等会对司法假定提供极为有效的指引。而在我国目前司法场景下，政治信念式的意识形态与过于追求社会效果的功利性心态已成为法官裁决案件的盲目前见，它们摆脱了法律的规范意旨控制，甚至成为司法裁决可资援引的依据。这两种盲目的不合理前见是经不起社会公众一般通念推敲与挑剔的，因其弊端明显失去存有论（Ontological）的根基。既然这两种盲目前见会引起法官裁决思维的混乱，对司法假定产生误导性影响，那就有对其进行修正的必要性了。

依据认知心理学的原理，直觉加工系统呈现的是常态下简化的认知模式，因而一般发挥先行作用，通过自动化信息处理整合来获取假定结论，借此可节省采取行动的时间。借助此视域来观察"法官如何思考"，法官的裁判行为是一种独特且微妙的认知心理活动，也就是法官对案情信息加工处理与解决案件的认知过程，而潜在的直觉加工机制一般先行获取假定结论。受直觉反应支配而获得的司法假定总是先于司法推理和司法论证。

---

① 参见郑永流《出释入造——法律诠释学及其与法律解释学的关系》，载《法学研究》2002年第3期，第32页。

② 参见郑永流《法律判断大小前提的建构及其方法》，载《法学研究》2006年第4期，第16页；《出释入造——法律诠释学及其与法律解释学的关系》，载《法学研究》2002年第3期，第32页。

对于简单案件来说，法官更多采用逻辑自动化型直觉处理信息，选取法条来实现个案事实与一般规范的事实要件直接涵摄对应，快速得出假定结论；而对于疑难案件来说，法官运用代表型启发直觉来引发联想搜寻，再现之前通过个体感觉经验，获得的存储在大脑中的意义上与当下案件相匹配类似（模块化）案件或法条的长时记忆。认知图式作为法官预先具备有组织的智识结构体系，影响法官对法条与事实的知觉与注意，是法官司法作业得以进行的前提，构成了法官的认知视域与框架。

第 三 章
司法假定的功用发挥及其偏差监控

上章从诠释学、认知心理学视角集中探究了司法假定的形成条件及形成过程,尽管这一分析工具还是那么不完美,但却阐释出司法假定并非难以捉摸、无法剖析,也就很好地减少公众对其的误解,从而赢得更多的尊重。接下来需要追问的是,司法假定有何认知功用?法官虽不全是像检察官与辩护律师那般"先定后审",但仍然会进行预断。司法假定如同聚光灯,在它形成后会非常顽固的内嵌于法官思维中,而且法官总是表现出十分确信这一假定,以此锚定案件继续审理的认知路径、提供推理的隐形前提,指引法官为证实强化假定而主动检索、选择证据链条与规则依据,即进行逆向的回溯推理(反向假说推理、设证推理)。

第一节 司法假定认知功用的发挥

司法裁决是以假定为判断起点进而推演逻辑的,这也可说在最短时间内找出有效达成目标的适解方法。假定结论只是判断的起点和动因,而不是最终的依据。诚如心理学家告诉我们的,判断的过程很少是从前提出发继而得出结论的。判断的起点正与之相反——先形成一个不确定的结论;一个人通常是从这一结论开始,由该结论所主宰的现象称之为"初始效应"或"验证性假定检测",然后努力去发现能够汇出该结论的前提。法庭的判决像其他判断一样,无疑在多数情况下是从暂时形成的结论倒推出来的。[①] 依据认知心理学中格式塔理论(Gestaltists)的"趋完性"特征,

---

① 参见 [美] Reid Hastie, Robyn M. Dawes《判断与决策心理学:不确定世界中的理性选择》,林正昌译,学富文化事业有限公司2009年版,第40页;[美] 博西格诺等著:《法律之门》,邓子滨译,华夏出版社2002年版,第27页。

也能够解释法官从结果出发进行法律推理的现象。① 德国法学家齐佩利乌斯亦承认,"面对案件的法官首先根据自己的法意识对案件作出应如何裁决的一个'预断'(Vorurteil)。这个预断引导着对法律的解释;法官以此为其判决提供根据"②。法官的认知与情境之间的感知耦合系统调节着神经活动内生的自治动力模式。因而,司法假定的认知功能发挥是与涉身情境密切相关的。在此,有必要根据法官内在约束、外部环境等差异,分两种情境更为精确地解析探讨司法假定的认知功用。

一 理想运作情境中的认知功用

(一) 司法假定的锚定效应及其文书中心主义倾向

司法假定本身是具有信息价值的判断,"为思维提供了根据和方向,从而为我们认识法律现象,解决法律问题提供了一个强有力的认知手段和工具"③。在理想运作情境中会产生高明的司法假定,而此种假定按照上文的阐释,又源自丰富经验所衍生的敏锐直觉。对于理想运作情境中的"理想",指的是司法假定的初始结论与最终裁判结论接近一致的状态。这种假定结论是一种强大而保守的力量。法官对此,一是保持着刻板的印象(或称为思维定式),且存有确信的甚至是过于自信的心态,以致引发出光环效应,为保持构建假定思维的逻辑一贯性,只寻求能支持(证实)既有假定的信息,而抑制或无视后续与假定相歧义的信息,这是法官裁决过程中的显著特性;二是拥有强烈的"现状偏好"心理,④ 表现出珍视并强化已形成的假定,即产生禀赋效应(endowment effect),赋予假定更高的存在价值,也就会依大脑呈现的有限信息构建合理化解释以极力维持假定,不断弥补假定与理性之间的差异,且如事后诸葛⑤般看假定总觉得有

---

① 参见陈林林、张晓笑《裁判行为的认知心理学阐释》,载《苏州大学学报(哲学社会科学版)》2014 年第 4 期。
② [德]齐佩利乌斯:《法学方法论》,金振豹译,法律出版社 2009 年版,第 18 页。
③ 王纳新:《法官的思维——司法认知的基本规律》,法律出版社 2005 年版,第 25 页。
④ Samuelson W, Richard Z. *Status Quo Bias in Decision Making*. Journal of Risk and Uncertainty, 1988, pp. 7—59.
⑤ 俗语"事后诸葛"的学术概念为"后见之明",是指人们在得知某一事件的结果后,夸大原先对这一事件猜测的倾向,过高估计过去事件的发生概率。这种偏见源自于一种直觉感觉,即最终发生的结果必须是不可避免的。参见郭春镇《法律直觉与社科法教义学》,载《人大法律评论》2015 年卷第 2 辑,第 111 页。

理（早就知道会这样）。随着给予假定的确信程度不断被提高，以至给有吸引力的假定戴上了不可战胜的"光环"。鉴于法官对当前假定抱有的确信心态以及偏好心理，法官受假定的暗示启发会产生相应的锚定效应（anchoring effect）。锚定效应指的是在不确定状态下，判断与决策的结果或目标值向初始信息或初始值即"锚"的方向接近而产生估计偏差的现象。[1] 在司法情境下，法官将以假定结论为锚定值（参照点）针对案件的后续审理作出具体的上下调整。锚定值一般反映同类事物的趋中倾向，不同的锚定值会导致不同的估测，而法官由于乐观的主观心态，往往对假定状况产生过高估计，其调整也就不易回归到平均水平上来。理想状态的达致需要假定形成满足一系列资质条件：(1) 法官有高尚的伦理良知；(2) 法官训练有素、技艺娴熟；(3) 法官有丰富详尽的裁判经验；(4) 排除法外异质因素的干扰等。在这种假定锁定的路径下，法官通常会预拟一个审理提纲及庭审重点，这样有了注意力的关注点，围绕它投注心理资源，而排除其他不相关信息的干扰与影响（避免分散注意）。为此，就可很好掌控案件的后续审理，恰当引导当事人就案件本身举示证据与发表意见，明确地罗织选择符合假定要求的事实与规则。对于专家式法官来说，假定的品质与目标指引都十分可靠有效。心理学实验提供了相关证据：当假定锁定的路径唯一时逆向作业最为有效，它比正向前进式的问题解决过程更加奏效；在问题解决中，专家往往能够知觉到更多有意义的信息，并能以更快、更深入的水平看待、表征信息，同时，表现出对领域内知识更强的记忆能力与模式识别能力。[2] 最后裁判文书的作出，表面上看是形式逻辑的推演，实际上是印证支持假定、满足假定结论所需条件的过程。除非庭审中有新的定案关键证据发现（比如作案另有他人的颠覆性证据）或出现更有力的裁判理由，否则法官不会推翻预先构造的假定，这就是心理学家所言的"满意度"。

换一种思路来看，在理想运作情境中会出现一种文书中心主义的倾向，即最后的裁决文书最重要，而在倡导生效文书上网公开的条件下，这

---

[1] Daniel Kahneman and Amos Tversky. *Judgment under uncertainty: Heuristics and Biases*. Science, Vol. 185, 1974.

[2] 参见［美］Kathleen M. Galotti《认知心理学》（第三版），吴国宏等译，陕西师范大学出版社 2005 年版，第 251、258—259 页。

股在司法过程中涌动的暗流处在不断强化中。易言之，无论是庭前假定的安排，还是庭审中有目的性的搜集证据，都是为最后作出论证充分有效的文书作准备。值得深思的是，这与理论界、中央政策倡导的"审判中心观"不同。中共十八届四中全会审议通过《中共中央关于全面推进依法治国若干重大问题的决定》提出了"推进以审判为中心的诉讼制度改革"。以审判为中心实现审判实质化，必然意味着以第一审庭审活动为中心。而事实上，在刑事诉讼过程中，庭审本应是中心环节，但是在当下中国却被"虚化"了。①

(二) 司法假定可靠处理案件的功用限度

在理想运作情境下，由假定必要的指引功能而汇出的最后结论，不仅与初始结论相吻合，而且经过论证检验是正确真实的。这就特别提醒我们要最大限度地确保司法假定的准确可靠②，以尽可能减少在假定结论和最终结论之间出现停滞不前的迂回之路。尤其在我国当下司法境遇中出现"诉讼爆炸"态势（初审法院最为明显），法院每天面对着堆积如山的案件，而且来自现代诉讼中所处理案件信息量的膨胀，法官存在着被过量信息淹没的危险。法官如同其他职场工作者一样，若能善加运用假定的功能，则对于日常业务的运作至少会有三大帮助：其一，信息过多反而延误决策，运用假定使之免于深陷信息洪流不可自拔；其二，有助于迅速理清当应为之事，锁定明确目的与目标，以专注的意识采取具体行动，来有效地解决问题；其三，能够掌握事情全貌，从全盘角度处理事务。③ 恰此，法官通过内隐认知非连续的处理符号化信息，无须使用意识推理而自发迅疾地获得可靠假定结论，从而准确切中案件问题的核心所在，并导出具体的解决方案。这样，就可极大压缩思考的时间与耗费的精力，从而减轻思维上的工作负担，并能节约诉讼资源（反之，余下资源越多）与降

---

① 参见何家弘《刑事庭审虚化的实证研究》，载《法学家》2011年第6期。
② 确保假定质量可靠的方法至少有（1）对新招录的法官要提高任职年龄、入职门槛的要求，基层法官须从从事过律师、法学教师等与法律相关工作的人员中选任，上级法院的法官原则上从下一级法院的法官中择优选调；（2）为防止准备离职或已近退休年龄的法官懈怠以致作出的假定结论过度随意，需对离任前几年内所办案件进行审查，发现问题要追究责任；（3）法官选拔管理机制中，打破主要从当地选拔人员的惯例，初任法官先到基层法院任职，防止假定形成的人情、政治干预等。
③ 参见［日］内田和成《假说思考法》，林慧如译，经济新潮社2010年版，第52—72页。

低信息成本，提高办案的质量与效率。

　　根据一般信息加工理论的说法，人的心理能量是有限的，一个任务消耗的心理能量越多，余下可供其他加工使用的认知资源就越少。① 司法假定的认知功用可以减少案件信息加工的能量消耗。而且，从某种程度上讲，司法假定作为对职业阅历先行掌握后的直觉判断，本身能确保案件处理的可预期性与稳定性。然而，理想总是与现实保持批判性距离，假定结论与最终结论能够相互吻合，只是一种乌托邦式的思想实验，在根本上是不可能实现的。法官的认知能力受制于信息加工的流畅度而存在局限性，由此司法假定并不总是真实可靠的，轻信它往往会引发危险的后果。法院的整体裁判能力会随着涉及决策受众群体和事件复杂性的增加而趋于下降，美国法学家考默萨（Komesar）从制度选择视角分析，称之为制度绩效的衰减，特别是法院面对一般性政治失灵的时候，可利用的司法资源更趋紧张，相应自身的裁判能力更趋贫乏恶化。从认知与行为科学角度看，环境线索和法官的生理、情绪状态产生不同的认知加工流畅度，渗入实际的司法行为过程中，影响司法裁判的稳定性：通过法官被试的测试，高流畅度带来趋于正面的判断或评价，法官作出较轻的判决；低流畅度带来趋于负面的判断，法官作出较重的判决；外部的竞争激励和职业背景对这种影响具有调节作用。② 同时，司法判断的过程要受到司法制度有限容量、法官及陪审团自身能力及所掌握资源大小等诸多因素的制约，政治和意识形态倾向、法官的个人特点、个人的和职业的经历、法条主义决策模式、战略考虑、制度性要素等前见，都会影响法官的司法行为，法官会把这些常常是无意识的前见带进某个案件。③ 因而，回归到现实运作情境中来考察司法假定的认知功用，也许更能发现问题。

---

① 参见［美］Kathleen M. Galotti《认知心理学》（第三版），吴国宏等译，陕西师范大学出版社 2005 年版，第 340 页。
② 参见李学尧、葛岩、何俊涛《认知流畅度对司法裁判的影响》，载《中国社会科学》2014 年第 5 期，第 148—161 页。
③ 参见［美］理查德·波斯纳《法官如何思考》，苏力译，北京大学出版社 2009 年版，第 7—11 页；［美］尼尔·K. 考默萨：《法律的限度——法治、权利的供给与需求》，申卫星、王琦译，商务印书馆 2007 年版，第 178 页。

二 现实运作情境中的认知功用

（一）司法假定引发的极端状况及其"笛卡儿式焦虑"

"法律的运行有理想性的一面，也还有真实性的一面。法律需要理想，没有理想就没有努力实现的目标，但法律的运行和法治的贯彻需要关注现实，不立足现实，就无益于解决问题。"① 在现实运作情境中，司法假定虽锚定了案件审理的认知路径，但它毕竟是法官在证据不足情况下，过早给出的"第一印象"，其可靠性与有效性难免会引起常人的合理怀疑，即使出色的法官也难以排除其出错的诸多可能性，况且戴着这种有色眼镜去搜寻证据材料还存在其他的问题，比如遭遇违背直接言辞（亲历性）原则的诘难。案件卷宗是法官了解案情、获取案件信息与建构案件事实的重要手段，特别是上诉审法院的书面审理，对法官影响更大。中国的程序环境展现出来的特征比较亲近于一套科层式的权力组织机制，而案件的卷宗是整个程序的神经中枢，整合着各个层次的决策；如果在一个案件从一个步骤转向下一个步骤的过程中发生了信息阻隔或丢失的情况，导致主持后一个步骤的官员无法读取前一个步骤留下的书面记录，整个科层式程序就会失去方向。② 但司法假定易导致的极端情形是卷宗中心主义，也就是说法官通过庭审之前对卷宗材料审查完成事实认定，而不是通过法庭上的举证、质证、认证的证据规则来完成。这样顺利产生假定结论后，以此为脚本③填补好缺失的信息，就直接变成了格式化的文书，而庭审程序就成了"走过场"的形式虚置。比如在我国刑事审判中，法官通常会以侦查机关在侦查阶段形成的案卷笔录即侦查卷宗，作为最终审判的依据和结论，而审判作为"流水作业"的后续工序只是为了给侦查活动加盖合法的印章。这样不仅容易导致庭审的虚化，造成对犯罪嫌疑人合法权利

---

① 苏晓宏：《法律中的假定及其运用》，载《东方法学》2012年第6期。
② 参见莫湘益《庭前会议：从法理到实证的考察》，载《法学研究》2014年第3期，第59页。
③ 脚本是一种知识结构，可以把我们在日常生活中经常出现的行动序列加以编码。例如，由 Schank 和 Abelson 提出来的"餐馆脚本"，包括四个部分：进馆、点菜、用餐和离开。在这四个一般性的部分中，每一部分都含有一些子动作，比如，进馆分解成进入餐馆、寻找桌子、决定坐的位置、走到桌边，以及坐下。参见［英］Michael W. Eysenck and Mark T. Keane《认知心理学》，李素卿译，五南图书出版股份有限公司2003年版，第360页。

之侵犯，更使得侦查程序中出现的违法行为和错误结论无法弥补和纠正，从而引发诸多弊端，甚至铸成冤假错案，如近期出现的一些冤案，像浙江叔侄奸杀案和内蒙古呼格吉勒图案等，均与庭审虚化有直接关系。① 曾访谈过的一位年长法官直言："在阅完材料后未正式开庭前，我就把判决书写好了，很多法官都是这样啊，这不是很正常吗?!"另一位在刑庭的法官坦言，"法官裁判的主要依据还是检察院移送来的案卷材料啊。"即使是备受推崇的美国联邦最高法院的大法官也会存在这种现象，时任大法官的福塔斯（Abe Fortas，1910—1982）有时写好意见草稿后，交代书记员用适当的法理与前例予以添饰。② 法官总是更关心在意假定，且更易回忆出假定的结论，而作出的过程通常会被忽略，这在认知心理学上称为近因效应或峰终定律。为避免司法假定被高估的极端情形，对其所持的态度为不应完全抛弃它，更不要简单相信它。为此，假定形成后，在接下来的庭审中法官也做好了核实或校正假定结论的准备。而对于年轻法官（新手）来说，往往利用容易发生错误的启发式线索之直觉决策，就不易察知案件特征信息间的区别并加以组织运用，且对于假定形成并非投入太多沉没成本，也就表现出对假定的担忧（缺乏可信性）更为明显。当然，这种对所建立假定的担忧会慢慢减退，因为他们懂得从错误审判中吸取教训，知道下次该在哪个处理环节进行修正，随着诊断个案经验的不断累积，司法假定得以持续进化，对其担忧也会随之降低。对此波斯纳法官有精到的洞察，他在反思录中提过才华横溢的年轻之人可以分析，但他无法清楚表达法官的经验，法官助理撰写的司法意见缺乏色彩、深度和真切，但随着法官助理数量和经验的增加，助理撰写出色司法意见的能力也会增强。③

法官的判断从来都不是首先在制定法的指导下完成的，而是依据他从职业训练中获得的直觉对案件作出一个基本的判断，以便进行案情分类，然后他才可能从恰当的法律中去寻找和发现他认为比较适当的法条，同时

---

① 参见陈光中、步洋洋《审判中心与相关诉讼制度改革初探》，载《政法论坛》2015年第3期；闵春雷：《以审判为中心：内涵解读及实现路径》，载《法律科学》2015年第3期；汪海燕：《论刑事庭审实质化》，载《中国社会科学》2015年第2期。
② 参见林植坚《美国法律工具主义及其审判理论》，载《东吴法律学报》第14卷2003年第2期，第358页。
③ 参见[美]理查德·波斯纳《波斯纳法官司法反思录》，苏力译，北京大学出版社2014年版，第55—57页。

反思自己的直觉判断并予以必要的修正；而法官之所以愿意修正自己的预判，主要是他们所处的制度结构及其扮演的制度角色，要求他们在听取和审视了双方的证据和论证之后作出审慎的判断；尽管法官可以不知道究竟是什么东西促使他最初想到某种特定的判决是正确的，但是只有当他能够以理性的方式，使他想到的判决经受住其他人对此提出的各种反对意见的时候，他才能作出或坚持他的这个判决，反之则要修正最初的决定；法官断案在重复"试错"过程中确立基本价值共识，在佐证资料不足的状态下，提出解决问题的方案，用经验加以检验，在必要的情况下加以修正或用更好的解决方案取代之；事实上凭本能判案的法官后来也会思考他们的行为是否正确，并参照其职业标准来衡量他们的举动，在得出结论以前，法官可以检验他们最初的解决方案，并思考他们的本能是否符合这些标准。① 很吊诡的是，从大多数具体司法境况来看，法官一方面是对聚焦的假定持有乐观态度，毕竟趋乐避苦是人之天性，而失去的痛苦比得到的喜悦给人的反应更强烈（损失厌恶——倾向稳定持续而非改变）。为规避形成的假定被推翻的痛苦风险，会不由得过分夸大直觉处理信息的兼容性；另一方面也对贸然作出的假定存有怀疑，认为假定与个案公正之间的本质关联其实并不完美，尽管会比相信假定真实更加困难。这与"笛卡儿式的焦虑"非常相似，② 即陷入相信真理与普遍怀疑两分式思维的矛盾之中。不过，法官对假定结论持有的怀疑与担忧，也存在有利一面，这样不致使假定变为失去力道的"稻草人"，在本身缺乏说服力的情况下，遭遇抨击而顷刻瓦解。

（二）影响司法假定功用发挥的因素

法官带着这种矛盾心理去探寻案件最终的解决方案，而由于诉讼模式与案件类型的区别，法官对司法假定所起引导功能的运用程度也存在差异。首先，从诉讼模式角度看，与大陆法系采取的职权主义相比，英美法

---

① 参见苏力《送法下乡——中国基层司法制度研究》，北京大学出版社 2011 年版，第 208—209 页；《法律人思维?》，载《北大法律评论》（第 14 卷），北京大学出版社 2013 年版；[英] 哈耶克：《法律、立法与自由》，邓正来等译，中国大百科全书出版社 2000 年版，第 186 页；参见许德风《法教义学的应用》，载《中外法学》2013 年第 5 期，第 949—950 页；[美] 欧文·费斯：《如法所能》，师帅译，中国政法大学出版社 2008 年版，第 239 页。

② Richard J. Bernstein. *Beyond Objectivism and Relativism*: *Science*, *Hermeneutics*, *and Praxis*. Philadelphia: University of Pennsylvania Press, 1983, p. 16.

系实行的当事人主义，其诉讼进程更突出论辩程序的开放性与对抗性，相对被动的法官在经历当事人辩论程序后，更易于通过反思性均衡（reflective equilibrium）来改变假定的指引轨迹，而我国的诉讼构造更亲缘于大陆法系传统，相对于论辩程序公正来说，法官在诉讼进程中更侧重认定事实的实体公正，庭前利用诉讼资料形成认定事实的"正确性"假定，会对案件后续审理起到重大指引作用，也就更固守于假定的运作轨迹。针对诉讼模式与进程，有学者认识到，司法裁判的过程是一个复杂而精细的体系，司法裁判的能力不光受到法官的权能和实际能力的限制，而且还取决于诉讼模式中进程，因为诉讼的进程可以限制甚至扭曲法官们所能看到的和决定的事情。[①] 若下面进一步从审判组织形式来考察，独任制审理与合议制审理也有些许不同：对于独任制审理的案件在庭审中，承办法官采取假定的引导相对会更加顺畅，他会围绕假定进一步找寻证据与听取当事人就自身主张的陈述辩解，以此核实或修正最初结论，形成终局性结论；而对于合议制审理的案件，法官运用假定的引导相对会受到阻碍，因为此类案件庭审后还须在议事规则下就事实认定、法律适用问题共同讨论，以协调博弈、理性交往的方式矫正各自的预设结论来达成多数意见即最终结论。合议制审理案件，有助于防止单个法官假定运用的随意性。原因在于，数名法官会针对每个法官提出的优先条件或变量予以斟酌、讨论并在尊重多数意见的基础上作出终局选择，即便有时存在法官的任意，此时往往也已被过滤掉了。[②] 其次，从案件类型角度来说，仍分为简单案件与疑难案件：在事实与规则能够有效对应的简单案件中，法官对假定抱持自信心态，并且假定引导案件处理较为畅通；而在事实与规则不能有效对应的疑难案件中，法官对假定更多持有的是超出能力范围的担心，假定的指引作用也会受到限制，毕竟形成复杂重要的决定得更加谨慎小心。特别是在我国司法行政化管理体制下，法院更像是实行集体负责制、首长负责制的政府的下属机关，内部长期存在着上级法官对办案法官意见的审批权力，上级法官会对个案进行把关，提出自己主观指令性建议，比如庭长、院长

---

① 参见［美］尼尔·K.考默萨《法律的限度——法治、权利的供给与需求》，申卫星、王琦译，商务印书馆2007年版，第194页。
② 参见彭诚信《从法律原则到个案规范——阿列克西原则理论的民法应用》，载《法学研究》2014年第4期，第107页。

不同意办案法官的处理意见，就会要求独任庭、合议庭重新评议。因而，办案法官为防范规避上诉、改判、发回重审等这些业绩考核风险，可能会庭前审阅案件卷宗（主要包括文书记录、证据材料等书面信息），并一般会用打电话方式与当事人、诉讼代理人或辩护律师进行沟通交换意见，主要围绕与审判相关的程序性争议进行集体商议讨论①，甚至向上级领导请示、汇报，以增强对假定的确信度与把握力。

当然，法院内部行使的审批权是一种干涉法官独立办案的乱行为，它日益暴露出与司法独立要求相悖的种种流弊，而令司法公正蒙羞。为此，党的十八届三中全会审议通过的《中共中央关于全面深化改革若干重大问题的决定》中指出"改革审判委员会制度，完善主审法官、合议庭办案责任制，让审理者裁判、由裁判者负责"，就是取消此种权力的破冰之举。2015年2月最高人民法院发布《关于全面深化人民法院改革的意见——人民法院第四个五年改革纲要（2014—2018）》，则制定了消除此行为的细化改革措施。"四五改革纲要"明确提出：健全院、庭长对重大、疑难、复杂案件的监督机制，建立院、庭长在监督活动中形成的全部文书入卷存档制度；建立主审法官、合议庭行使审判权与院、庭长行使监督权的全部留痕、相互监督、相互制约机制；改革裁判文书签发机制，主审法官独任审理案件的裁判文书，不再由院、庭长签发。

（三）司法假定认知功用的不确定性

由上文论述可知，在现实运作情境下司法假定的认知功用通常存在细

---

① 实际上，在尊重庭审的中心地位前提下，为促进集中审理与提高办案效率，2012年《刑事诉讼法》第182条新增设了庭前会议程序。而在庭前会议中，由于所讨内容主要是程序性问题，审案法官能够听取控辩双方的意见和争点，这样在讨论对象的言语激荡下容易抑制偏见而酝酿出优质的假定。有学者为此指出，在目前情况下，应充分发挥庭前会议整理明晰事实及证据的功能，最大限度地限缩主审法官的庭外阅卷活动，通过听取控辩双方意见之后，进一步了解争点，提前找准庭审的重点和节奏，将其主要精力集中到庭审活动中来，依照庭前会议中对事实及证据的整理，明晰审理重点，在庭审中形成对事实的认定；而且新刑诉法恢复全案卷宗移送后，审案法官在庭前会议前就已接触控方案卷、证据，如果法官由此形成了预断，那么庭前会议中辩方的不同意见只会减轻而不是加剧这种预断。也有学者认为，应合理定位庭前会议的制度功能，明确庭前程序审查与法庭审判主体的二元化；庭前会议的价值只有通过辅佐庭审程序成为整个审判程序最核心、最关键的环节才会得以最大化。参见闵春雷《以审判为中心：内涵解读及实现路径》，载《法律科学》2015年第3期；莫湘益：《庭前会议：从法理到实证的考察》，载《法学研究》2014年第3期；汪海燕：《论刑事庭审实质化》，载《中国社会科学》2015年第2期；左卫民：《未完成的变革：刑事庭前会议实证研究》，载《中外法学》2015年第2期。

化修正的可能。法官如果偏执依照假定锚定的路径去获取事实与法条，就很容易由损失厌恶、证实（或隧道视野）、可得性与后见偏见之类的误导性直觉引导，从而产生扭曲思维的判断，作出错误的选择，而相对地偏离于实际的结论。真实世界中的法官与其他决策者一样从来就不是完全理性的，他们仅有有限的能力去理解或运用他们已经掌握的信息，也就很容易受到认知缺陷的影响——包括去使用在特定情形中会失灵的启发式，从而导致认知偏见；甚至制度变量太多使得法官无法根据那种自信的直觉预感作出决策。[①] 这些流俗偏见也得到了日常生活实例与实验数据的支持。丹尼尔·卡尼曼与阿莫斯·特沃斯基所作的一系列心理学研究中发现，在不确定条件下，人们根据既有经验作出决定与判断，有时受庸俗的偏见影响就会得出拙劣的偏差决定。比如对证实偏见来说有证据就表明，人们一般很少考虑与自己假定结论相反的例子，因此人们在评估自己的推理或其他行为时，相对那些与预期相悖的信息，想到或搜集与自己预料一致的信息要容易得多。[②] 即使备受国人推崇的美国司法界，那里的法官们也可能会犯错，因为他们在释法过程中，也不能消去像"布什诉戈尔案"［Bush v. Gore, 531 U. S. 98（2000）］中那样的党派偏见。事实上，美国联邦最高法院的大法官们就作出过许多错误裁判。因认知偏差引起的偏离情况主要包括：（1）偏离事实的法律意义；（2）偏离法条的规范目的与立法意旨；（3）偏离社会情势的变迁。例如，在引起舆论高度关注的南京"彭宇案"中，[③] 法官运用生活经验对案件事实作出撞人成立的假定。依照笔者的看法，法官基于经验与观念等常识意义的陈述与理解，而作出实质推理无可指摘，因为任何有意义的知识都是基于世间常识的二次建构，关键问题是此案的假定明显偏离了法律鼓励助人、扬善的规范意旨，缺失了回归到人的社会性平均值的常识上来，也就相应拉低了公众一般道德水平，从而引发社会的道德风险与广泛质疑。也有学者从认知心理学角度分析，此案法官展开的经验推定与其说是依客观方法完成的裁判，毋宁讲是一种基于其对生活经验的认识以及其思维习惯，而作出的直觉裁判，但直觉裁判却产

---

① 参见［美］阿德里安·沃缪勒《不确定状态下的裁判——法律解释的制度理论》，梁迎修、孟庆友译，北京大学出版社 2011 年版，第 167—176 页。

② 参见［美］Kathleen M. Galotti《认知心理学》（第三版），吴国宏等译，陕西师范大学出版社 2005 年版，第 283 页。

③ 南京市鼓楼区人民法院（2007）鼓民一初字第 212 号民事判决书。

生了认知偏差,犯了代表性启发式与后见偏见的两种谬误。① 南京"彭宇案"加剧了当前国人的"救助恐惧症"。而司法对法律假定问题的忽视无疑是当下"救助恐惧症"日益严重的重要诱因。② 从心理学视角分析偏差的成因,首先,事实建构方面主要有:(1)知觉的选择性与取样误差;(2)合理化解释;其次,法条发现方面主要有:(1)受法官知识面的影响;(2)受法官知识熟悉程度的影响;(3)知觉记忆具有选择性;(4)受语言局限性的影响。③ 事实上,遵行司法假定引导所产生的偏差,早已引起实务界的关注。比如,在英美法系国家由普通民众组成的陪审团(它在历史上并不是一种克里斯玛律法先知的继承人,而是王室法庭里君主的理性主义的一种产物),来确认案件事实,并适用法律决定被告人是否有罪,一方面回应了要求实质正义的非特权阶级的本能;④ 另一方面也不排除防控法官司法假定的独断运用所产生负面效应的考虑。又例如,民事诉讼调解制度中一种为调审分离式,法院调解作为处理纠纷的独立诉讼方式,与审判程序是截然二分的,这以美国为代表。庭前与庭审法官的身份彼此区隔、分工协作,庭前法官负责主持调解,而不会参与审判程序。这样一方面防范出现强制调解现象,另一方面也防范后见偏见并阻止假定的先入为主产生负面效果。当然,再从域外经验看,刑事诉讼制度中多为严格实行预审法官与审案法官相分离(如法国),其制度设计的目的与民事诉讼制度相似,对此不再赘言。

  过多法外因素侵扰法官办案,会造成法官认知的超载、头脑变得疲劳迟钝,使司法假定的形成及运作受到法外因素的操纵。裁判的心理学模型阐释的是一个选择的标准模型:法官在相互竞争的两难情境内作出符合法律价值约束的最优选择(决策),它由法官处理信息的强大认知能力所决定。认知心理学的研究同时显示,之所以不能达到最佳的决策水平,甚或

---

① 参见陈林林、何雪锋《司法过程中的经验推定与认知偏差》,载《浙江社会科学》2015年第8期,第28—31页。
② 参见王华胜《私法中的法律假定及其司法价值》,载《郑州轻工业学院学报(社会科学版)》2014年第5期。
③ 参见陈增宝、李安《裁判的形成——法官断案的心理机制》,法律出版社2007年版,第65—68、117—119页。
④ 参见陈林林《裁判的进路与方法》,中国政法大学出版社2007年版,第246—248页。[德]韦伯:《法律社会学》,康乐、简惠美译,远流出版事业股份有限公司2003年版,第182、369页。

造成错误决策,很大程度上是由于认知超负荷,即当可利用的信息洪流,淹没了可以利用的认知加工过程时发生的认知中断情景。[1] 比较值得注意的是,在我国当前科层行政化管理体制下,司法裁判出于服务大局的政策以达到维稳社会效果的需要,法官会过多考虑公众意见、媒体反应、领导意志等,这样法外异质因素(如道德信念、公共激情及人情关系等)披上政治"合法性"外衣而介入司法假定,极易转化为法内评判标准(规范性依据),从而鼓动民众的相互模仿行为,通过群体性涉法涉诉闹访与请求传媒跟进等,释放情绪信号来给法官施压,在法官本身陷入"内外交困"之感的状态下[2],就会使得法官的评判能力大为降低,甚至案情信息的认知加工过程发生中断,也就更可能为以上各种认知偏见所影响。以至于有学者尖锐指出,当下中国技术性司法权的运行逻辑,正处于被情理性司法权运行逻辑和政法思维司法权运行逻辑所支配。[3] 这些法外因素的不正常介入都会给司法假定认知功用带来更大的不确定性和弹性化,最终导致偏离实际结论而酿成个案不公。举例来说,"李国和案"中李国和因领导人"假批示"而获罪,最终依靠"真批示"才得以洗刷罪名,而这种领导批示通常也是迫于强大舆论质疑的民情民怨压力而作出,真不知这在李国和那里到底是喜剧还是悲剧[4];"黎庆洪案"也成为了政治操弄的司法演示[5];有学者卓绝地分析了我国近年来纠正的22起刑事错案,如赵作海案、佘祥林案、杜培武案等,可为认知偏见对办案人员产生可能的负面影响而提供验证。[6] 所以说,在现实运作情境中,为防止司法假定引

---

[1] 参见[美] Kathleen M. Galotti《认知心理学》(第三版),吴国宏等译,陕西师范大学出版社2005年版,第296页。

[2] 推进依法治国,实现经济发展和转型,使法院在维护法律秩序、解决社会纠纷以及促进依法行政方面的责任越来越重,民众对法院的要求也是越来越高,但法院的权力资源配置不足、实现其职能的保障条件亦明显不够,因此有"内外交困"之感。参见龙宗智《影响司法公正及司法公信力的现实因素及其对策》,载《当代法学》2015年第3期。

[3] 参见王国龙《从难办案件透视当下中国司法权的运行逻辑》,载《法学》2013年第7期。

[4] 参见马长山《法外"政治合法性"对司法过程的影响及其消除》,载《法商研究》2013年第5期。

[5] 有关对黎庆洪案审理的批判和质疑的论述,详见童之伟:《立此存照:对黎庆洪案二审不开庭的抗议》,来源:http://libertyzw.fyfz.cn/art/1050305.htm。

[6] 参见黄士元《刑事错案形成的心理原因》,载《法学研究》2014年第3期。

导裁判产生的偏差，有必要自觉通过理性方法来深度监控[①]，尤其是发挥论证方法对假定的检验功能，以识别出陷阱、消除其负面影响，使裁判权得以正当行使。

第二节　司法假定认知偏差的监控

一　司法假定出现认知偏差的根源

（一）认知偏差不易察觉且无法完全根除

上述认知心理学合理而较具吸引力的阐释，为司法假定形成过程提供了科学证立与支持。同时，司法假定认知功用在理想与现实两种运作情境下反映出的差异，为我们揭示出整体性司法裁判与其说建立在纯逻辑分析上，毋宁是奠基于司法假定的完满性把握之上，而做到完满性的把握却并非一桩易事。裁判思维中的假定本身是无法避免的，从本质上讲是一种严格职业规训之下，形成的判断能力与认识方式之体现。司法假定的实践在受到现行有效法拘束（Bindung an das geltende Recht）的同时，也充盈着高度主观性色彩。如果把法官断案看作与经济活动相类似的行为，那么法官也是在经验不确定与有限理性状态下作出司法决策，本身就受制于各种启发性思考所导致的偏差影响。[②] 法官作为劳动力市场的参与者，在通过法律以权利义务方式分配利益的过程中，虽与资源最优化配置利用（偏好满足最大化）的目标大体一致，但也会受到情感、激情甚至偏见的影响而得出初步假定。知觉会受到各种假定和期望的影响，而这些假定和期望有时却不正确，因此它往往会产生错误；实证研究结果也发现，人们在多种心理效应作用下，其选择与决策会有规律地偏离理性。[③] 而在行为

[①] 用海克的用词就是"理性考量之光"（das Licht der Überlegung）来加以检验与光照，而且只有这种依据理性的检验，才可以保护依据法律感觉所形成的判决免于错误，也可以确保其对制定法的遵守。参见吴从周《概念法学、利益法学与价值法学：探索一部民法方法论的演变史》，中国法制出版社 2011 年版，第 267 页。

[②] See Daniel Kahneman, *A Perspective on Judgment and Choice*: Mapping Bounded Rationality, American Psychologist, Vol. 58, No. 9 (2003), pp. 718—720.

[③] 参见［英］Michael W. Eysenck and Mark T. Keane《认知心理学》，李素卿译，五南图书出版股份有限公司 2003 年版，第 74—75 页；D. Kahneman, A. Tversky. *Prospect Theory*: An Analysis of Decision Under Risk. Econometrica, 1979, Vol. 47, pp. 263—292.

经济学家看来,这种以情感、冲动等偏离理性行事被称为非理性的个体异质行为或"动物精神"。它可能会导致经济运行的波动与危机,也可能作出完美的决策。① 这在上文已有详述。

因而,司法假定无关对错,就是法官在裁判过程中作出初步判断的基本思维方式。关键症结在于如何最大限度发挥它的合理性引导功能,消减其偏差产生的负面影响,提升法官们的判断能力和决策制定的品质。在以上"司法假定何以形成"的章节中,笔者分析了潜在的直觉加工机制一般先行获取假定,而直觉处理信息虽快速有效,但也经常犯错,因而有必要用理性的批判性思维来限制司法假定②。否则,司法假定在不受监控的情况下经常会导致认知偏差。司法假定导致的偏差通常不易被察觉到且无法完全根除,而摆在建设法治中国面前的实践难题是找出其出现偏差的问题根源。认知偏差形成机制多样复杂:社会—经济—文化等后天因素,人类认知的固有规则,神经机制和基质,进化—遗传等先天和生理因素以及这些因素的交互作用;证据显示,认知偏差的出现通常是未经察觉的、自动化的,因此是所谓"隐形社会认知"的重要内容。③ 找出其根源可为我们迈出通往有效修正假定偏差方案的第一步。

(二)权力修辞冲破假定发生机理的防线

在深化司法改革的背景下重新审视,依笔者之陋见,司法假定出现认知偏差的根源,就在于权力没有关进制度笼子而未得到有效制约,傲慢的权力仍肆意侵扰着司法独立办案,而且体制外正常的民情舆论监督,也因

---

① [美]克里斯托弗·西姆斯:《即便最好的专家也无法完全洞察负增长趋势》,载《文汇报》2013年11月18日;[美]理查德·泰勒:《行为经济学"助推"正确选择》,载《文汇报》2009年9月14日;蒋占刚:《"非理性":行为经济学的独特魅力》,载《经济参考报》2010年11月1日。

② 针对直觉的思维限制,有学者提出了与笔者相似的观点:直觉判断不可能在日常生活中"包打天下",在司法裁判中更是如此,必须要接受慎思判断的检验与评判;在根据直觉作出预判之后,需要将这个预判纳入法律规范框架内,用既有的法律规范对其进行审视和评判,让直觉思维受制于慎思思维。参见郭春镇《法律直觉与社科法教义学》,载《人大法律评论》2015年卷第2辑,第113—114页。

③ 参见李学尧、葛岩、何俊涛《认知流畅度对司法裁判的影响》,载《中国社会科学》2014年第5期。

权力运行系统指挥司法的法外"政治合法性"转化而被异化。① 司法的品格追求与当今中国的权力构造并不能很好地接轨。这是由于中国司法深嵌在既有的权力构架体系中,被捆绑和"体系化锁定",而这一"锁定"状态就会把司法自身的官僚化倾向进行了放大,形成了二者的相互强化效应,从而促生了很多奇特的"中国"现象。② 比如最需要司法加以保护的主观权利,往往由于政治权力的不当侵蚀,沦为最难以实施保护的权利情境中。总而观之,法治思维与方式对司法假定发挥的保卫功能仍显脆弱,而且复杂的社会环境中政治化力量已冲破司法假定发生机理的承受防线,法官陷入被政治态度蒙蔽的状态中。法官对问题的看法受到一些特殊知识或态度的蒙蔽,他表征的某一部分就会被过度地启动③,其存有的偏见就更难以控制。这也不免使司法假定的功用发挥失之于草率与粗劣。毋庸置疑,与法治思维相对立的是运动式思维,尤其值得警惕的是,在当下中国这种社会治理思维出现了回潮,例如对于日益加剧的大规模群体性事件所采取的处置方式。在运动式思维指导下推进的社会治理逻辑呈现出两方面特征:一是规则依赖和选择性执法倾向;二是压力型(刚性)维稳的目标管理责任制及其延伸的行政问责制。④ 人们总是倾向于用熟悉的特定方式来行事或理解事物,此时事物的惯常功能已被认定而无法加以变更使用,这是问题解决中的思维定式(功能固着)。必须认识到,目前中国场景中,权力修辞仍是司法权力内部运行机制中占主导地位的思维定式,表现为从大局观念出发,进行革命运动式的管治策略,比如重庆打黑。权力式的思维定式无异于扬汤止沸,使法官作出更多无根据的假定,阻碍案件的正常解决。因而,这种状况必须改变,改变的方法就是把法律作为修

---

① 司法假定并不是排斥民情舆论的监督,若舆论与一般社会观念一致及法律原则相耦合,可以纳入到司法假定的结构中来。但在我国"政法化"司法体制状况下,民情舆论带有很强的政治取向和道德期盼,已超出了"监督"的范围,给司法机关带来无法承担的压力。李桂林教授为此指出,在具体案件中,当事人及其律师通过媒体掀起强大的社会舆论向法院施压,法院可能选择屈服于"民意",以保持判决的"政治正确"。参见李桂林《司法权威及其实现条件》,载《华东政法大学学报》2013年第6期。

② 参见马长山《新一轮司法改革的可能与限度》,载《政法论坛》2015年第5期,第15页。

③ Simon D. *A psychological model of judicial decision making*. Rutgers Law Journal, 1998—1999, p. 75.

④ 参见陈柏峰《群体性涉法闹访及其法治》,载《法制与社会发展》2013年第4期。

辞，运用法律话语约束权力张扬，从而掌握法律话语权，这是法治思维得以展开、法治方式能够实施的前提。①

因此，为确保司法假定正常生成及功用的合理性发挥，就必须强化法治思维与法治意识，运用它抵御来自外部的权力修辞与政治情怀的各种干扰，逐渐从"政法化"司法体制中争夺法律的话语主导权，以此祛除司法软骨病，保证司法机关依法独立公正行使审判权、检察权，而不至于使法官因政治信念与法治确信的碰撞而显得摇摆不定。在当下中国这种特殊司法生态环境中，享有司法改革决策权的为政者能否树立法治思维至关重要。培育领导干部的法治思维需要具体细致的制度设计。树立法治思维摆脱人治观念需要智慧与勇气，而他们法治思维、依法办事能力的强化能够带动其他官员，有动力地抵御人情社会的结构性压力。如何使他们尊重法律人的思维特性，以及像尊重学术自由一样尊重司法的独立，这关系到司法假定内在机理的良性发展，进而有利于司法权威的有效提升。

二 应对司法假定认知偏差的策略

（一）减少法外因素对假定的不当侵扰

我国司法改革面临的更为深层次问题是行政化的管理体制，在此体制下形成官本位的制度安排，而法律至上、审判独立与中立等正当价值观念，不仅无法得到贯彻，而且法官普遍缺乏这种价值体系的支撑，致使司法权运行不规范、腐败冤案现象多发。司法假定作为个案审理活动的启动前提，就难免要带有行政化色彩。全面深化司法改革必须坚持法治理念，遵循司法规律，遏制司法行政化倾向，塑造高素质有权威的司法官，确保审判权、检察权依法独立行使。② 上文提及在运动化社会管理思维以及行政化体制框架下，由于法外不当因素的侵扰，法官的认知偏见被过度启动，从而使司法假定形成及认知功用出现偏差。事实上，国家决策层已注意到司法假定出现认知偏差的根源所在，并有针对性地采取应对之策。国家决策层正通过颁布实施一系列法规、政策等文件，一方面可加强对司法

---

① 参见陈金钊《法治思维及其法律修辞方法》，法律出版社2013年版，第120—185、223—277页。

② 参见陈光中、龙宗智《关于深化司法改革若干问题的思考》，载《中国法学》2013年第4期。

人员的培训教化，使其逐步认识到认知偏差的成因及克服方法；另一方面真正使建构的合理制度运转起来，在运行中减少或抵消法外不正当因素对司法假定的侵扰。

在此须注意的是，媒体舆论对一些案件的跟踪报道、评论及引发的社会动员效果，不能想当然地认为就是法外不当因素对司法假定的强烈侵扰。对于舆论宣传的监督作用并不像有些人争论不休的，到底是一种"危险"还是一种"忠诚"。相反，正常的媒体舆论监督是一种权利，它通过设置"公共议题"后呈现出层级推进、多维质疑的追问方式，对国家公权力形成强大的约束性力量，并可间接推动制度层面的改善。因而可以看出，舆论监督权利的介入能够提醒法官认识到假定中可能出现的认知偏差。但法官始终是在一种"制度性困局"（institutional dilemma）中工作，他们无法摆脱在经验层面充分考虑制度性能力（institutional capacities）以及体制性影响（systematic effects）。① 之所以舆论监督会出现"危险"，也并非它本身所致，更多地源于一种体制性、制度性的变异即受党政领导管控的"政法化"司法体制痼疾；这种观念性兼具体制性的痼疾，在强大的舆论监督压力面前，往往会采取迂回"死扛"、暗度陈仓的回应方式和策略，其中演绎着公权力消极"抵抗"与领导批示下的勉强"就范"逻辑，从而使舆论监督显得尴尬无奈与公民权利的保护处于艰难境地，而这也是当下加快法治国家建设进程所需要认真反思和应对的。②

（二）强化司法参与且设置独立司法体制屏障

司法改革是对制度的创新与再造。党的十八届三中全会开启的新一轮深度司法改革，主要提出"推进法治中国建设"与"强化权力运行制约和监督体系"，其中强调改革司法管理体制，推动省以下地方法院、检察院人财物统一管理，探索建立与行政区划适当分离的司法管辖制度；优化司法职权配置，健全司法权力分工负责、互相配合、互相制约机制，加强和规范对司法活动的法律监督和社会监督；广泛实行人民陪审员、人民监

---

① 这种制度性困局表现为，法官必须在不确定状态和有限理性条件下选择某一特定解释方法，但他无法逃避，必须从中作出选择。参见陈林林《制度效益取向的法律解释理论——评〈不确定状态下的裁判：法律解释的制度理论〉》，载《清华法学》2013年第5期。

② 参见马长山《媒体介入司法之"危险"与"忠诚"争议的背后》，载《社会科学研究》2014年第3期，第65—72页；《公共议题下的权力"抵抗"逻辑》，载《法律科学》2014年第1期，第21—29页。

督员制度，拓宽人民群众有序参与司法管道；坚持用制度管权管事管人，让人民监督权力，让权力在阳光下运行，是把权力关进制度笼子的根本之策等。2013年11月21日最高人民法院公布的《关于建立健全防范刑事冤假错案工作机制的意见》（法发〔2013〕11号）明确指出，"坚持依法独立行使审判权原则。必须以事实为根据，以法律为准绳。不能因为舆论炒作、当事方上访闹访和地方'维稳'等压力，作出违反法律的裁判"。党的十八届四中全会提出，建立领导干部干预司法活动、插手具体案件处理的记录、通报和责任追究制度；把法治建设成效作为衡量各级领导班子和领导干部工作实绩重要内容、纳入政绩考核指标体系，把能不能遵守法律、依法办事作为考察干部重要内容。以上多项改革的配套举措反映出问题解决的方向，保持着对司法假定认知偏差的合理警觉，其矫正与调整的核心就在于，推进扩大民众有序民主地参与司法，畅通社会理性监督的管道，同时设置独立的司法体制屏障，规范司法权运作行为，外部去地方化、内部去行政化齐头推进，使司法假定的形成及其功用免受法外因素的非正当性强制或侵犯。

事实上，"无论是在知识的优越性还是权力行使的合道德性上，都没有理由在制度设计上预留'后门'让其他部门干涉司法审判活动"[1]。在民众广泛参与司法问题上[2]，根据政治国家与公民社会的分离命题（separation thesis），就应在理性程序下建构司法公共参与机制来解决，特别注重参与的规范性与有效性，以较低成本实现民众诉求的正当表达。民众与法官在程序规则下进行特殊形式的对话，这样民主参与、表达为司法假定的形成提供基本的制度性事实（institutionelle Tatsache）。铸就稳定、规律可循的制度环境，使开始发轫的公民社会持续开展，就能很好地调动司法活动的参与能力与参与质量，增强介入司法假定外在因素的可信度。在公民社会的优良环境中，民众作为体制外的力量参与司法活动，更能够保持足够的抵抗力和独立性，从而排除外部干扰、促进法院独立审判。内部司

---

[1] 李桂林：《司法权威及其实现条件》，载《华东政法大学学报》2013年第6期。
[2] 公民参与司法具有参与主体的外部性、参与客体的公共性以及参与程度的实质性等特点，并呈现出社会参与、专家参与、由参与审判到参与整个诉讼活动的发展趋势，其功能体现为协助司法、制约权力、监督权力等方面，因而对司法公正、司法民主、司法公信力以及司法能力都具有促进作用。参见陈卫东《公民参与司法：理论、实践及改革》，载《法学研究》2015年第2期。

法体制屏障的构建与外部理性监督管道的疏通,都为司法假定良好功用的发挥提供了制度保障,也就相应克服其可能带来的认知偏差。应当看到,外部环境与法律系统的区隔,就是一种认知导向的互动运作,"只要将外部环境的压力控制在一定的限度并表达于合理的管道,外部环境作用于法律系统既是不可避免的,也是必要而有益的"[①]。

小 结

司法假定如同聚光灯,在它形成后会非常顽固地内嵌于法官思维中,而且法官总是表现出十分确信这一假定,以此锚定案件继续审理的认知路径、提供推理的隐形前提,指引法官为证实强化假定而主动检索、选择证据链条与规则依据,即进行逆向的回溯推理。在理想运作情境下,法官按假定锁定的路径,通常会预拟一个审理提纲,这样有了注意力的关注点,围绕它投注心理资源,而排除其他不相关信息的干扰与影响,为此就可很好掌控案件的后续审理,恰当引导当事人就案件本身呈现证据与发表意见,明确地罗织选择符合假定要求的事实与规则。换一种思路来看,在此情境中会出现一种文书中心主义的倾向。

在现实运作情境中,司法假定虽锚定了案件审理的认知路径,但其可靠性与有效性难免会引起常人的合理怀疑。司法假定易导致的极端情形是卷宗中心主义,也就是说法官通过庭审之前对卷宗材料审查完成事实认定,而不是通过法庭上的举证和质证来完成,这样顺利产生假定后,以此为脚本填补好缺失的信息,就直接变成了格式化的文书,而庭审程序就成了"走过场"的形式虚置。在此情境下,法官一方面是对聚焦的假定持有乐观态度;另一方面也对贸然作出的假定存有怀疑,这与"笛卡儿式的焦虑"非常相似。在现实运作情境下司法假定的认知功用通常存在细化修正的可能。法官如果偏执依照假定锚定的路径去获取事实与法条,就很容易由损失厌恶、证实、可得性与后见偏见之类的误导性直觉引导,从而产生扭曲思维的判断,作出错误的选择,而相对地偏离于实际的结论。这种认知偏差通常不易被察觉到且无法完全根除,而摆在建设法治中国面前的实践难题是找出其出现偏差的问题根源。在深化司法改革的具体背景

---

① 唐丰鹤:《整体性的法律论证》,载《河北法学》2014年第1期。

下重新审视，问题根源就在于权力没有被关进制度笼子而未得到有效制约，傲慢的权力仍肆意侵扰着司法独立办案，而且体制外正常的民情舆论监督，也因权力运行系统指挥司法的法外"政治合法性"[①]转化而被异化。因此，为确保司法假定功用的适切发挥，就必须保持着对它导致认知偏差的合理警觉，扩大民众有序民主地参与司法，同时设置独立的司法体制屏障，强化法治思维与法治意识，运用它有效抵御来自外部的权力修辞与政治情怀的各种干扰，逐渐从"政法化"司法体制中争夺法律的话语主导权。

[①] 法外"政治合法性"特指体制外正常的民情舆论不是直接影响到司法裁判，而是通过政治权力部门领导干部以"批示"的转化方式来给司法官施压，司法官为此间接得考虑已异化的舆论监督，以屈从民意达到维稳的目的。对此有学者指出，在我国的体制下，民意实质上很难直接影响司法裁判，如果没有党政机关的介入，司法机关往往不具备抵御舆论影响的能力，当党政机关认可合理合法的社会压力时，民意发挥作用的条件就具备了。参见胡铭《司法公信力的理性解释与建构》，载《中国社会科学》2015 年第 4 期。

第 四 章
法外因素介入假定的可接受性理论之批判

司法是一种实践性质的认识活动。司法判断的圭臬在于探求实践之知下的真理,而这种真理就在于事实认定与法律适用时,综合考虑日常生活经验法则,作出的裁决能为民众内心所接纳与信赖。这样,法外因素合乎情理地介入司法假定,也有其必要性。当前在我国倡导能动司法、大调解、关注法律效果与社会效果相统一的司法场域背景下,司法实务界实质考虑社会情理、允许法外因素介入假定的举措在得到肯定的同时,也面临着很多批驳与质疑,比如"被司法"状态、"媒体舆论"审判、"政法化"司法等问题。实际问题决定了求解的路向。为此,学术界提出并深化研究司法判断"可接受性"(Akzeptabilität)理论,以此回应、破解上述司法实践中出现的弊端问题:一来提供民众认可的司法运行方式,支撑司法裁决的合目的性与合理性;二来提供民众见解与司法裁决恰当连接点,提升司法公信力与社会和谐度。然而,司法判断"可接受性"理论更多作为一种理想目标来满足民众期许与预测。当在我国特殊场景下遭遇诸多困境与挑战后,还需检省通过何种改进路径,能够具体优化"可接受性"的建构方案,使司法判断可接受性表现出的虚幻化意象,真正回归到现实生活中来。

第一节 司法判断可接受性的旨趣与适用

一 司法判断可接受性旨在达成司法共识

"司法的根本目的并不在于搞清楚文字的含义是什么,而在于判定什么样的决定是比较好的,是社会可以接受的"[1]。司法判断可接受性理论

---

[1] 苏力:《解释的难题:对几种法律文本解释方法的追问》,载梁治平编《法律解释问题》,法律出版社1998年版,第58页。

旨在主张司法裁决的过程与结果,都要充分考虑不同受众的意见,以致在主体间达成最低限度的司法共识,并运用各种论证方法让受众认同裁决者的主张。受众的整体意见与态度是检验个案裁决之可接受性的试金石,而非以个人的反应为量尺。裁决引起的后果被受众所接受承认了,也就意味着裁决是可普遍化的。就结果可接受性来说,就是指裁判具有被裁判受众容纳认同而不被裁判受众拒绝的属性;就过程可接受性而言,案件事实的认定在很大程度上决定着司法过程的可接受性,经过司法程序(特别是两造的辩论程序)使得案件事实的认定变得"合理",进而具有了可接受性。[1] 司法裁决讯息的接受者即受众,随着裁决公开化与电子信息技术的普及范围越来越大,不仅包括涉案当事人、法律职业共同体(法官、检察官、律师、法学学者等),而且涉及一般社会民众(比如普通网民)。同时,借助网络传播的载体,加强了人们相互间交涉沟通的波及效应,受众尤其是法庭之外的力量对司法裁决形成的舆论制约作用凸显。这样就倒逼法官提升自身司法能力、规范司法行为。恰如学者所言,任何法律行为都是由实际加诸主体的压倒性优势社会力量所产生和决定的,尤其是,在目前网络发达的条件下,人们理解关注司法案件的管道更为畅通迅捷,使得法官办案几乎是处于网络社会的实时监控之下,各类媒体对于案件的跟踪报道,网上拍砖,微博吐槽,自媒体的跟进,形成了对于法官审理案件的社会监管机制,也对法官在办案中设定各种观点、判断和结论形成舆论压力。[2] 司法裁决的受众特别是案外一般民众并不是愚蠢或消极地接收信息,而是以"虚拟参与者"角色主动地组织、整合信息,从而对司法判断作出期望效用最大化的选择与预言,以理解性地重建司法裁决。

基于网络信息化时代,司法裁决受众范围扩大化趋势,可接受性需广义理解为"当事人、法律共同体、社会公众等受众对裁判运行和结果认可、称赞或尊崇的一种属性。"[3] "司法过程本身是一个价值判断的过程或者说'价值导向的思考程序',法官应当是在自由裁量的范围内作出价值

---

[1] 参见孙光宁《可接受性:法律方法的一个分析视角》,2010年山东大学博士学位论文,第14—15页。

[2] 参见[美]L. M. Friedman《法律与社会》,吴锡堂、杨满郁译,巨流图书公司1991年版,第145页;苏晓宏:《法律中的假定及其运用》,载《东方法学》2012年第6期,第10页。

[3] 王松:《论司法裁判的可接受性》,载《探索社会主义司法规律与完善民商事法律制度研究:全国法院第23届学术讨论会获奖论文集(上)》,人民法院出版社2011年版,第109页。

判断。"① 自由裁量并非总是不可容忍的恶，而司法判断的可接受性正是法官行使自由裁量权的标尺。法官在强烈的价值导向下适用法律规则于具体案件，作出的裁决结论真正为民众内心所信赖与服从，从而获得其正当性认同，那么就使司法裁决具有了合理可接受性。要想取得法律促进社会进步与发展的实际效用，司法判决自身就必须具有可接受性，法官通过合理的法律论证和批判性检验，能够建构满足当事人应得可能生活的需要，使当事人接受和履行司法判决，这也是司法获得持久生命力的根本所在。② 由此可以看出，司法裁决可接受性理论事关司法系统权威的树立及裁决执行效果的实现。

二 司法判断可接受性符合司法实践属性的依归

司法裁决可接受性理论最值得称赞之处，在于符合司法活动实质上作为价值取向的实践属性的依归。法官在宏观价值取向指引下，考虑受众所持的主流意见，对当事人双方冲突的利益进行有效评估、权衡及调和，并尽量在当事人理解与承认的基础上作出裁决，这样既可减轻诉讼对抗，又可减少上诉、上访。司法裁决活动既是形式逻辑的认识过程，也是含有价值评价（Wertung）因素的实践认识过程。这两方面为司法裁决结果的客观真实提供有力的证明。当然，对于出现过以价值中立司法为上的主张，确属一个"有意思"的怪胎。其实，"一般事物之认识，所以能依逻辑分析的方法或经验事实的验证方法，获致客观性，主要具有合理讨论之可能性以及合理批判的可能性"。③ 运用到司法裁决的学理考察中来同样如此。形式逻辑的认识过程在裁决理论上主要分为演绎推理与归纳推理。司法三段论的演绎推理具有一般化与非人格化的面向，规范与现实之间得往返对接，从逻辑形式而非内容上验证了法官的精神思维过程，以保证裁决结论得出的必然性（具有演绎效力），但这并不意味着结论必定是正确可靠的，因为前提的内容可能会出错。而归纳推理得出的结论只具有归纳力度

---

① 王利明：《法学方法论》，中国人民大学出版社2012年版，第329页。
② 参见张继成《可能生活的证成与接受——司法判决可接受性的规范研究》，载《法学研究》2008年第5期，第3—22页。
③ 杨仁寿：《法学方法论》（第二版），中国政法大学出版社2013年版，第46页。

第四章　法外因素介入假定的可接受性理论之批判

（强或弱的可资信赖度），结论带有或然性的烙印，① 也就并非如数学般地确定无疑。在逻辑认识的统摄下，司法作业者更偏好于司法形式的对称性。历史上学者对演绎与归纳的形式逻辑推论模式并未提出大的异议看法。② 而争论批判的中心点，恰恰在于获得大小前提（Prämissen）是含有价值评价因素的实践认识过程。恰如学者所言，法律判断形成核心不在于从大前提到小前提的最终推论，而在于如何处理事实与规范以获得大小前提，这才是法律应用的最困难之处。③ 无论是事实的认定④还是法律规范的选择，都离不开法官目的性考虑。这种带有主观色彩的法益衡量、价值判断，必然受到社会主流道德观的影响，这样须经受住民众的合理批判，才能使民众接受裁决结果。

由于生效的司法裁决本身具有的既判力，使得裁判结论一般不会因为新的事实出现而被推翻。那么，确保司法判断可接受性的重心就放在法官含有价值评价的理由说明，能够经受住合理的批判。通常来说，法官的说理越充分透彻，就越能回应民众的多方面批判。当然，说理方法需要综合运用逻辑、修辞及对话等多种精湛的实践性技艺。佩雷尔曼的新修辞学理论生动而有说服力地描述了谈话者的说理与听众认同的相互关系：任何一种说理的目标在于获得或强化听众的认同，这是不言而喻的。为了达到这个目标，讲话者必须使自己的言说去适应听众。⑤ 谈话者通过言说获得听众认同而正当化，也是论题学（Topik）意义上的前提条件。概言之，司法裁决活动需要多方面卓越批判、系统性检视后，才能消融裁决主观性色彩，防止法官自由裁量权的滥用。如果讲法说理的理由经受住了合理批

---

① 比如英国科学哲学家卡尔·波普尔曾以白天鹅的例子说明通过归纳推理所得结论的或然性。他讲到无论多少对白天鹅的观察都不能确立所有天鹅皆为白色的理论：对黑天鹅的第一次观察就可以驳倒它。参见［英］卡尔·波普尔《通过知识获得解放》，范景中、李正本译，中国美术学院出版社1999年版，第414页。
② 逻辑推理是普通法传统的核心，谨守逻辑形式并避免谬误虽只是追求正义的工具，但它们的确确是论证的关键工具。谨守逻辑形式并避免谬误可以说服别人，并给予司法判决正当性，将迷惑与含糊不清的事物一扫而空。参见［美］鲁格罗·亚狄瑟《法律的逻辑》，唐欣伟译，商周出版2005年版，第12—22页。
③ 参见郑永流《法律判断形成的模式》，载《法学研究》2004年第1期。
④ "确定小前提，也即发现事实经常很困难，发现事实并非一个逻辑的过程。" See Richard A. Posner. *The Problems of Jurisprudence.* Cambridge: Harvard University Press, 1900, p. 43.
⑤ 参见［德］罗伯特·阿列克西《法律论证理论——作为法律证立理论的理性论辩理论》，舒国滢译，中国法制出版社2002年版，第198—199页。

判，也就当然意味着裁决结论可接受性是有坚强的理由支撑的。

现举一例以作佐证，即曾引起学术界和实务界广泛争论的"张学英诉蒋伦芳遗赠纠纷案"。此案的一审、二审都援引《民法通则》第7条"民事活动应当尊重社会公德，不得损害社会公共利益，扰乱社会经济秩序"的规定而排除了《继承法》相关法条的适用。[①] 本案提出的批判质疑主要是：（1）法官为什么选择适用"上位法优先于下位法"，而排除"特定法优先于一般法"呢？（2）法官基于什么判断《继承法》的法律规范不明确，而选择适用《民法通则》第7条的原则性规定呢？（3）法官是如何判断遗嘱行为违反了"已从道德要求上升为具体法律禁止性规定"的呢？[②] 从一审、二审的裁判理由及一审法官的访谈中[③]，我们可以察觉到法官之所以求助于民法中的公序良俗原则，其首要考虑就在于：对不为一般社会民众所认可的婚外同居行为进行禁止性限制。法官考虑到这种行为违反基本道德伦理，并会产生不良社会效果，但现行实在法中却缺乏对其进行规制的依据，于是将"公序良俗"的概括条款进行价值补充予以具体化，适用到待决案件中来，从而找到了使民众接受裁决结论的可靠理由，很好地回应了上述批判；同时，使法律适用具有可预期性，法官不可量化的价值判断也得到了正当化。这表明法官可以通过价值补充、利益衡量等法律方法，将对民意舆论的考虑转化为法律的要求，以理性审慎地应对民意并加以科学引导，而非曲意迎合民意，使纯粹的法律问题道德化。德国著名法学家卡尔·施密特（Carl Schmitt, 1888—1985）从越来越常见的概括条款、不确定法律概念，如公序良俗、诚信原则、期待可能性等等，由法律以外的判准与观念引入法律之中，已看到一套完全不同于法实证论的新的具体秩序论思维方式，而这一方式表现在刑法领域，是放弃了

---

① 有关此案的一审、二审裁判理由，详见：四川省泸州市纳溪区人民法院民事判决书〔（2001）纳溪民初字第561号〕，载 http://nxfy.chinacourt.org/public/detail.php? id =33；四川省泸州市中级人民法院民事判决书〔（2001）泸民一终字第621号〕，载 http://www.fxy.wh.sdu.edu.cn/index.php? m =content&c =index&a =show&catid =149&id =6573。

② 参见陈坤《疑难案件、司法判决与实质权衡》，载《法律科学》，2012年第1期。

③ 第一审法院纳溪区人民法院的副院长刘波在接受记者采访时坦言："如果我们按照《继承法》的规定，支持了原告张学英的诉讼主张，那么也就滋长了'第三者''包二奶'等不良社会风气，而违背了法律所要体现的公平、正义的精神。"金锦萍：《当赠与（遗赠）遭遇婚外同居的时候：公序良俗与制度协调》，《北大法律评论》2004年第6卷第1辑，第293—294页。

构成要件的概念建构，以及"构成要件该当性"的思维模式。[①] 综上分析与阐释，我们就可本真地感知到司法判断可接受性理论对司法行为中，考虑公共意见等价值判断因素的吸纳与证立，确实有力支撑了司法裁决的合理性与合目的性。

第二节 法外因素介入假定的可接受性之困境

一 司法判断可接受性的悖论难题

（一）司法判断可接受性使假定更富弹性化

司法判断可接受性理论在司法民主化的理念背景下，为法官行使自由裁量权描绘了美好的愿景，但它与其说是回应司法实务界的问题，还不如说是又造成了实践运行中的诸多困惑，其存在的恰当基础颇受怀疑。有学者对其问题进行归纳：政治上的悖论、理论上的障碍、作为裁判依据存在困难、不能成为正当化的理由等。[②] 也有学者针对以"公众意见能够取代法律标准"为核心的裁判可接受性概念，进行两方面的批判：其一，公众意见难以转化为规范性的正当化理由；其二，司法民主化可以分为直接民主化与间接民主化，并且间接民主化能够更好地与现行民主制度、裁判者的司法义务等要素保持一致，但是裁判可接受性概念中的民主化只是直接民主化的体现。[③] 从美国当代宪法大师伊利对1972年"弗尔曼诉乔治亚州案"（Furman v. Georgia）中大法官意见书的批判，我们可以察觉到司法判断可接受性基础在实务中的困惑。伊利在此案中分析道，布瑞南（William J. Brennan）与马歇尔（Thurgood Marshall）两位大法官直截了当地主张，死刑已经不契合于当代的社群价值（或道德共识），因而违宪，然而提出这种主张的风险是显而易见且不幸成真了；事实上，在该案判决之后，各州政府一窝蜂地重新立法制定死刑，社群的反应如此明确，

[①] 参见［德］卡尔·施密特《论法学思维的三种模式》，苏慧婕译，左岸文化2007年版，第38页。

[②] 参见王松《论司法裁判的可接受性》，载《探索社会主义司法规律与完善民商事法律制度研究：全国法院第23届学术讨论会获奖论文集（上）》，人民法院出版社2011年版，第112—113页。

[③] 参见陈景辉《裁判可接受性概念之反省》，载《法学研究》2009年第4期。

当然与联邦最高法院对于这个议题的态度彻底改变,有很大的关系。①

笔者考虑以上学者观点并结合自身体验,发现司法判断可接受性理论遭遇的困境之虞,要害在于这一理论为民意等法外异质因素转化为法内裁决标准提供正当化依据,这显然与法治论者坚守的"以法律为准绳"理念相背离,让他们倍感焦虑。显然他们要求法院作出的是远离公众情绪影响,客观正确而非广受欢迎的决定。应当看到,要成为待决案件的裁决依据,须通过合法性审查:(1)具备法律规范的逻辑构造:事实构成要件+法律效果;(2)不违反法律的强制性规定与公序良俗。然而,司法判断可接受性理论并不能为法外因素通过合法性审查提供有益帮助,当它自身都在正当化法外因素时,当然于合法性审查更是徒劳无功的,也许还可能有害。司法假定本来就是法官在信息尚不充分的情况下,作出的初步判断。在此理论支持下,允许法外因素介入司法假定,甚至都服务于这种介入的正当化。于是,这样的初步判断在裁决标准不明确的情况下,将法外因素作为法内裁决标准的替代性方案,也就必然会使假定呈现出更富弹性化。

(二) 司法判断可接受性使假定更加不确定

众所周知,司法运行及裁决结果必然会受到受众的影响,特别是当事人及律师的陈述、辩论直接影响法官的判断,问题是受众的最广泛主体社会大众,他们的意见态度、情绪动机如何正当地进入裁决理由?考虑他们意见后果的好坏是否应当是检验司法裁决的评判标准?实用主义法学派、法社会学派及目的法学派都对法条主义决策模式(或先验的法概念观)持强劲的批判态度,如目的法学的精神倡导者耶林坚决反对"逻辑崇拜",笃信"全部法的缔造者是目的"。这些不同派别基本赞同法官的司法行为会受到多种经验因素的影响,比如政治和意识形态倾向、法官的个人特点、个人的和职业的经历、战略考虑、制度性要素,等等。正如"偶像的破坏者"波斯纳法官正确指出的,"在法律上,实用主义指的是依据司法判决可能产生的效果作决定,而不是依据法条或判例的语言,或依据更一般的先前存在的规则"②。其中,美国法学家杰罗姆·弗兰克的

---

① 参见 [美] 约翰·哈特·伊利《民主与不信任》,刘静怡等译,商周出版社 2005 年版,第 98—99、255 页。

② 理查德·波斯纳:《法官如何思考》,北京大学出版社 2009 年版,第 37 页。

事实怀疑主义走得最远，他完全将逻辑演绎推理摒弃，"虽给传统的机械法学敲了丧钟，但因自己的理论，曲高和寡，亦步上了孤独之途。"① 在此，我们洞见到中西方法官至少有一点是相通的，即司法具有民主参与性与公开性，还是要接受道德的外部评价检验，这样法官作出的司法判断必然会慎重考虑裁决的社会效果，顾及社情民意，并有针对性回应社会公众的关切与疑惑。比如，我国台湾地区大法官解释之释字第五五四、三六五、四〇七号理由书中，都有援引当时社会的一般通念，作为界定规范或评价标准的迹象。② 这里吊诡的是，司法判断可接受性理论建立在法官共有生活方式基础上，并符合法官司法裁决的思维模式，通过有效吸收社会大众意见得出判断来达到良好社会效果，但这又与法官只忠于法律与事实，进行合法性思考，而排除法律之外其他因素（政治、经济、伦理道德等）干预的法治理念、司法传统相矛盾。在我国所依存的特有场域下，司法判断可接受性理论面临的这一逻辑张力更加敏感突出。本来司法假定在裁决标准不明确的情况下，已将法外因素作为了裁决标准的替代性方案，此时还要接受道德的外部评价检验，也就必然会使假定更加具有不确定性。

二 司法判断可接受性威胁法治的可能性

（一）官僚化病态动摇司法独立判断的程序基础

在我国独占支配地位的科层官僚体制下，分工等级式的"命令—服从"管理模式能够降低执法行为的效益成本、提高运行效率，这也符合公共决策所追求的目标，以最少的行政资源投入获取最大的社会公共福祉增加，因而是值得推崇的。这种管理模式（主义）是一种组织文化与回

---

① 杨仁寿：《法学方法论》（第2版），中国政法大学出版社2013年版，第88页。

② 释字第五五四号中有论述，立法机关就当前对夫妻忠诚义务所谓评价于无违社会一般人通念，而人民遵守此项义务规范亦非不可期待之情况下，自得以刑罚手段达到预防通奸、维系婚姻之立法目的；释字第三六五号中指出，该一规定，有其传统文化习俗及当时社会环境之原因；释字第四〇七号更是明白地说，猥亵出版品当指一切在客观上，足以刺激或满足性欲，并引起普通一般人羞耻或厌恶感而侵害性的道德感情，有碍于社会风化之出版品而言。猥亵出版品与艺术性、医学性、教育性等出版品之区别，应就出版品整体之特性及其目的而为观察，并依当时之社会一般观念定之。参见颜厥安《幕垂鸦翔：法理学与政治思想论文集》，元照出版有限公司2005年版，第310—313页。

避风险的战略，它产生的是一种安全的常规产品。① 然而，当把这种官僚等级管理结构应用到司法体制中来，司法本身的功能就有异化的危险。司法行政化管理模式与回应型社会治理模式的渐进改革进程是不兼容的，而司法地方化只不过是司法行政化的一种表现形式。司法行政化体制会对司法独立构成威胁，侵损司法本应有的专业性、职业性特质，从而诱发社会混乱与秩序危机。

当然，也有学者认为法院的官僚科层化是一个现代社会所要面对的困局，它不可避免且在某种程度上是必需的，而问题是认识到官僚机构运作态势产生的病理和机能障碍，会削弱作为司法权合法性根源的保证法官进行独立判断的程序基础，威胁现代社会宪法价值，因而需要识别出这些病态，这主要有两种类型，一是韦伯的模型（行为过于僵化）；二是阿伦特的模型（危险的官僚化隔绝及责任扩散）；然后进行相应的制度设计，要求法官承担起重构官僚化组织的责任，抑制或至少减轻那些产生于司法程序又会对司法程序产生似乎不可避免的危险病态，从而保护司法程序的完整性。② 关于法院官僚化产生的病态，我们能从我国司法权的现实结构与运作模式中发现端倪：其一，从外部权力运行看，在当下"强行政、弱司法"的权力格局中，地方行政权力出现诸侯化，其中以省级行政区划为主要表现症候，出现行政权力分享司法权的权力泛化现象③，而司法机关存在于行政体制之中形成"体制性捆绑"，如此使得地方政府与党委、政法委越俎代庖地干预司法办案，司法活动要服从功利维稳的需要，成为了地方权力的指使工具；其二，从内部权力配置看，法院内的审判职能与行政职能发生混合、冲突，审判制度深嵌在法院的科层行政化管理体制中，成为行政管理制度的附庸品，上下级法院关系的行政化使得审级监督名存实亡，这必然导致法官办案不独

---

① 参见［美］理查德·波斯纳《波斯纳法官司法反思录》，苏力译，北京大学出版社2014年版，第280页。
② 参见［美］欧文·费斯《如法所能》，师帅译，中国政法大学出版社2008年版，"序言"第4页、第93—116页。
③ 司法权力运行中的权力泛化可能导致多头司法、部门主义等弊端，对于司法权力运行极易产生消极影响。以司法改革的宏观顶层设计建构多元一体的司法权力格局，以人员分类管理、专门司法性机构创设等微观制度建构多元司法权力协调运行的制度与机制，是应对司法权力泛化现象，实现司法权力合理配置与良性运转的校正对策。参见石茂生《司法权力泛化及其制度校正——以司法权力运行为中心》，载《法学》2015年第5期。

立、权责不明，其中"审者不判，判者不审"的暗箱操作现象是司法行政化比较集中的写照。

我国的政治意识形态话语一直强调法院与人民打成一片，从中央到地方各级政府也要求各地法院扮演"为改革开放保驾护航"这样的角色，法院与社会之间没有为防止司法受到各种干扰的隔离带，很容易成为波动的社会民情、传媒的攻击目标。[①] 司法行政化运作过程中，法官处于审判权与行政权混合联结的单元网络，唯有在裁决中充分考虑社会大众的意见、态度，甚至将民意提升到一般裁判规则的位置，成为其裁判的标准依据，才能更贴近社会现实生活，抑制住民众日益增长的焦虑恐慌与厌恶情绪，进而跳脱出裁判与民主理论不兼容的指控，这样实现预期的社会效果，达到维稳秩序的目的。然而，裁决过分考虑民意，甚至上升为裁判标准，虽达到了司法判断可接受性的要求，但随之而来的危险是，裁决就容易被迫误入泛道德主义的歧途，道德的绝对优越性也就抹杀了法律判断的专业性，法官独立判断的程序基础为之动摇。

（二）政治权力摆平权威突破司法权合法性底线

因而，我们须警醒，法院发挥着适用公共理性的典范作用，法官的裁判理据则受公共理性限制，而非自由地依赖任何因素，"'民意'夹杂着很多政治情怀、道德判断、个人偏好和从众情绪，这在近年来的刘涌案、许霆案、药家鑫案、吴英案等热点案件中表现得十分明显，它并没有多少法律逻辑和法律职业判断，因此，不能成为司法裁判的参考系"[②]。司法判断可接受性理论为法官裁决采纳法外因素并将其法律化提供了证立依据，也就会同时产生法治论者所严厉批判的盲从民意或社会效果审判现象。

从裁决理念的变迁中，我们发现"依概念而计算"（das Rechnen mit Begriffen）的纯形式逻辑推论的裁决模式，因机械僵化而被含有价值评价

---

① 参见苏力《送法下乡——中国基层司法制度研究》，北京大学出版社2011年版，第87—88页。

② 马长山：《藐视法庭罪的历史嬗变与当代司法的民主化走向》，载《社会科学研究》2013年第1期，第71页。

因素的实质裁决模式所替代。实质裁决模式注重的是裁量空间与个案正义。① 司法过程的良性生长，需要在不断回应鲜活的社会发展需求中汲取养料，保持一定程度的变通力与灵活性，这样从中考虑民众的情绪、道德期待本来也是没有太多反驳声音的。② 但在以上阐述的我国司法行政化体制下，法官呈现出过度考虑一般民众态度、社会效果的现象，将社会效果简单等同于社会评价，体制外本来正常的媒体舆论监督权利也因法外"政治合法性"的转化而被异化，那就有偏离法官审判中本应坚守普遍性的现代司法优良品质（包括被动性、中立性、独立性、权威性、公正性等）③ 的危险。司法对民意的庸俗化趋附表现为法官在审判中要广泛听取人民群众的意见、自觉接受人民群众的评判，直接的原因在于法院在维稳压力下越来越怯于当事人上访，间接的原因在于公共政治审议机制萎缩，政治过程和行政权力吸纳民意、处置纠纷的能力严重缺失。④ 在现代社会，权力如同货币般的魔咒，在维系社会团结与秩序运行的同时，也让人陷入"爱不释手"与"悲痛欲绝"的两难境地，而司法权力也面临此种困顿局面。司法权力通过共同信念的交往权力赋予其合法性，因而它本来通过平等式交往沟通可消解民众的不信任感，但它容易为政治权力所操控，从而简单运用制裁威胁的强制力去摆平权威。实际上，司法裁决为实现政治权力的使命与功能，就会过分追求社会效果而忽视其法律效果，法官的能动行为也易变为恣意盲动的决策。"诚然，司法判决追求社会效果本身所试图追求的是一种合理性——社会合理性，但合理性追求也不能以模糊乃至突破合法性为代价。倘若真是如此，这种合理性的'理'又在

---

① 规则是不能满足需要的，而必须以裁量加以补充。规则虽必要，但裁量同样不可或缺，更明智的目标是找到规则与裁量的适当比例，在两者之间达成适当的平衡。在许多情况下，机械地适用规则就意味着非正义。我们需要的是个别化的正义，也就是说，正义的程度要适应单个案件的需要。只有通过裁量方能实现个别化正义的目标。参见［美］肯尼斯·卡尔普·戴维斯《裁量正义》，毕洪海译，商务印书馆2009年版，第20、45页。

② 须注意的是，对道德等法外因素的实质权衡并不能决定法律命题的证立，而只影响司法裁决的结果。参见王彬《司法裁决中的实质权衡及其标准》，载《法商研究》2013年第6期。

③ 参见王申《法官的审判理念与实践》，载《法律科学（西北政法大学学报）》2005年第4期。

④ 参见姜峰《法院"案多人少"与国家治道变革——转型时期中国的政治与司法忧思》，载《政法论坛》2015年第3期。

何处呢?"[1] 表面上看,司法判断可接受性理论为法官采纳民众意见、追求社会效果提供了正当理由,顺应了多元化民意的诉求,满足了民众对司法裁决的高期望。但事实上,当下中国政治权力运行的弥散化状态下,提倡的能动司法只是一种政策指引下的政治型能动,在此法官们以权力为媒介传递形成有序的办案网络,会通过行政化的司法权力来压倒摆平权威,借助舆情民意、民生公益的名义来逃避现成法律的约束[2],从而突破司法权合法性底线,使司法判断落入弹性化、变动不居的泥潭,进而损害法治的权威与声望。对此季卫东教授提出警醒,能动司法、大调解的思路,实际上在不断助长群众的相互模仿行为和情绪性动机,在促使审判机构股市化、赌场化。它带来的不确定性很容易导致国家现行秩序整体性大起大落的动态,引起社会震荡和解构。[3] 法官不是试图猜测和依照民众意愿行事的民意代表,他们要作出的是正确公正而不是广受欢迎的判断,这样的判断能在宪法框架中寻找到基本的社会共识,以主动回应民众的合理诉求。而当下中国民众情绪却借助政治权力强力渗透于司法,迫使自主性司法权威不断式微。

小 结

面对司法实务界出现的"媒体舆论"审判、"政法化"司法等问题,学术界提出并深化研究司法判断可接受性理论,以此似乎是自然地回应、破解上述弊端问题。此理论的核心主张在于,充分采纳受众的意见与态度,以在主体间达成基本的司法共识。这符合司法价值取向的实践属性依归。该理论为法外因素合乎情理地介入司法假定,提供了充实的理论基础。的确该理论在司法民主化的理念背景下,为法官行使自由裁量权描绘

---

[1] 李良:《司法判决追求社会效果的忧思——基于法律方法论的视角》,载《法律方法》(第11卷),山东人民出版社2011年版,第103页。

[2] 比如,在当下具体的司法实践中,有些地方法院往往打着"能动型司法"的幌子,以在审判执行工作中发现国家利益、社会公共利益受到损害、涉及劳动者权益、消费者权益保护等民生问题,提出司法建议的方式来代替裁判从而避免司法责任。参见郑智航《司法建议制度设计的认识偏差及校正——以法院参与社会管理创新为背景》,载《法学》2015年第2期。

[3] 参见季卫东《大变局之下的中国司法改革》,载《南方都市报》2013年8月25日第27版。

了美好的愿景,但它与其说在回应司法实务界的问题,还不如说又造成了实践运作中的诸多困惑,其存在的恰当基础颇受怀疑。此理论遭遇的困境之虞,形式上表现为要承受盲从民意或社会效果审判带来的问题批判,实质要害在于它为民意等法外异质因素转化为法内裁决标准提供正当化依据,这显然与严肃的法治论者恪守的"以法律为准绳"理念相背离,而他们要求法院作出的是远离公众情绪影响,客观正确而非广受欢迎的决定。法治论者在司法过程中的姿态主要表现于法官应"据法审判":"据法审判"是法治的常态,而"不据法审判"只不过是弥补法治局限性的权宜之计;而他们所追求的现代性解释范式是一种体现合法性、明晰性、客观性、建设性(善意)的法律解释原则。[1] 司法假定本来就是法官在信息尚不充分的情况下,作出的初步判断。在此理论支持下,允许法外因素介入司法假定,甚至都服务于这种介入的正当化。于是,这样的初步判断在裁决标准不明确的情况下,将法外因素作为裁决标准的替代性方案,还要接受道德的外部评价检验,也就必然会使假定呈现出更富弹性化与不确定性。特别需要指出的是,在我国科层官僚体制下,此理论甚至存在威胁法治实现的可能性。首先,官僚化病态动摇司法独立判断的程序基础;其次,政治权力摆平权威突破司法权合法性底线。

---

[1] 参见姜福东《法律解释的范式批判》,山东人民出版社 2010 年版,第 135—162 页。

第五章
司法假定的合法性检验——建构裁决规范

2011年3月10日,全国人大常委会委员长吴邦国在十一届全国人大四次会议第二次全体会议上郑重宣布,"中国特色社会主义法律体系已经形成"。[1] 在中国特色社会主义法律体系形成这一事实面向下,学术界为此提出了体系前到体系后相应研究范式的转型,比如从立法中心主义向司法中心主义的转换、从法律宏观架构到微观论证的转变,等等。所谓体系后研究,指的就是在我国法律体系形成后的场域中,为思考与解决存在的主要法律问题而依相应范式所展开的法学研究。反之,在法律体系形成之前所展开的研究就为"体系前研究"。"作为研究范式的体系前研究与体系后研究,在我国法学领域确属客观存在的学术现象,并且在法学的研究理念、学术偏好、问题选择、材料积累、研究方法、论证模式、成果评价、学科分野、团队组织等诸多方面,呈现出明显的差异性。"[2] 法律体系形成的事实导致学术研究范式的转型,同时,研究范式的转型也会对司法实务的功能性操作,产生全方位的影响。当然,以法律体系形成作为研究范式变化的分界点,这种划分也许简化了某些问题的复杂性,但却因主观性过强与缺乏系统论证,可能会招致频繁地批评。无论如何,这一区分的事实在法律生活中正悄然发生,尽管作出真正的区分几乎不可能。立足体系后研究范式的立场,在把握中国特色社会主义法律体系形成的正当化论据基础上,通过深入考察司法假定检验标准的合理建构,一方面可较好地审视理论与实践的衔接程度,另一方面可增强假定作出的精密性和刚性化。

---

[1] 吴邦国:《在形成中国特色社会主义法律体系座谈会上的讲话》,载《中国人大》2011年第2期。

[2] 陈甦:《体系前研究到体系后研究的范式转型》,载《法学研究》2011年第5期。

第一节　假定检验标准的合法性基础：
　　　　形成的法律体系

庞德（Roscoe Pound，1870—1964）曾从分析、历史、哲理及社会学四个角度来探究一个业已发达的法律体系。① 以此为线索轨迹，分析与历史角度呈现的是法律体系的外在形式性要件，具有相对封闭的属性；而哲理与社会学角度表现的是法律体系的内在观念性要件，具有适度开放的属性。法律体系作为历史形成的法的内在结构，在形成过程中会受到物质生活条件、体制性选择、战略考虑、政治目的等多种主客观因素的重大影响，在形成后也要面对对其存在合理性基础的挑战与批判。② 已形成的中国特色社会主义法律体系由于以理性主义的建构思路、国家主义色彩、立法中心——行政配合的运作模式以及简约主义风格为主要技术特征，这些特征在集合意义上铸就了当下中国在法律体系建设上的某种封闭性质。③不可否认，在国家理性建构主义模式下形成的法律体系，会在某种程度上阻隔法律体系自组织能力的发挥，并忽视其自然演进的具体脉络情境，但这却是亟须解决当下中国所处急剧变革转型期，出现的问题所必须毫不迟疑地付出的代价。逻辑与实践的认知提醒我们，"体系后研究"已经展开，它是在中国场景中以中国实际问题为中心学术取向的研究，这种研究范式的转换一方面是对"体系前研究"所生缺陷的弥补与偏离行为的矫

---

① 参见［美］罗斯科·庞德《法理学》，邓正来译，中国政法大学出版社2004年版，第19页。

② 当代中国法律体系的建构基本沿用并继承了苏联时期法律体系的理论与划分标准，目前对其进行批判的焦点，集中在以下五个方面：（1）体系内容的单一性；（2）划分标准的非逻辑性；（3）部门法划分的随意性；（4）理论对实践指导的软弱性；（5）主权学说的非自足性。参见李拥军《当代中国法律体系的反思与重构》，载《法制与社会发展》2009年第12期。随着全球化和现代化进程的快速推进，以及各种非国家法的影响力的不断增强，民族国家的法律体系和法律秩序呈现出越来越残缺性、非自主性、异质化乃至碎片化的趋势，使得民族国家原有的法律体系遇到了前所未有的冲击。参见黄文艺《法律体系形象之解构和重构》，载《法学》2008年第2期。

③ 参见张志铭《转型中国的法律体系建构》，载《中国法学》2009年第2期。

正①；另一方面也是抱持一种更为清醒与开放的智识胸怀，试图开拓出法律体系之发展的更多可能空间。为此，问题意识指引着我们提出这样的疑问，在成文法为主要法源（Rechtsquelle）的国度中，司法裁决行为据以作出法规范效力（Rechtsgeltung）判断的基础，是协调的法律体系之客观存在②，这也是司法假定检验标准的合法性基础。那么，作为人为建构的法律体系，到底是如何在事实层面上公认发生的？换言之，形成的法律体系其论据是如何被正当化的？

解决此问题需要有两种思维与方法，一种是稳定的；另一种是发展的。对此，据以支持既定有效法秩序的正当化论据有两个方面：一是融贯性；二是变动性。两者相辅相成，可以视为中国特色社会主义法律体系和谐的辩证法。

一　法律体系形成的融贯性论据

（一）法律体系融贯性的程度差异

"融贯性的概念由两部分要素组成：在消极面上，它意味着连贯性这种无逻辑矛盾的要求；在积极面上，又意味着体系要素间的积极关联，这种关联不仅是效力上的衍生关系，也包含着评价上的相互支持和证立。而如果考虑到无矛盾同样是支持与证立的要求之一，那么可以说，融贯性就

---

①　有关"体系前研究"偏离行为的表现，诸如对法律体系的研究只注重依赖立法建构的法律规范体系，而轻视司法运作在法律体系建构中的作用和功能，详情请参见钱大军、马国强《论我国法律体系构建的误区》，载《政治与法律》2010年第1期。

②　其实自凯尔森、哈特、拉兹以降，法实证主义法理论的一个重要部分，亦即一个规范是否为法规范，或一个法规范是否客观地存在，是可以透过法律体系内部的某个客观来源标准来加以判断。对正统实证论者而言，法规范仅存在于制定法体系中，别无他处，这种制定法独占观念背后的，无非是形式法治国的理念，而在法体系中未规定的，也是法所不规定的，属于"法外空间"；法律发现，因此意味着无非是适用制定法，意味着涵摄于制定法的概念之下；经由类推与"事物本质"的建构以填补法律是绝对不可能的，更彻底地说，就是连法律解释都是不可能的，因为当我们根据严格的禁止创造法律之诫命，而将法官视为制定法的服从者时，按照孟德斯鸠的看法，就是他的任务只在于"制定法的精确复写"，那么所有制定法的概念都必须具有一个严密明确的内容，对之无庸再予"解释"。参见颜厥安《规范、论证与行动——法认识论论文集》，元照出版有限公司2004年版，第86页；[德] 亚图·考夫曼《类推与"事物本质"——兼论类型理论》，吴从周译，学林文化事业有限公司1999年版，第9、17页。

意味着相互的支持与证立。"① 融贯性理论在国内外法律方法论领域的研究颇丰。② 在论证场域，融贯不仅指论据和结论之间的支持关系，同时还意味着，就整个论证过程而言，不同的论据群之间也必须尽可能地排除矛盾，并做到相互一致。③ 将其纳入到法律体系的范畴中来，首先要从概念论的层面加以把握，所谓法律体系的融贯性，指的就是法律体系内在各个部分，在其存在与运作过程中呈现出相互支持与证立的状态。其次，从国家权力层面来看，法律体系的融贯性是国家通过法律来授予、控制权力来实现法秩序的统一，而对正当法秩序的侵害，也就是对国家概念的毁弃。正如韦伯所言，相对于市民阶层之追求法发现的"安定性"，官吏所追求的毋宁是法的"普遍贯通性"（Übersichtlichkeit），特别是，公权力之介入法生活，无论何处皆有助于法律的统一化与体系化，亦即促成"法典编纂"（Kodifikation），而且，公权力越是被强化、越是持续发挥，那么此种走势的力道就越发强劲。④ 凯尔森也认为国家不外乎一个法秩序，而被国家所涵盖的社会，恰恰就为单一法律体系效力范围所及的社会。法律体系的融贯性具有程度上的差异，体系各部分之间的融贯程度决定了其在整体上获得支持的强度大小。譬如，有学者将法律体系的融贯性要求分成三个层次，即连贯性、体系融贯性与理念融贯性，并认为法律体系所能达到的层次越高，融贯性就越强。⑤

---

① 雷磊：《融贯性与法律体系的建构——兼论当代中国法律体系的融贯化》，载《法学家》2012 年第 9 期。

② 国内外有关融贯性理论研究的文献，可参阅 Neil MacCormick, *the Coherence of a Case and the Reasonableness of Doubt*, 2 Liverpool Law Review（1980）; Jan M. van Dunné, *Narrative Coherence and Its Function in Judicial Decision Making and Legislation*, 44 The American Journal of Comparative Law（1996）；侯学勇：《法律论证的融贯性研究》，山东大学出版社 2009 年版；蔡琳：《融贯论的可能性与限度——作为追求法官论证合理性的适当态度和方法》，载《法律科学》2008 年第 3 期；侯学勇：《融贯性论证的整体性面向》，载《政法论丛》2009 年第 2 期；王锴：《宪法解释的融贯性》，载《当代法学》2012 年第 1 期；孙光宁：《法律规范的意义边缘及其解释方法——以指导性案例 6 号为例》，载《法制与社会发展》2013 年第 4 期。

③ Aulis Aarnio, *The Rational as Reasonable: A Treatise on Legal Justification*, Dordrecht: D. Reidel Publishing Co., 1987, p. 200.

④ 参见［德］韦伯《法律社会学》，康乐、简惠美译，远流出版事业股份有限公司 2003 年版，第 300 页。

⑤ 参见雷磊《融贯性与法律体系的建构——兼论当代中国法律体系的融贯化》，载《法学家》2012 年第 9 期。

(二) 法律体系的融贯性既可欲又可求

笔者从历时性角度考察西方法学流派的纷繁演变，发现虽然各学术流派在坚守自我核心见解的阵地上不曾动摇，但相互交汇融合的趋势又是不可阻挡的潮流。其中，对法律体系融贯性的探究就可以看作是流派间进行论辩沟通增进共识的一个平台。19世纪中叶在德、法等国家，顺应欧陆法典化、理性法实证化而生的概念法学，明白地强调"依概念而计算"，将法律体系看作是由概念金字塔组成的封闭的形式逻辑自洽系统，法学概念不仅表达了本质还产生存在；法官只需按纯粹三段论式的演绎推论即可求的案件解答，虽因罔顾社会目的与生活需求的机械僵化之弊病，受到后来从严格法治束缚下解放出来的自由法运动冲击而趋于没落，但对大陆法系法教义学传统的强化、法秩序的安定无疑起到至关重要的作用。[1] 以奥斯汀（John Austin，1790—1859）、哈特（H. L. A. Hart，1907—1992）为代表的分析法学排除法的道德评价及价值判断，致力于实在法的一般性、描述性的法律科学理论研究，旨在建构独立自主、结构完备的一元法律体系，致力于建构追求纯粹法学的汉斯·凯尔森（Hans Kelsen，1881—1973），更以当代伦理学的不可知论或价值相对主义为基本立场，[2] 拟定出认识任何实证规范的逻辑先验必然条件之"基本规范"（Grundnorm），构成了法秩序内所有规范效力的共同来源或根据，这样规范体系就变为由不同位阶结构的规范组成的效力等级秩序。新自然法学派的代表人物德沃金即使在面对以碎片化、多元视角观、边缘叙事等为解构特征的后现代主义对法律体系融贯性的反抗下，仍通过原则的诠释性理论获致法律整全性

---

[1] 概念法学之特性在于以法学概念之体系关系为基础进行形式主义之法律推理。它的特点在于概念的抽象化，以及对于法学判断力直观的信赖。如今我们都可以轻易地看到这种法律推论方式的天真之处，不过在概念法学建立发展之时，其实正是想运用一种清晰的法律推论适用方式，来保障立法者之意旨与规划不会轻易地被未具有民主或其他统治正当性的法官所扭曲。参见颜厥安《规范、论证与行动——法认识论论文集》，元照出版有限公司2004年版，第10—11页。

[2] 此价值相对主义（Relativismus）的立场，对绝对的真理价值持怀疑、不可知的心态，基本上以价值或真理无真假可言的"价值情绪说"为基础，而无法以科学方法证明特定的价值体系。凯尔森则为法学理论内展开价值相对主义最彻底者，执意拒绝只有道德的社会秩序才是法律的命题。此外，拉德布鲁赫的法哲学理论基础也是此论的代表者（尤其是早期，第二次世界大战后偏向于自然法论），坚持对于道德原则的普遍有效证成是不可能的。而在社会学领域，韦伯则是此论的典型人物。

(integrity of law) 的事业①，在法律帝国中精心编织着为有目的的司法实践提供连贯性与一致性之网，寻求着法律问题唯一正确的答案。对此，德沃金梦想着建构融通一致的法律体系，仍公认为具有政治道德上的吸引力。若以黑格尔的专门用语，表现真实事物的哲学一定要以体系的方式出现，那么，获取法律体系的融贯性在法学领地中既是可欲的又是可求的。

中国特色社会主义的法律体系是以立足中国国情和实际、适应改革开放和社会主义现代化建设需要、集中体现党和人民意志的，以宪法为统帅，以宪法相关法、民法商法等多个法律部门的法律为主干，由法律、行政法规、地方性法规等多个层次的法律规范构成的统一整体，其已具备规范性、客观性、系统性和实用性等法律体系融贯性所要求的特性。② 这样，法律体系形成的融贯性论据在静态层面已基本令人信服，目前关键的问题是如何在各部分的动态实施中，将法律体系有效融贯化，这就涉及了法律体系形成的变动性论据。

二 法律体系形成的变动性论据

（一）完善法律体系是一种永续性任务

法作为具有导向确定性的行为规整，形成一个体例科学完备的法律体系，旨在维护法自身的统一性和社会秩序的安定性。但法所调整的法律关系会随着法律事实的变动而不断发生流变，而且人类的理性能力也是有限的，因而一定历史境遇中形成的法律体系，不可能一劳永逸地解决所有社会问题，它只是相对稳定的体系。也就是说，法律体系具有变动性，③ 法律实践者会带着前见对法律意义进行诠释，一般在不逾越特定法律语词的语义空间范围内，赋予法律文本符合现在性与妥当性的规范意旨，甚至在

---

① 在德沃金的学说中，最主要的就是在美国法的历史实践背景下，强调了在司法裁判中，同时具有道德内涵与法规范效力之政治权利的重要性，并主张于疑难案件中，应透过对当事人此等权利之衡量，来建构对权利、制度史及法治国政治结构最佳的解释，这就是法律的整全性事业。参见颜厥安《幕垂鸮翔：法理学与政治思想论文集》，元照出版有限公司 2005 年版，第 146 页。

② 参见钱大军、马新福《法律体系的重释——兼对我国既有法律体系理论的初步反思》，载《吉林大学社会科学学报》2007 年第 2 期。

③ 改革开放以来中国法律体系变动已逐步由国家主导的格局，演变成国家、市场、社会和法律体系之间相互直接和间接影响的格局。参见程金华、李学尧《法律变迁的结构性制约》，载《中国社会科学》2012 年第 7 期。

必要时要面对社会情势变更而进行法律修正与续造（Rechtsfortbildung）。德国著名法学家拉伦茨就很清楚这一点，"体系性工作是一种永续的任务；只是大家必须留意，没有一种体系可以演绎式地支配全部问题；体系必须维持其开放性。它只是暂时的概括总结"①。法律体系的变动性表明，法律体系会随着时代变迁而不断变化发展②，必然包含着实质性的价值评价秩序，仅流于体系的封闭形式化认识显然存在偏失。而这也内在的要求体系划分标准由调整对象与调整方法的单一性逐渐走向多样性。我们尤其不能忽视中国特色社会主义法律体系形成的制度历史背景，即在融入全球化与现代化的脉动中，处于社会经济结构的转型期，③ 社会利益关系日益分化复杂，主体价值追求日益多元化。诚如黄文艺教授所言，"在一个急剧变化而且充满各种复杂的变量的社会中，一个或几个集中化的法律机构很难事先生产出一套调整各方面社会关系的相对完备的法律制度。这就是我们今天所面临的法律现实"④。

（二）法治国家依赖于法律体系的动态运行

作为民族国家的政治法律形象不可或缺的部分之法律体系，面对着转型期社会生活中行为事件的急剧变革，也就使其变动性论据在法律体系形成的正当化理由中扮演着更为突出的角色。事实上，法律体系是社会发展的产品，顺应现代社会的迂回变迁来工作；新的社会条件与技术培育出新的需要与问题，法律体系要随着社会潮流而改变；法律体系包括行为、动作、需求和反应，是一个运作的程序，一个活生生的、活跃的机器，而法庭恰恰是法律体系最活灵活现的代表。⑤ 法律体系的变动性论据就旨在消除人们对其所持的国家中心主义的既定法秩序之僵化理解，正如先前强调的，法律体系要秉持明显的开放属性。特别是在体系后研究范式下，相应

---

① ［德］卡尔·拉伦茨：《法学方法论》，陈爱娥译，商务印书馆2003年版，第45页。
② 有关法律体系动态发展的描述，可参阅倪正茂《当代中国法律体系及其发展模式探索》，载《上海社会科学院学术季刊》2001年第1期。
③ 在这一关键转型的大变局期，全面改革也随之步入"深水区"，现实并不容乐观：经济虽高速增长，但深层次的社会矛盾以及新的社会问题逐步浮出水面，体制内与体制外的错位运行以及社会与经济的"断裂"状态，又会使问题迅速集中与放大，导致拜金心态下的"丛林秩序"盛行。
④ 黄文艺：《法律体系形象之解构和重构》，载《法学》2008年第2期。
⑤ 参见［美］L. M. Friedman《法律与社会》，吴锡堂、杨满郁译，巨流图书公司1991年版，第11—12、31、67—68、143页。

的法律体系的研究旨趣与立场，也须放到其动态实施即司法机关适用法律的运作体系中来，认识到司法作业者在联结抽象规范与具体案件中发挥的重要作用。法治国家的建设仰赖法律体系的实际运作及其之间的选择。对此，学者的概括殊为精当："在新的历史起点上，应该着力实现从注重立法向注重实施宪法和法律，从注重法律制度规范建设向同时注重法治精神、法治理念和法治意识建设，从注重经济立法向同时注重经济、政治、文化、社会、生态文明协调发展立法等一系列转变。"[①] 从这个意义上讲，法律体系的变动性论据也是对研究范式转型的主动回应。

第二节　建构裁决规范对假定检验的理论设计

上文探讨了体系后研究范式下司法假定检验基准的前提性问题，即基准在什么样的范围内确定才具有合法性基础，而这个范围乃是存在正当化论据支撑的法律体系。法律体系的融贯性和变动性在很大程度上取决于法官对法效力共同标准的接受，那么接下来追问和反思的是司法假定的检验基准到底是什么？或退一步而言，体系后研究范式的转型是否应重新认识假定检验基准可能发生的变化？

一　有关司法假定检验基准的争辩

司法裁决是独立司法机关及其公职人员依照法定职权作出判断和决定的活动，它应满足特定的合理性评价基准作为其裁决依据，方能确保裁决结论的权威性与正当性。"法治首先是一种规则之治，即要求裁判活动遵循预先设定的一般性规则，并且以内在于规则体系的标准来审理案件，而非游走于个案之间进行就事论事。"[②] 无论是成文法还是判例法，都为人类行为的抽象一般性规则，尽管判例法相对而言缺乏系统性，因为它是由司法意见中的陈述或推导出来的规则构成的。但法官在裁决具体个案时应采取何种评价标准，来提供据以鉴别裁决的法规范效力依据，理论界与实务界显然存在着争议。由于裁判思维认知路径的逻辑起点是司法假定，所

[①] 李婧、田克勤：《继续完善以宪法为统帅的中国特色社会主义法律体系》，载《中国社会科学报》2013年2月6日第B03版。

[②] 陈林林：《裁判的进路——司法论证理论导论》，中国政法大学出版社2005年版，第82页。

以确定的评价标准首先是检验假定的基准。对此，我们可以把假定检验基准的争论概括为两种不同的模式，即法条主义（或法律形式主义）与规则怀疑主义，而两者争论的焦点终究无非是法律规则是不是检验基准的充分条件。但这两种模式间的意义界限并不是绝对的，确实存在着表面上看是法条主义的忠实拥护者，带着忠诚于条款的面具，坚持依赖成文法本身的文字来决定何为公平，但实质理念中却对法律规则充斥着不满。[①]

（一）法条主义的立场

法条主义者是形式逻辑的膜拜者、文本资料的信徒，他们信奉人类理性的能力能创设出内在圆满或"封闭自足的法律体系"，并强调法律有清晰、明确和客观的优点。只要从规则的表现形式法条中借助演绎逻辑工具，就可推论出正确的判决。司法裁决的整个过程实际上就化约为运用规则、展示规则、最终确认规则的过程。欧陆文献中的概念法学可以看作法条主义模式的真正典范，它甚至试图构建出像"门捷列夫化学元素表"式的准确的法律规则体系。而在英美文献中所指称的分析法学（Legal Positivism），没有像技术性的概念法学追逐形式逻辑那样过度及片面，而是采取较为温和的法理论进路，它把实证法（positive law）中的可普遍化的有效规则作为评判行为和解决纠纷的核心标准，不承认法与道德之间存在重要的、必要的联系。譬如，新分析法学派的代表人物哈特，就认为事实存在的承认规则（rule of recognition）是据以识别法规范效力的系谱式（pedigree）标准或终极规则（ultimate rule），法院在实践中一致地以它为导引来适用法律。哈特认为承认规则可将道德原则或实质价值包括进来，但不宜涉及富有高度争议性的价值哲学讨论，因而他的理论属于所谓的"柔性法实证主义"（Soft Positivism）。[②]

（二）规则怀疑主义的进路

相反，规则怀疑主义者总体来看对国家法规的地位持怀疑的态度，总

[①] 法官对各案件的反应采用的标准不一。大部分处理日常案件的法官，尤以下级法院法官，有意识地以他们最大能耐依照规则行事，意谓"法律"在此等案件中占有优越性，他们还是不脱依法律规定行事的性质，而情感、良知或社会压力控制着重大案件的审理。参见［美］L. M. Friedman《法律与社会》，吴锡堂、杨满郁译，巨流图书公司1991年版，第160—161页。

[②] 参见［英］哈特《法律的概念》（第二版），许家馨、李冠宜译，法律出版社2011年版，第219、226—227页。与哈特的"柔性法实证主义"相对的是拉兹的"刚性法实证主义"（Hard Positivism）。

是沉迷于多重变化的偶然性与模糊性之中，而这又包括弱势意义的怀疑主义和强势意义的怀疑主义（见图四两种进路的归纳）。

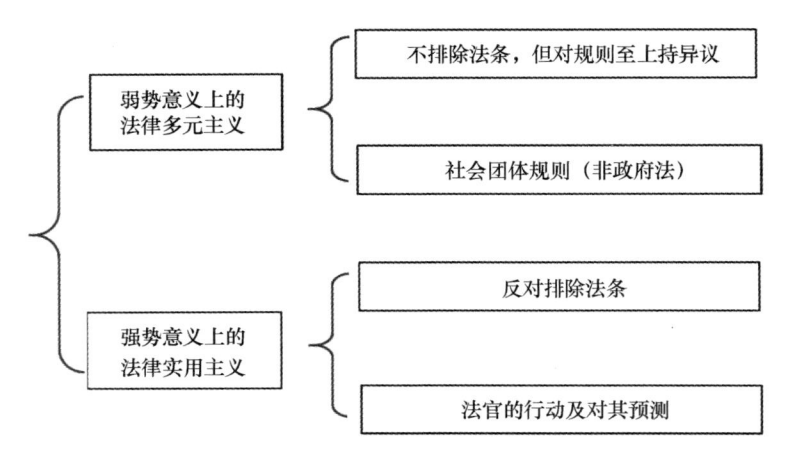

```
              ┌─── 不排除法条，但对规则至上持异议
   弱势意义上的 ─┤
   法律多元主义  └─── 社会团体规则（非政府法）

              ┌─── 反对排除法条
   强势意义上的 ─┤
   法律实用主义  └─── 法官的行动及对其预测
```

图四　规则怀疑主义的两种进路

1. 弱势意义上的法律多元主义

持弱势意义怀疑见解的是法律多元主义，它主张法律不仅包括国家的正式法则，也包括非政府组织也称"私人政府"制定的社会团体规则，这些社会组织主要有教育文化组织、宗教组织、经贸组织、乡土自治组织（包括基层村落和少数民族地区）等，它们分享并弥散着这种具有地方性公共知识特点的非正式制度，比如和解、调解等替代性纠纷解决制度，借此达成契约式的合意，从而避免了对抗式诉讼。这种"弱势"的意味体现在它并不排除法律条文，而是对法条的绝对至上地位保持异议。非正式制度与司法制度存在复杂的循环转换形式，在特定状态下可能决策权会从司法移交给其他非正式制度，比如诉讼调解的社会化趋势，越来越强调调动社会力量广泛参与纠纷的平定。若从外在现实复杂性看，司法适用正式法则的退出也避开了其介入可能遭遇的尴尬。法社会学家韦伯曾提出："法是得到（身体的或心理的）强制力的可能性所保证的，目的在于使人们服从或对违法的加以报复，由为此目的而产

生的特殊的工作人员而执行的秩序。"[①] 韦伯在此对法的理解就平等对待了政府的法与非政府的法。依法社会学家埃利希（Eugen Ehrlich，1862—1922）的观点，国家的成文法是将社会团体的内部秩序加以整理，使之成文化而已。但让人感到极端的是，另一位法社会学家狄骥（Léon Duguit，1859—1928）直接就不信法律是政府创制的，历史法学派（Historische Rechtsschule）也认为法律不是立法者制定出来的，而是民族意识与民族精神（Volksgeist）的历史产物。可以看出，弱势意义的怀疑者包容了法条的生存空间，而值得注意的是，它将非政府组织的规则章程纳入到假定检验基准中来。

2. 强势意义上的法律工具主义

持强势意义怀疑见解的是法律工具主义（Legal Instrumentalism）或实用主义（Legal Pragmatism）。作为一种法理论，是在美国本土于19世纪末因反法形式主义而逐渐形成的，至少包括20世纪庞德自称的"社会学法理学"与现实法学；它在普通法修辞下，隐藏着对现实处境与社会需求（利益）的关注，而从根本上建立在法院实务与法官的权力上。[②] 法律工具主义的哲学基础是实用主义哲学。由于实用主义的意义判准为实用上的效果或可应用性，所以法律工具主义基本上对法律中价值问题持怀疑态度，体现一种务实的经验主义，以对抗法的概念论（legal conceptualism）。而法律工具主义在实务运作中的表现就是司法能动主义的威力，像美国联邦最高法院拥有强大的能力影响国家运作方式，在历史上它几乎推翻了所有各州的堕胎法案[③]，而且这种力量还在持续增长中。即使对当今的美国法官而言，也可更多用工具主义风格来描述他们的审判行为，而他们会利用手头所有能够使用的工具，来解决现实法律问题。而德沃金对实用主义风格采取的"无法律因而无权利"司法观进行了猛烈的鞭挞与讥

---

① Max Weber, *Law in Economy and Society*, Max Rheinstein trans., New York: A Clarion Book. 1954, p. 13.

② 参见 R. S. Summers, *Pragmatic Instrumentalism in Twentieth Century American Legal Thought- A Synthesis and Critique of Our Dominant General Theory about Law and Its Use*, 66 Cornell Law Review, 1981, pp. 862—947；林植坚：《美国法律工具主义及其审判理论》，载《东吴法律学报》2003年第14卷第2期，第322—330页。

③ 比如，Roe v. Wade, 410 U. S. 113（1973），Planned Parenthood of Southeastern PA. v. Casey, 505 U. S. 833（1992）等。

评。他认为实用主义对既存法律采取一种完全轻忽、否定的态度，也就等于说是不承认人民有法律上所赋予、可依法要求的权利，这种司法观的盛行将导致彻底掏空民权的结果。[①] 法律工具主义者并未赋予法律的各种定义具有规范性意义，仅仅声称实际发挥作用的法律，不外乎是法院的实际行动和对法院未来如何决定的预测[②]，而形式制定法在没被法院明确援引之前不是真正意义上的法律（实效法律），只能是潜在的法。如波斯纳这位著述最丰的美国联邦上诉法院法官所阐明的那样，"在法律上，实用主义指的是依据司法判决可能产生的效果作决定，而不是依据法条或判例的语言，或依据更一般的先前存在的规则"[③]。其中，法官的直觉或法感对预测效果作出决策的行为起关键作用。[④]

故此，与弱势意义的怀疑者不同，强势意义的怀疑者奉行法官主观论的思维模式，视法律为法官宣布的东西，认为法官的最高境界不是发现法律，而是积极创造法律，"表现出了完全否定规则作用的倾向"[⑤]，强烈反对"规则决定司法判决"的观念（法律决定论的思维模式），坚持书本上的法条只有运用到判例中才可转化为检验假定的基准。有学者以比较法学研究范式的动态变化为线索，深度考察了实用主义坚守反法条主义的相对可取之进路。首先，概念法学和分析实证主义法学连手形成的极端形式主义传统成为反法条主义进路的起点；其次，为了谋求专业化和独立学科的地位，比

[①] 参见林立《法学方法论与德沃金》，中国政法大学出版社2002年版，第16—19页。

[②] 反形式主义是美国法律的一个基本特色。现实主义法学的催生者霍姆斯提出，"法院事实上将会作什么的预言，此外无须矫饰，就是我所说的法律"。Oliver W. Holmes, Jr., *The Path of the Law*, 10 Harvard Law Review, 1897, p. 459. 另一位现实主义法学家弗兰克认为："就任何具体情况而言，法或者是：（1）实际的法律，即关于这一情况的一个已有的判决；或者是（2）大概的法律，即一个未来判决的预测。"参见朱景文主编《法社会学》，中国人民大学出版社2008年版，第15页。"规则怀疑论"的始作俑者卢埃林也说过，"规则之所以重要，仅仅因为它帮助我们了解或预测法官将做什么事，或者帮助我们促使法官做什么事"。K. N. Llewellyn, *The Bramble Bush: On Our Law and Its Study*, New York: Oceana Publications, 1960, p. 14.

[③] [美]理查德·波斯纳：《法官如何思考》，苏力译，北京大学出版社2009年版，第37页。

[④] 法律现实主义的健将弗兰克就认为，法律规则不是美国法官判决的基础，司法裁决是由情绪、直觉的预感、偏见、脾气以及其他非理性因素决定的。J. W. Harris, *legal philosophies*, London Butterworths, 1980, p. 95.

[⑤] 张真理：《现代法律方法论视野中的法律怀疑主义》，载《法律方法（第8卷）》，山东人民出版社2009年版，第426页。对此倾向庞德亦言，法官可以根据个人意志和直觉进行审判，行使广泛的自由裁量权限，而不必遵守任何既定的一般性规则。See Pound, *Justice According to Law*, 13 Columbia Law Review (1913), p. 696.

较法学者先后以社会学和人文学科为导向发起两次反法条主义运动。① 在此注意的是,有关检验基准的争辩新出现一种主张,认为程序性规范已上升为一种独立的裁判依据,它对裁判的约束,业已广受认同并成为了一种制度性事实。② 这种程序性规范可以纳入工具主义视野下,作为传统英美法系中对程序论辩的理论升华。

(三)结果主义的导向

对于这两种模式围绕着假定检验基准而展开的理性争辩,笔者对此无法进行是非优劣的评判,因为它们都有自身特定的依存语境、场景与观察视角,比如各自站在分析法学和法社会学派的不同学术阵营中思考同一问题。在此有一点须明确的是,法官的裁决思维不是专断恣意的,它是一种类型化、体系化的逻辑规范思维。也就是说,法官裁决思维以尊重现有法律秩序为前提,时刻受到法律范围的约束和限制,尽管会有很多内在奇特个性、外在环境因素的嵌入。正是这一缘故,无论大陆法系还是英美法系,法条主义的依法判案模式成为法官行为的"官方"主流司法决策理论,也就不足为奇了。法条主义一直遭受着现实主义或其他学派的激烈批评,却几乎总能化险为夷,造成这种局面的原因可能在于法条主义既符合人们关于法治、司法实践的某种道德预期,更在于它在面对司法决策过程时确实具有强大的解释力。③ 司法工作者身处国际化、全球化的信息时代,面对多种可能生活的需要,严格法条主义(教义法学观)已经松动,也有必要适度考虑判决带来的可能后果与一般性利弊影响,比如裁决能否得到实际执行、纠纷的解决是否做到了"案结事了"以及裁决能否为其他法官、社区人员、社团组织所认可等变量,也就是学界指称的"结果导向的法律适用""后果主义论证/推理"或"通过后果进行正当性证明",等等。

强调后果导向的司法裁判,更注意在追求形式法治的过程中实现法律效果和社会效果的统一,以尽可能减少法律和社会之间的隔阂,更好地回应社会变化。④ 作为司法裁决的必要形式与构造更为精细的法律方法,它

---

① 参见朱淑丽《比较法学中的反法条主义进路》,载《社会科学》2014年第4期。
② 参见陈林林《裁判的进路与方法——司法论证理论导论》,中国政法大学出版社2007年版,第207页。
③ 参见周赟《一百步与五十步:法条主义与其批评者的差别》,载《江汉论坛》2014年第2期。
④ 参见侯猛《司法中的社会科学判断》,载《中国法学》2015年第6期,第54—58页。

主要基于裁判所可能造成的系统效果予以合理预测与审慎评价①,来选择正当化判决理由与随时调控裁判过程,从而缓解法官的认知偏差,提高司法裁决的准确程度。因此,对于这种适用方式做好相关的社会事实调查至为关键。而社会事实调查又离不开社会科学工具来达成。譬如,在"穆勒诉俄勒冈州案"[Muller v. Oregon, 208 U. S. 412 (1908)]中进步派的民众律师布兰代斯(Louis D. Brandeis, 1856—1941)提出的著名"布兰代斯诉讼方式"(Brandeis Brief),就是以大量翔实的社会科学数据资料为基础制作了一份长达110页的论辩摘要,来对禁止限定妇女最高工时的立法若作合宪判决,所带来危害后果的确切预测与证明。美国联邦最高法院最终采纳了这份"社会科学证据",判决俄勒冈州限定妇女最高工时的立法合宪。

    法条主义审判采取一种先解释后演绎的"顺推"模式,而后果主义审判作为一种结果导向的法律思维,则采取先对后果进行预测再评价的"逆推"模式。相对于法条主义审判,对实践推理的说明过于贫瘠而言,后果主义审判则体现一种实用主义的思维,使推理过程的实践理由变得更加丰满,在某种程度上讲,它已将现有概念法条冷冻住了,相应地为民众指明了未来行为选择的恰当方向。在疑难案件的裁决中,法条主义裁判思维遭遇法律解释难题与价值衡量的困境,诉诸后果主义审判则为更适当的解决方案,但它须经受可预测性、可行性与可欲性的批判性思维检验才能成立;后果主义审判或后果评价的法律适用,旨在为疑难案件司法确立正当的裁判依据,其逻辑机制在于裁决后果逆向地影响裁判依据的选择。②(见图五:结果主义导向的运作机理)毕竟,法律的本质不在于玄空的原理或空疏的抽象价值,它是一个裁判过程的结果,这个决策过程充满了局限和交替换位,我们必须同时考虑供给与需求两种力量之间的较量,必须明确法院为权利提供司法保护的能力及社会对这种司法保护的需求程度,这意味着要对各种决策者,如法院、政府、立法机构、市场、小区和政治

---

① 此种方法的具体操作步骤为,首先会对每一种文义解释所可能产生的社会效果加以精确分析预测。第二步是确定法律的目的乃至于社会统制的目的,并由此目的来衡量何种解释可能性所产生的社会效果最符合社会目的,并从此衡量过程中选择最适当的解释作为法律解释的结论。参见杨日然《法理学》,三民书局2005年版,第111页。

② 参见王彬《司法裁决中的"顺推法"与"逆推法"》,载《法制与社会发展》2014年第1期,第73—87页;杨知文:《基于后果评价的法律适用方法》,载《现代法学》2014年第4期,第35—39页。

过程等有了解并作出选择。① 所以从期望效用最大化角度考虑，结果导向的思维也有利于缺乏共识的疑案的解决。不难理解，在当今科技网络日趋庞大和社会争议问题日益复杂的情况下，具有运用属性的法教义学也在反思自身理论知识贫乏的缺陷，从而呈现出它很可观的包容性与开放性。② 其中就包容了结果主义导向的法律适用。法教义学在尊重既有体系与形式逻辑基础上，注入新的内容也就是，允许法官在民事个案中进行实质价值取向的法益权衡来续造法律（创设规则），与其拘束性相并存，以持续演进更新的姿态履行其对事务的贡献，进而切合满足社会发展的多重需要。

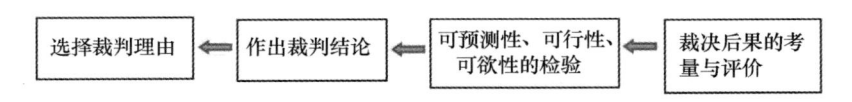

选择裁判理由 ← 作出裁判结论 ← 可预测性、可行性、可欲性的检验 ← 裁决后果的考量与评价

图五 结果主义导向的运作机理（"逆推法"）

法教义学的核心是法律问题，而并非事实问题，其基本功能是在争议事实有多个可供选择的法律规则时，为裁判者提供可言说、可交流、可检验的规则选择与法律论证机制；这样，法学的教义性格不可能也不需要放弃，非教义知识提供的经验证明和正当性判断，一般需在教义学设定的框架中才转化为合法/非法的有效判断；比如说，在美国法学界蔚为潮流的科际整合运动，试图将法律置于不同的社会脉络之中来理解，以因应后传统、去中心化的社会条件与国家角色，对于实务法律人虽非没有帮助，其帮助常常是间接的，通常有赖法教义学的中介；相反，对于法教义学若欠缺科际整合的理论性反思，很容易导致其产生"概念法学"或"形式法学"的缺点；科际整合运动在中国学术界冠以"社科法学"（又称"法律的社会科学研究"）名称，英文为"Social Sciences of Law"，与"教义法

---

① 参见 [美] 尼尔·K. 考默萨《法律的限度——法治、权利的供给与需求》，申卫星、王琦译，商务印书馆 2007 年版，第 2—9 页。

② 针对法教义学的包容性与开放性，有学者为此指出，即使在疑难案件中，法教义学也能够通过包容价值判断的方式在最小损害既有法教义学体系的前提下完成法律之续造。然而长期以来人们只是看到了法教义学的封闭性、保守性的一面，而忽视了它的包容性、开放性和不断自创生的一面，导致教义论证即传统的法律推理理论遭到了不少误解和诘难。参见孙海波《通过裁判后果论证裁判——法律推理新论》，载《法律科学》2015 年第 3 期。

学"相对，它透过法学与其他学术领域的衔接合作来显明"法律论述"是如何地被建构出来，力图运用社会科学的理论方法来分析说明既有的或给定的法律现象、预测法律效果，也就类似于后果式思维，在后果中权衡价值和利益得失。① 尽管可供选择的规则发生冲突时，法官可以造法，但在我国实务界对其仍持警觉的态度。相对于当今法教义学对结果导向的法律适用相包容的同时，也面临被社会效果论异化的恣意造法之危险。因为结果导向没有指明不同后果之间比较的规范，也没有说明结果导向与非结果导向解释间取舍的规范，所以会以社会效果至上的名义来恣意造法。围绕检验基准的法条主义与规则怀疑主义之争，更多是绝对意义上的理论图式划分，更为重要的是，这种争论远未结果主义导向的裁决思维来得更实用些。然而，法教义学实非学界开拓的"第三条道路"，事实上，自20世纪以降，德国都以法教义学作为法学的核心意义或典范，法解释学正是在教义学基础上确立的理论框架，甚至就近三十年有过度释义化的现象，而法学界对于教义学抱持开放而非教条的态度，也使德国法科学理论得以兴起与发展。当然，基于教义学自身性质与方法的独特性，才是教义学勇于向其他邻接学科开放的前提。法律科学的完足自主性只是一种有用的迷思或虚饰，而当今面向实证的社会科学与本土实践的法教义学，可视为超越法律形式主义与法律现实主义的基础性学术进路，而且在我国裁判理论界已逐渐发展为主流。② 虽然很难在抽象意义上说那种进路称得上最好，但包容结果主义导向的法教义学，相比法条主义、规则怀疑主义来讲，为司法假定检验基准之争提供了较佳的选择。

---

① 参见侯猛：《司法中的社会科学判断》，载《中国法学》2015年第6期，第44页；许德风：《法教义学的应用》，载《中外法学》2013年第5期，第939—949页；郑永流：《重识法学：学科矩阵的建构》，载《清华法学》2014年第6期；颜厥安：《规范、论证与行动——法认识论论文集》，元照出版有限公司2004年版，第259、302页；张嘉尹：《反思台湾法学的典范——从德国当代法科学理论的兴起谈起》，载陈起行等主编：《后继受时代的东亚法文化：第八届东亚法哲学研讨会论文集》，元照出版公司2012年版，第135—137、147页；熊秉元：《论社科法学与教义法学之争》，载《华东政法大学学报》2014年第6期，第141—145页；陈柏峰：《社科法学及其功用》，载《法商研究》2014年第5期，第67—73页。

② 虽然我国法学长期缺乏法教义学的洗礼与规训，但改革开放以来随着中国法学卷入世界学术浪潮之中，所展现的后发优势越来越明显，并开始在世界前沿学术思潮中发出具有中国特色与风格的法学声音。其中这种面向社会科学与本土实践的法教义学，就开始在我国茁壮成长起来。当然这种法教义学的进路可视为一种倾向而绝非教条。

二 建构裁决规范作为司法假定检验的依据

以上对于司法假定检验基准的争辩带给我们很多富有启发性的观点。现在回到关键的问题上来，在向体系后研究范式转型的背景下，如何适切地确定我国司法假定检验的基准？对于上文提及的两种模式观点所负载的态度哪些值得借鉴，又有哪些需要超越？这是在解决检验基准的前提性问题后必须要直面的任务。

（一）裁决规范的构成要素

法律方法的一般理论认为，司法判断的过程对司法作业者来说，就是寻求法律规则与待决案件之间最佳匹配的过程，即目光不断穿梭于规范与事实之间，在交错互动中完成拉近照应。"法律上的决定实际是一个寻找、界定并最终确定前提的思维过程与形式逻辑的思维过程共同作用的结果"①。对此分解来看，发现法律规则和认定案件事实是明确法律应用大小前提的思维过程，而将具体的个案事实涵摄于一般性规则乃是形式逻辑推演的思维过程。法条主义模式与此理论看法颇为相似，因为实在法不仅为国民提供遵行的行为准则，而且给法官提供遵守的裁判规则。体系前研究范式下，以法律条文为检验准据，也恰好与这一理论看法密切吻合。换言之，法官作为"活的宣示法律的喉舌"，只要简单援引法条、准立法性司法解释断案即可，无须融入太多解释、论证等方法于裁决中。而在体系后研究范式下，须重新审视我国司法假定的检验基准。笔者提出的检验基准为裁决规范，它作为法体系内据以提供检验假定依据的法效力判准，不同于法律规则、法律条文等。它是在体系后研究范式下对检验基准的新认识。裁决规范是所办案件直接依据的尺度提供者，正是它赋予了抽象规范与待决个案以鲜活的法律意义。精确来说，裁决规范是条文遭遇具体个案时，法官对条文进行以法律规则为勾勒模型的解释而具体构建出的裁决理由，它将抽象的条文变得卓有成效与具有可操作性。裁决规范只是假定的检验基准，当然得不出法律判决。②申言之，裁决规范是法官将一般法律条文融入个案时，要寻找到的与案件

---

① ［德］齐佩利乌斯：《法学方法论》，金振豹译，法律出版社2009年版，第125页。
② 规范永远只是许多可能产生的案件之标准而已，但规范绝非因此就是一个现实发生的案件之判决，由此可知制定法不是现实性，只是法的可能性——因此，法虽然是源自制定法，但是它需要其他附加的成分。参见［德］亚图·考夫曼《类推与"事物本质"——兼论类型理论》，吴从周译，学林文化事业有限公司1999年版，第25页。

有最密切联系的条文,而条文只有通过解释活动得以具体化为以法律规则为"骨架"的形式,才能实现与事实的有效对接。

　　法律发现本身是一种使生活事实与规范相互调适、同化的过程,而它的前提为对待决案件性质进行具体定性,因此这并非是简单一次就能加以准确把握的认识过程。若寻找到的条文与案件性质不能连接,须重新查寻;寻找的条文之间发生抵触与竞争,须根据法律位阶原则加以识别和区分;无法寻找到相对应的条文或找到的为不良条文会引发个案不公,须考虑计划违反性(Planwidrigkeit)的漏洞填补方法。构建的裁决规范以抽象法律规则为勾勒模型,按照拉兹的理由论主张,法律规则不仅构成人们采取某种行动的理由,同时还是要求我们不要根据某些相冲突的理由而行动的排他性理由或阻断性理由。① 既然裁决规范以法律规则为"骨架"形式,就须满足以下构成要素:(1)法定事实构成或行为模式和法律后果(其逻辑结构见图六);(2)不得违反公序良俗、强制性规定等。法学界一般将构成要素指以上(1)第1个要素的满足称为等置模式(Gleichset-zungstheorie)。等置是事实与规范相互关照,在事实与规范之间来回审视,螺旋式向上发展,具体说,要将事实一般化,将规范具体化(见图七等置模式图)。②

$$\bigwedge x\ (T1X \rightarrow R1X)$$

$$\underline{T1a}$$

$$R1a$$

对于一切 x:如果 x 满足事实构成 T1,那么,法律后果 R1 就适合于 x。
a 满足了事实构成 T1。
法律后果 R1 适合于 a。

图六　法律规则的逻辑结构图③

---

　　① 参见王鹏翔《规则是法律推理的排它性理由吗?》,载王鹏翔主编:《2008 法律思想与社会变迁》,中国台湾地区"中央研究院法律学研究所"筹备处 2008 年版,第 347—374 页。
　　② 参见郑永流《法律判断形成的模式》,载《法学研究》2004 年第 1 期。
　　③ 参见[德]阿图尔·考夫曼、温弗里德·哈斯默尔主编《当代法哲学和法律理论导论》,郑永流译,法律出版社 2013 年版,第 322 页。

```
┌──────┐
│ 规范 │
└──┬───┘
   │  ┌────┐
   │等│    │──→ ┌──────────────┐
   │量│    │    │判断（演绎方式）│
   │  │    │    └──────────────┘
┌──┴───┐
│ 事实 │
└──────┘
```

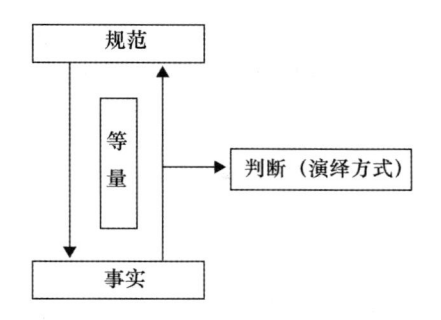

图七　等置模式图

（二）裁决规范能够检验假定的关键

适用于个案的裁决规范，必然是法官耗费认知心力构建的结果。从形式上看，构建的裁决规范一般需要多个法律条款的有机整合才能构成完整的法律规则适用于当前案件。当然，为使裁决规范的证立更加让人信服，法官根据经验法则通常还会考虑影响裁决的其他因子、诉讼程序的安排等。从实质上看，裁决规范推动着法律的自然演化，因为从同一类型案件建构的多种样式的裁决规范中归纳出完备同一的裁决规范，就会对以后所有性质类似案件产生实效性和约束力，这时的裁决规范就具备了准立法的机能。裁决规范并非意味着法律规则的消减与隐退，相反，法律规则一直在场而未缺席。因为裁决规范能够作为司法假定检验标准的关键，就在于法官个案裁决围绕事实对法律规则进行解释的具体化，它始终不能逃脱法律规则的约束，这也是权力分立与现代民主法治国原则的基本要素。而且对规则的解释不能逾越特定法律语词的语义空间之可能射程范围[1]，否则就意味着法律续造与漏洞填补。这些都有裨益于防止政治情怀等不合理因素渗入给司法假定带来的弹性化影响，确保法治理念之下严格按规则治理的推行。

建构裁决规范不仅体现在法律发现中，也发生在个案事实的构设过程中。个案事实存在于裁决规范的建构中，是可以进行法律评价、能够引起法律效果的要件事实。这是因为法官根据已知证据认定的案件事实，是制

---

[1] 譬如，有学者就对客观目的论解释提出了质疑批评，认为这种解释逾越了可能的语词意义，使法官极大地超乎法律之上。参见［德］阿图尔·考夫曼、温弗里德·哈斯默尔主编《当代法哲学和法律理论导论》，郑永流译，法律出版社2013年版，第184—185页。

度化的适法事实（相对真实）而不是纯粹的事实真相（客观真实），具体乃对原初的生活事实（物自体事实），按照裁决规范实体构成的指引来筛选剪裁，以此改造建构出法官内心确信的认知事实。比如苏力先生曾精辟分析过的，由某基层法院所处理的"耕牛纠纷案"，此案认知的事实要满足法定事实构成（社会事件的预先格式化），而这需要社会现代化过程来造就。①

第三节　裁决规范检验假定的内在理路

一　裁决规范作为假定检验基准何以可能

（一）裁决规范成为基准的可行性与必要性

以裁决规范作为重建的司法假定检验基准，在体系后研究范式下具备其可行性和必要性。首先，中国特色社会主义法律体系已经形成，案件争议涉及的请求权基础一般都能从现行法律条款中甄别检索出来，即使适用的概括性条款也可通过价值补充的方法加以精确化，以此作为国家实体法依据来主张权利；其次，法律文化习俗塑造法律人看待事物、处理案情的特定思维过程，西方法律文化中普遍偏好于数理推理，但在中国传统法律文化中却一直漠视民主程序与形式逻辑，重视实质非理性思维，裁决的规范性以满足情理的主观感受为标准，特别是司法依附于行政，执法官员持有的是行政性思维与政治意识形态，也就无法根据法律进行独立思考与判断，② 可以说当今我国司法行政化现象与我国传统法律文化的固有渗透性

---

① 参见苏力《送法下乡——中国基层司法制度研究》，北京大学出版社 2011 年版，第 146—162 页。

② 这种以满足情理主观感受为标准的裁决，从程序正义或经济的"期待"角度来看，这显然是一种强烈的非理性的、具体的"权衡"裁判的类型。参见［德］韦伯《法律社会学》，康乐、简惠美译，远流出版事业股份有限公司 2003 年版，第 295—296 页；而且，在政治高压之下，司法易沦为政治权力运作的工具，那么，司法不仅会失去其追求公正、保障人权的天然品性，还会在更大程度上堕落为专制机器，成为秉承政治领导人意旨非法裁断的帮凶。参见胡玉鸿《试论司法权威的外在基础》，载《华东政法大学学报》2013 年第 6 期，第 28 页；也有学者指出由于审判机关屈服于各种压力，得了司法软骨病的顽症，比如近年来的一系列死刑案件的裁决，出现了审判机关不作为而上交矛盾的情形，明显表明了中国的死刑裁量仍未能进入理性运行的轨道，在面临着诸多牵绊时，缺乏担当。参见付立庆《死刑案件裁判过程中的司法软骨病及其祛除》，载《法学》2013 年第 10 期，第 16—18 页。

不无关系;再次,我国仍处于严格法治的生成阶段,对传统法学的"几何学范式"或"几何学精神"追寻仍应强调,从欧陆到英美相关学者都曾以此为指导,运用自然科学中的数学方法与演绎推理方式,从第一原则推导出公理、规则,最终构造出法律体系和得出判决结论;[①] 复次,法学没有接受法教义学传统的洗礼,法官缺乏鲜明的克制主义立场,仍须强化法官忠实遵守先在规则的义务观念;最后,我国与西方处于不同的法治主义场域中,西方已经历社会理性化阶段,法官已具有较高的司法伦理素养,形成了坚定的法治信念与按整套规则运行的机制,现在不会再过分认真地纠结于法律的字面表达,相应地后现代主义思潮对逻辑与理性的批判也是对过去走得太远的纠正,而我国作为法治后发型国家仍处于法治进程的初级,当下司法的主要任务与西方的不同,[②] 主要是建立一种与政治系统相分离的自治型(而非回应型)司法模式,现实中司法发展却盲目跟随西方,强调能动主义、推动"大调解"、过于关注社会效果,司法作业者承受太重的社会期待而很多时候已摆脱法律思维的界限去决断,从而使法治陷入恶意危险的境地。恰如陈金钊教授精辟指出的,我国当下法律人的素质是不适合进行司法能动主义判决的。奠基于社会以及公平正义观念能动主义是高级法治阶段的举动。在法律素质问题以及社会司法风气问题没有得到根本解决以前,恪守司法谦抑、保守法律意义的安全性对法治建设来说,是最保险的也是最为重要的。[③] 裁决规范是裁判者在法条导引下借助于诠释活动建构出的产物,所以它本身是对法条主义模式的吸收和拓

[①] 对于传统法学中的"几何学范式",有学者考证得出,大陆法系国家通过它改变了习惯法无序的状态,实现了整个法律体系的系统化,英美法系国家则通过知识的融合,将演绎等数理方法运用到法律推理和法学教学改革中,加快了法律的科学化进程。并认为,"几何学范式"是对法学具有的系统性、客观性、确定性的自然科学属性的一种重新认识。参见屈茂辉、匡凯《传统法学的几何学范式论析》,载《法学家》2014年第3期,第133—144页。

[②] 关于当下中西方的任务差异,有学者从宏观层面指出,在当下的中国,不仅科学精神因未经近代理性传统的系统训练而极度匮乏,就连原本是文化优势的人文精神亦因长期自虐而丧失殆尽了。所以,中国社会当下的问题与任务与西方社会当下的问题与任务是不同的。虽然我们不认为我们必须重新退回到近代,但是近代理性高扬的启蒙运动毕竟是现代化一个不可缺少的前提性环节,因此今日中国在面对后现代主义思潮时更应保持清醒的头脑,更应对中国特定的时空背景予以自觉的关注。参见齐延平《法学的人径与法律意义的创生——论哲学诠释学对中国法学与法治的可能贡献》,载《中国法学》2001年第5期。

[③] 参见陈金钊《法律解释学——权利(权力)的张扬与方法的制约》,中国人民大学出版社2011年版,第297—298页。

展,但却消解了法条主义饱受的僵化教条诟病。① 同时,也是对法治信念与"根据法律思考"法治方法的坚守,避免法律沦落到虚无主义或万能主义的窘地。

(二) 裁决规范检验假定的权威根基

不难发现,裁决规范一方面排除了伦理情感、舆论政策、社会效果等法外因素转化为法内裁决标准的可能性;另一方面肯定了司法职业人员作为法治内在参与者,在法律体系中重要的角色担当。我们无论如何不能怀疑,裁决规范是以接受规则支配来审查假定结论而取得权威的,无论上文历时性的沉淀反思,还是共时性的程度比较。考夫曼从正面角度阐述了建构裁决规范的行为意义。他认为规范必须经由对案件的解释才能具体化为一个构成要件,变成符合存在,而案件也必须经由对制定法的建构才能形塑成一个与价值关联的事实,因而变成符合规范。② 新康德学派的韦伯则从反面角度论述了若无裁决规范支撑,司法广泛丧失权威的可能性。他认为在形式上,司法为非理性的情况是,为了顺当地处理问题而使用理智所能控制之外的手段,譬如诉诸神谕或类似的方式;在实质上,其为非理性的情形是,全然以个案的具体评价——无论其为伦理的、情感的或政治的价值判断——来作为决定的基准,而非一般的裁决规范(Entscheidungsnormen),亦即可径直适用于具体个案的规范。③ 总之,裁决规范作为重建的司法假定检验基准,以司法实际问题及解决为现实生活关照,在接受规则统领下吸纳法外因素在裁决标准内发生作用,这样能够满足当前社会加速转型期多元利益需求,并经受得起理论和实践的检验。那么,至于"何以可能"的疑问也就自然获得了解答。

---

① 在当下中国语境中,法条主义俨然是一个充满"贬义"指称的"稻草人"概念,尽管人们都在极力地批判法条主义,但这种处于"穷途末路"的法条主义却是需要我们予以坚决捍卫的。法条主义所处的"穷途末路"困境恰恰说明了中国法律学研究的贫困,努力推进对中国"法条"的法律学研究是中国法条主义肩负的社会责任。参见王国龙《捍卫法条主义》,载《法律科学》2011年第4期。

② Authur Kaufmann, *Fuenfundvierzig Jahre erlebte Rechtsphilosophie*. Archiv fuer Rechts und Sozialphilosophie, Beiheft 44, Hrsg.: R. Alexy, R. Dreier u. U. Neumann, 1991, Franz Steiner Verlag, Stuttgart.

③ 参见[德]韦伯《法律社会学》,康乐、简惠美译,远流出版事业股份有限公司2003年版,第30、164页。

二 对裁决规范检验假定所持异议的反驳

在体系后研究范式下，法律体系的融贯性与变动性论据赞同法官综合相关不同强度（des Gewichts）的理由，来证成裁决结论的妥当性和可接受性。从司法意义上考察，法官裁决案件的理由来源具有充分多样的色彩，这种法官法源是法官正确认知适用于个案的裁决理由的栖息地，是"客观法的（能够为法律适用者所识别的）形式和表现方式"。[①] 这里会产生如此疑虑：法源的这种开放性结构是否承认了规则怀疑主义者的主张？占主导地位的社会伦理观念、习惯等可否纳入裁决规范中？裁决规范本身是受到规则支配的，但面对开放的法官法源，它作为假定的检验基准不免再次落入弹性化、虚无化的泥沼。这正是有些论者对裁决规范作为假定检验基准所持异议的理由。表面上看，法官法源理论确实与规则怀疑主义见解相混淆，模糊了我们认识裁决规范的视野，但从裁决规范的本质属性分析能够驳斥以上异议理由，从而消除其萌生的误解。

（一）裁决规范与法官法源是相兼容的

法官在找法过程中会查找所有具有法律意义和值得考虑的资料信息，只是根据信息资料是否能在权威性法律文件中得到明确展现，将法源分为正式法源和非正式法源，诸如伦理观念、事物本质、公共政策等就属非正式法源。而裁决规范的本质属性在于以法律规则为勾勒模型，诉诸解释而建构的个别规范（individual norm）。它的构建素材恰恰来自于以法官为核心的共同体所沟通确定的法源，但对具开放式结构的法源进行了以法律规则为框架的加工整合。所以，裁决规范并不是学者设计出来的只是"看上去很美"的理论，而是与法官法源相兼容的，可以广泛影响到法官的裁判活动。如上文阐释的伦理观念虽不能作为假定的检验标准，但作为非正式法源可成为司法论证的背景性理由，在理解法律意义中起到辅助作用。

在此仍需分辨澄清的疑点是，一般法律原则作为非正式法源，它本身就是社会基本结构中对冲突的政治、宗教等取向作出的价值判断，总是有不确定性质类的负面评价；对于美国联邦最高法院的职责来说，便在于确

[①] ［德］魏德士：《法理学》，丁晓春、吴越译，法律出版社2005年版，第98页。

定及适用社会基本原则,并将道德原则转化为法律原则。① 作为道德共识的法律原则最能体现法律制度构造的道德基础,具备可普遍化的能力,往往折射出社会占主导地位的伦理观念。阿列克西也业已证明任何单一法规范或整体法体系都内含有正确性宣称(Richtigkeitsanspruch),即原则价值问题。② 但对于法律原则是否可以成为裁决规范,则有待进一步商榷。一般理论主张,在穷尽法律规则、实现个案正义、存在更强理由的情况下,可以将法律原则作为法官的裁判规范。③ 在德沃金作为合法性与整全性的法律诠释理论中,法律原则是司法判断的依据,而且为道德证立提供了最佳理由。与此类似的是佩雷尔曼的新修辞学观点,为了获得法律听众的认同,论辩者可以运用可被普遍接受的法律价值作为论题,通过援引一般法律原则,法官可以表明其裁决合乎普遍接受的法律立足点。德沃金与佩雷尔曼的理论具有很强的司法哲学意味,不免被后人辛辣地批评为"过于空泛虚无",而梅斯的理论则直指具体的教育现状。梅斯针对19世纪30年代美国法学教育缺乏法律原则分析法问题尖锐地指出,我们现在需要通过规则来裁判案件,我们要记住的是原则和方法,而非单纯的个案。案例确实有用,但是其最大的用处是解释原则。如果在学习过程中,法科学生没有被教授如何通过案件寻找原则,那么这种学习方法就是在浪费时间。④ 与一般理论相异的是凯尔森,他一贯坚持原则只是影响法规范内容的因素,本身并非真正之法规范。⑤ 笔者倾向于目前的主流通说,认为法律原则本质上是具体规则的补充,体现为某种实质性道德权衡,限制着法官的自由造法行为。在这个意义上讲,它并非规则的具体化,因而不能直接成为裁决规范,但在条件满足时亦可为之。

从严格的法应用原理来说,法律原则不能直接援引作为裁决依据,须规则化为实在的权利义务,因而也就无法前置成为检验假定的基准。卡多

---

① 参见吴庚《政法理论与法学方法》,中国人民大学出版社2007年版,第300页;[美]约翰·哈特·伊利:《民主与不信任》,刘静怡等译,商周出版2005年版,第66、95页。
② Robert Alexy, Begriff und Geltung des Rechts, Freiburg 1991, S. 64ff.
③ 参见舒国滢《法律原则使用中的难题何在》,载《苏州大学学报(哲学社会科学版)》2004年第6期。
④ See Daniel Mayes, *Whether Law is a Science*, American Jurist and Law Magazine, Vol. 9, No. 18 (1833), p. 476.
⑤ 参见颜厥安《法与实践理性》,允晨文化实业股份有限公司1998年版,第326—327页。

佐秉持的观点也是当原则被应用于具体个案时，需要对它进行有效梳理、筛选和重塑，并按照某种目的予以适用。但在我国法院适用原则直接作为裁决理由并用来检验假定却是实践的常态。有学者就认识到，法律原则通过具体化，创设出个案规范（Fallnorm）才能作为裁判个案的直接依据，譬如，"张正青与张秀方合同纠纷案"中公序良俗原则的具体化与"吴某与宁波某电器公司物权保护纠纷案"中禁止权利滥用原则的具体化：通过具体的优先条件或变量确立相冲突原则中优先适用的原则，适用优先原则的结果便是创设一个个案规范，优先条件或变量进而成为该个案规范的构成要件。[①] 依笔者的看法，在通常情况下，法律原则是以对法律规则的解释进行指导或补足的方式，释放到所建构的裁决规范中，此时原则已内化为裁决规范的组成部分，可成为检验假定的基准。而在非常态下，从法条中抽出原则，通过解释、论证等方法把原则转化为（推导出）法律规则的形式来填补法律漏洞（Rechtslücke），此时原则虽转化为规则，但还需规则具体化的步骤成为裁决规范。无论是在常态还是非常态下的原则裁判，都类似于传统司法的"情理裁判"[②]。对此，我们可以把裁决规范放到案件类型中来分析，在常规案件中，规范与事实容易连接对应，法官援引的条文经简单解释就可化约为裁决规范，也称援引的裁决规范。但面对复杂或疑难的案件，在不能直接援引国家法或其他社会规范、法律原理进行裁判时，须要按照法律的精神和原则，借助法律或其他社会规范，并依据其经验、直觉和理性，构造适用于当下案件的裁判方案和个案规范。在一定意义上，法官构造的此种裁决规范，就是一种"法官之法"。[③] 比如，发生于1992年的武汉市煤气公司诉重庆检测仪表厂一案，湖北省高级人民法院就依据诚信与公平原则补充出情势变更规则，并依该规则作为裁判依据适用于该案中，从而使该案得到较为公正地处理。

（二）裁决规范对规则怀疑主义的超越

弱势意义上的规则怀疑主义将非政府社会组织制定的团体规则视为法

[①] 参见彭诚信《从法律原则到个案规范——阿列克西原则理论的民法应用》，载《法学研究》2014年第4期，第92—113页；Robert Alexy, Theorie der Grundrechte, Frankfurt a. M. 1986, S. 78ff。

[②] 因为情理裁判同样具备一种可以进行形式化分析的论证结构，这种结构首先必须满足现代法律论辩理论所强调的可普遍化证成原则（一种构成性的司法原则）。参见陈林林、王云清《论情理裁判的可普遍化证成》，载《现代法学》2014年第1期，第22—24页。

[③] 参见谢晖《民间法与裁判规范》，载《法学研究》2011年第2期。

律，这些团体规则在社会交往中以习惯或惯例的形式得到遵守，相对于国家正式性规则来说，习惯常常被遗忘，尽管在全有序的乡土社会中它仍普遍内化为人们的行为规则。有学者就对这种团体规则在中国的成长表示了担忧，指出国家法律现代化过分强调与国际"接轨"，而当代正式法律在运作中压制了民间法及其传统规范（道德、习俗、宗教和行业伦理等）的成长，忽视了非正式法律和规范曾长期有效调整着的那些社会关系，其运作逻辑在某些方面与中国的社会背景脱节了。[①] 对于规则怀疑主义的这一主张，德沃金介绍的"因袭主义"（Conventionalism）所持的法律见解是赞同的，它认为正确的理解法律实践就是尊重和实施其社会所确立的惯例，法官必须将惯例所规定的内容视为法律，在具体案件中对其作最佳阐释。[②] 而从司法立场的法源意义上考察，习惯属于非正式法源的范畴，是成文的制定法这样权威理由之外的实质理由。个体决策过程中的行为是法律规则、习惯及非正式制度相互作用的表现与产物。经验的社会科学家把风俗习惯视为一个富有研究成果的领地及现代性变革（以理性化与祛魅化为核心）的潜在源头。习惯永远是法学家或立法者在分析理解制定法之运作和效果时不能忘记的一个基本背景，法官选择性允许习惯规则进入司法、修改或置换制定法，主要是种种涉及他们自身利益的政治、经济和社会等一系列制度约束条件促成的。[③] 研究习惯的重要性也在于对历史沿革的深度把握。比如，20世纪20年代，伊斯兰国家土耳其对西方现代婚姻制度的移植尝试，就由于宗教习俗的强势抵抗，起初此尝试也成了一个著名的失败记录。而在传统中国长期稳定的乡村邻里中，依赖的正是礼教伦常的习俗来解决简单纠纷，而非现代意义上的私力救济。当然，在全面推进依法治国、建设社会主义法治国家的道路上，现代法律秩序在逐渐侵蚀甚至淘汰着一些民俗习惯。对习惯加大研究的重要性由此可见一斑。

习惯法属于活的法律，"判例法"（Präjudizienrecht）就是"习惯法"

[①] 参见冯象《木腿正义》，北京大学出版社2007年版，第54页。
[②] 参见[美]德沃金《法律帝国》，李常青译，中国大百科全书出版社1996年版，第105—113页。
[③] 参见苏力《送法下乡——中国基层司法制度研究》，北京大学出版社2011年版，第189—191页。

（Gewohnheitsrecht）在更新演变上的最古老形式。[①] 在当今法治国家，习惯只有经国家认可赋权成为习惯法才上升为正式法源地位。国家认可的方式主要有两种：其一，国家法律法规直接明文规定习惯在特定情况下可得到适用。譬如瑞士民法典著名的第一条所规定，"法律所未规定者，依习惯法；无习惯法者，法院应遵立法者所拟制定之原则，予以裁判。"我国法律法规规定的习惯内容比较广泛，[②] "包括民族习惯、地方习惯、物权习惯、商事习惯、婚姻家庭习惯、继承习惯、丧葬习惯、生活习惯、宗教习惯、国际惯例等。"[③] 其二，法院对习惯加以确认后，具备了正式法源资格，成为以后处理类似案件可适用的习惯法。在一定程度上，习惯法起到弥补与辅助成文法的作用。因为裁决规范和法官法源是相兼容的，那么就可以将以上通过两种方式获得国家认可的习惯法或道德律纳入裁决规范的建构素材中来，对其进行以法律规则为框架的剪裁整合。至于强势意义上的规则怀疑主义即法律实用主义所主张的，将法官的裁判行为及对其预测视为真正法律，实际上是英美法系轻法条形式的倾向传统，由于过度遵行先例、援例裁判而走向绝对化的偏见，但它还是强调发挥法官在建构裁判规范中的建设性作用。我国也有学者主张法律实用主义在当下中国的司法场景下能回应社会需求和当事人的权利诉求，因此具有一定的正当性和合理性，值得"认真对待"并审慎合理地适用。[④]

（三）裁决规范对指导性案例应用的吸纳

我国建构的案例指导制度已进入实际运行阶段，固然其未来走向还有待更进一步的观察与审视，但成功借鉴西方判例制度中的优点是显然可见

[①] 参见［德］韦伯《法律社会学》，康乐、简惠美译，远流出版事业股份有限公司2003年版，第177页。

[②] 比如《物权法》第85条规定："法律、法规对处理相邻关系有规定的，依照其规定；法律、法规没有规定的，可以按照当地习惯。"《民用航空法》第184条第2款规定："中华人民共和国法律和中华人民共和国缔结或者参加的国际条约没有规定的，可以适用国际惯例。"《宗教事务条例》第20条规定："宗教活动场所可以按照宗教习惯接受公民的捐献，但不得强迫或者摊派。"《宽城满族自治县自治条例》第74条第2款规定："自治县自治机关保障各民族都有保持或者改革自己的风俗习惯的自由。尊重各民族的风俗习惯和传统节日。"

[③] 高其才：《作为当代中国正式法律渊源的习惯法》，载《华东政法大学学报》2013年第2期。

[④] 参见郭春镇、王云清《作为法律实用主义的"权利话语"》，载《法制与社会发展》2012年第4期。

的。这一制度的理论基础是同等对待原则,主要解决疑难案件中法律的具体适用问题,旨在统一裁决尺度、实现同案同判,最大限度地维护个案的司法公正。所以,我们不难发现,法官对指导性案例的遵照,强而有力地拘束着个案的判决,也就能够控制假定结论中联想成分的过于散漫。然而,目前学术界关于案例指导制度的性质定位及有无法律效力仍存有较大争议。学界主流观点认为,指导性案例仅具有"应当参照"的事实拘束力之强制性,而不具有正式的法律效力,不属于正式的法律渊源,对此,各级人民法院在审判与指导性案例性质相类似案件时,虽不能直接将其作为裁决的依据,但法官可在裁判理由部分加以引用。[①] 而少数学者则主张,案例指导制度是具有中国特色的判例制度,虽不能直接命名为判例,但它为司法活动提供一种细则化的裁判规则,并已成为司法裁判中基于附属的制度性权威并具有弱规范拘束力的裁判依据,具备了"准法源"的地位;从根本上它必然只能归属于判例、具有判例的属性,因而应在合法框架内赋予指导性案例以法律效力,使其成为法官判案的真正依据,这样我国就形成了法律——司法解释——案例指导规则这样一种多元化的法律规则体系,同时也必然会对法官思维带来变化。[②] 笔者试从裁决规范角度考察指导性案例能否成为检验基准。据此,笔者对于以上主流的见解不敢苟同,而对少数观点则持部分怀疑。具体地分析如下:

笔者认为,指导性案例是我国司法解释的法律适用机制的新形式,也就是法官面对个案的解释适用[③],这样指导性案例的效力就定位为高于一般普通案例的司法解释效力,而不是学术界主流通说所持的不具有法律效

[①] 与主流观点相合的具体例证可参见:胡云腾《人民法院案例指导制度的建构》,载苏泽林主编《中国案例指导制度的构建和应用》,法律出版社 2012 年版;刘作翔:《案例指导制度的定位及相关问题》,载《苏州大学学报》2011 年第 4 期;孙海龙、吴雨亭:《指导案例的功能、效力及其制度实现》,载《人民司法》2012 年第 13 期;周道鸾:《构建符合我国国情的案例指导制度》,载《人民法院报》2012 年 1 月 18 日。

[②] 参见苏晓宏《司法解释立法化问题研究》,法律出版社 2013 年版;陈兴良:《案例指导制度的法理考察》,载《法制与社会发展》2012 年第 3 期;陆幸福:《最高人民法院指导性案例法律效力之证成》,载《法学》2014 年第 9 期;雷磊:《指导性案例法源地位再反思》,《中国法学》2015 年第 1 期。

[③] 有学者就认为,赋予指导性案例以法律效力最简单易行的方案是:最高人民法院扩大司法解释的种类范围,将指导性案例规定为一种新的司法解释。参见陆幸福《最高人民法院指导性案例法律效力之证成》,载《法学》2014 年第 9 期,第 100—102 页。

力。由此，司法解释的体制与方式也发生了某种程度的改变，不仅包括最高院发布的统一的、抽象的解释，而且包括针对具体个案的说理性解释。指导性案例为司法解释的新形式，不享有如成文法一般的拘束力，仅就其个案发生拘束力，因而也就不同于少数观点所持的它为判例之造法形式。上文已阐明，裁决规范是法官以法律规则为勾勒模型的解释而构建出的裁决理由，是一种个别规范，而指导性案例也是法官对具体个案的说理性解释。不同的是，指导性案例是法官从具体案件中抽象出解决法律问题理论要点的解释，相对于裁决规范来说，缺少法律规则逻辑结构的约束，因而更加概括与笼统。但是两者都是围绕案件的解释，性质并无大的差异。因此，指导性案例再进一步按照法律规则要素进行整合细化后，完全可以被裁决规范吸收。所以说，指导性案例被裁决规范吸纳后，就能够对假定进行检验了。

总而言之，裁决规范对非国家正式法则进行的恰当转化处理，[①] 以及对法官所起作用的内在支持而又保守的态度，都使裁决规范建构的素材更加饱满，更好发挥对假定检验的实际功效。可以说，建构的裁决规范充分确证了对规则怀疑主义的检讨与超越，使之成为检验假定的必要素材。而指导性案例作为一种面对个案新的司法解释形式，其应用按法律规则要素细化后，可被裁决规范吸纳，成为假定检验的基准。

小　结

已形成的中国特色社会主义法律体系是由融贯性与变动性两种论据而被正当化的，正是这被正当化的经验事实为司法假定检验标准提供合法性基础。在体系前研究范式下，坚持立法与司法分立的传统，法官只作为宣示法律的喉舌，以法律条文为检验的基准，机械地照本宣科，而在体系后研究范式下，需要重新审视假定检验尺度的问题。理论界与实务界对鉴别假定法效力依据存在着法条主义和规则怀疑主义两种模式的争论。司法假

[①] 当然，也有学者分析了当代中国语境下非正式规则对中国法治发展的消极作用。提出非正式规则的盛行及国家层面上的附和不仅弱化了自下而上推动法治变革的意愿，也同样阻碍了法治在"顶层设计"的突破；虽然在一定时期内能够承担推动经济发展的功能，但却可能造成多种法治缺陷，甚至可能使正式制度长期受到压抑，无法突破僵局。参见叶竹盛《非正式规则与法治："中国难题"的挑战》，载《法律科学》2013年第3期。

定可作为司法判断的条件,但人工的直觉预测远比不上严谨的评估标准准确,因而需要改变判断的参照点,为假定重新架构评价标准以此进行检验。裁决规范作为范式转型下重建的检验基准,是法官从多元结构的法源中辨识发现的,结合个案事实与法律条文进行以法律规则为勾勒模型的解释而具体构建出的个别规范。因为法律规则的具体化需要借助审判裁量,不断地在规范性与状况性、工具理性与价值理性、专业性与民主性之间进行二维权衡,① 所以裁决规范中融入技术意义上的裁量方法,本身是对法条主义模式的拓展和深化。实质上裁决规范的建构,是在用法律的标准与法律修辞的力量替代政治情怀的权威,它将所有的政治诉求纳入法治框架内展开,从而使假定的作出更具刚性化。裁决规范以中国场景下的司法实际问题及解决为生活关照,能够满足我国社会转型期多元利益需要。重建的检验基准与法官法源是相兼容的,所以在通常情况下,法律原则可以而且应该释放到裁决规范中。同时,裁决规范对非正式法则的合理转化与指导性案例应用的细化,以及法官所起建设作用抱持的肯定而又克制的姿态,使之内化为裁决规范的组成部分,不仅可以更好发挥对假定进行检验的功效,而且实现了对规则怀疑主义者的超越。

---

① 参见王国龙《裁判理性与司法权威》,载《华东政法大学学报》2013年第4期。

第 六 章
司法假定的程序性检验——司法论证的制度设计

在当下境遇，我国法治逐步迈入法律方法论的时代[①]，方法论逐渐成为法律共同体（Rechtsgemeinshaft）自我认同的技艺基础，并且司法实践中法官也越来越重视对法律方法的运用和反省。然而，由于我国法学长期缺乏科学方法论意义上的系统规训，没有接受过严格的法教义学传统的训练洗礼，司法实务中法官对法律方法的运用只是初步的自觉。换言之，法律方法论对司法实践的影响仍不明显，为法官提供的智识性贡献仍非常有限，更不用说会对法官的裁判结果产生直接的指导了。随着我国司法体制改革的深化，法官同构型思维的日趋增强，国民对法官关于裁决理由的说明和公开的呼声越来越高，法律论证虽是新近兴起的理论，但已成为法律方法论研究的重点，我国学术研究对其关注日益升温。从当前司法活动整体看，名义上为维护法之安定性，法律判断限于严格的规则适用技术，主要借助由上而下的逻辑涵摄推演得出，而论证却成为司法裁判的薄弱环节，本身对保障法官独立行使裁判权的影响程度有限。某些法官对论证方法缺少深入的了解，未能形成系统的论证思维模式，甚至在观念上认为不通过论证似乎也能得出妥当的可接受性的结论，进而忽视对法律论证的自觉运用。法律规则并非司法裁决的"绝对标准"，它只类似于"必要提示"，提示法官需要考虑到的个案中具有法律重要性的事实考量，真正决定案件判决结果的则是多个规则所指明的理由的整体[②]，也就是法律论证

[①] 也有学者指出，虽然我国法律方法论研究已取得令人称道的成绩，但近些年的研究似乎进入了"瓶颈"制约期，方法论的主题似乎被法律修辞所取代，面向实践的法律方法研究更是极度缺乏，从而导致具有工具属性的法律方法不能为司法实践提供有力指导。参见赵玉增《法律方法论研究的实践面向》，载《法学论坛》2014年第6期。

[②] 参见王凌皞《司法判决中的实践理由与规范适用》，载《法制与社会发展》2015年第3期，第91页。

的融贯应用。然而，事实上，法官也并未学会如何娴熟地运用之。那么上述某些法官的认知是否与采用论证方法指引而得出的结论相一致呢？这一问题可通过探究法律论证在司法裁决中的展开得到详尽解答。法律论证在司法裁决中的展开直面回应司法实践中一直存在的两个弊端，对此黄茂荣教授早已敏锐地察觉到，"（1）忽略存在于法律大前提中之是非，认为恶法亦法，或在法律之解释或适用过程，拘泥于法律所使用之文字，不顾法律追求的价值；（2）或忽略小前提之认定的对错，轻视证据法则贬低程序公正之重要性，以致发生指鹿为马的情事"[1]。毫无疑问，在当今我国逐步推行案例指导制度的背景下，指导性案例对司法裁决的影响愈加重要。我们通过对指导性案例中裁决理由的考察，以此了解、窥探法律论证在司法裁决中的具体展开过程，就可本真的感知法律论证对司法裁决的存在价值，从而引起法官在裁决思维中对论证方法的运用自觉，反思自身对于论证品质的操作状况，获得其对司法论证的语境支持。形成司法判断的事实认定与法律发现都是以人的专业认知活动为核心的内在建构过程，[2]也就必然要求一个确定的思维结构与认知路径，以此来加工处理案件信息与适用法律。从司法假定到司法论证乃为裁判思维过程的认知路径。通过直觉或法感机制形成的司法假定，必然不断接受理性论证的检验。

第一节　法官负有司法论证的义务

一　司法论证是对司法判断的合理证立

论证，顾名思义，就是通过提出一系列理由来证明某种主张（Behauptung）或判断（Urteil）的正当性。法律实践具有强大的论证性格取向。法律论证是一般论证实践活动在法律场域中的展现，就是通过提出理由（论据）以证明特定法律决定的正当性，这种正当性在法律视域下主

---

[1] 黄茂荣：《法学方法与现代民法》，法律出版社2007年版，第64—65页。
[2] 事实的认定是法官在法观念指导下对原初事实依据构成要件的各要素进行裁剪限缩，形成内心确认的认知事实过程；法律的发现是法官对法律的司法认知的内在找法过程，而绝非单纯的一种逻辑涵摄工作，狭义上是在现行有效的法体系中检索、选择法律规范的过程，而广义上是指寻找与个案解决最相类似的条文或案例的过程，属疑难案件中的"法官造法"或"法的自由发现"。

要理解为法解释的有效性和可接受性。① 无论是立法者、执法者、司法者、律师还是当事人都会根据自己的主张提出相关理由说明，以此以理服人。在诉讼结构的三角模型中，控辩双方也是通过论辩说服，获得法官对己方有利的判决。法律论证理论是 20 世纪 80 年代在哲学诠释学、分析哲学等西方多元人文主义哲学思潮变革的深刻影响下，在逻辑学、符号学、修辞学、语用学、论题学、对话商谈理论和交往行为理论等基础上拓展出的多学科知识体系。其相关研究主要在法哲学与法律理论两个层面来阐释，Aarnio，Alexy 和 Peczenik 三人都曾谈到过为何论证理论会成为当今法理论的核心领域。② 我国法律论证理论的研究动态是随我国法律方法论学科意识的觉醒逐渐受到重视的。笔者立足司法中心主义的立场，从法律方法论视角考察司法裁决活动中的论证命题，因而称之为司法论证。司法论证采狭义之说，它是一般论证实践活动在司法意义脉络下的展现，专指法官对其作出司法裁决结论的正当性所进行的理由陈述，即"为将法律规范适用于特定的事实而获得结果提供正当性的依据"③，这种正当性主要理解为论证过程与论证结果的闭合性与融贯性，而融贯性恰恰是检测判决合法性的形式标准。司法论证是对各种规范性命题的特殊情形之司法判断的合理证立，它贯穿于整个裁决过程各个环节，包括小前提的认定、大前提的发现、大小前提的有效连接及案件最终结论的论证，并具体体现为裁决理由，因而，结论论证是司法论证的核心。

二 理性论证是法官断案的灵魂

司法论证模式总体上是呈动态综合性的，但在具体进路与方法的选择侧重点上，根据裁决方式、权力运作的空间位置而存在差异。比如，城市社会中的司法判决强调逻辑分析、价值分析方法的运用，而乡村社会中的

---

① 法解释的正当性乃指合理地、透过好的理由所支持的有效性和可接受性，而好的理由又系于对论证参与者合理的说服力与共识，即促使其接受的力量。因此法解释论在此一环节上势必联结"合理"与"说服（改变他人的态度）"两个层面。前者为理性面；后者为行动面，这其中当然就显现了实践理性的关联。参见颜厥安《幕垂鸮翔：法理学与政治思想论文集》，元照出版有限公司 2005 年版，第 150 页。

② 参见陈金钊等著《法律方法论研究》，山东人民出版社 2010 年版，第 411—416 页；颜厥安：《规范、论证与行动——法认识论论文集》，元照出版有限公司 2004 年版，第 307 页。

③ James A. Holland & Julian S. Webb. *Learning Legal Rules.* Oxford University Press, 2006, p. 124.

司法调解则更注重修辞与对话方法的适用。司法裁判作为一种指向他人的公共判断，需要提供正当理由让他人信服。无论如何，司法论证都是法院、法官的灵魂，理由说明与司法独立是司法权威树立的有效基石。在所有的国家机关当中，法院最注重理由论证，所以我们把法院称为"理性的殿堂"；审判庭是最理想的对话场所、法院是通过理由论证实现法制权威的最佳公共论坛。① 由此，法官在社会基本结构中的角色性质决定了其负有论证的义务。此义务可分为惯性、应答及相关性等形式性义务与同等对待、成规因循等实体性义务。② 《荷兰宪法》第121条规定，法官必须明确作出一个法律裁决的理由。德国宪法法院第一审判庭在1973年发布的一项决议中规定：所有法官的司法裁判必须建立在理性论证的基础上。法学命题的真假对错，都是建立在论据的理性论证支持上。法官在法原则基础上提供理由以正当化判决的能力，是保证司法判决正确的重要前提。法官必须"理性地考量非理性的事物"，必须以一种客观、公正、可接受的形式，正当化其在判决推理中所依凭、所主张的价值判断或合理性标准。③ 法官只有承担起论证负担的职责，在论证管道中塑造、分配权利义务的具体内容，并遵守论证的可普遍化、有效性、融贯性与坦诚性等规则，方可保障司法裁决的合理可接受，而且更重要的是，保证裁决理由的正确。相反，法官论证工作的不足，则构成了裁决在正确性层面上的瑕疵。

第二节　司法论证检验假定的可验证性功能

一　司法论证的程序论辩性及其对可接受性困境之消解

（一）司法论证的核心要素在于可检验的程序

在当代价值与利益多元化的社会，越来越注重程序主义法范式的正当性建构。如果将卢曼（Niklas Luhmann，1927—1998）的现代性系统理论、哈贝马斯（Jürgen Habermas，1929—　）的交往行为理论（真理共

---

① 参见季卫东《论法制的权威》，载《中国法学》2013年第1期。
② 参见陈林林《裁判的进路与方法——司法论证理论导论》，中国政法大学出版社2007年版，第231—235页。
③ 参见陈林林《法治语境中的判决正当性分析》，载《国家检察官学院学报》2015年第1期，第26页。

识论）、阿列克西的理性商谈理论①引入司法裁决行为中来，那就意味着当事人通过真诚平等地论辩对话达致对裁决结果的基本共识（合意），以保证司法判断可接受性的实现。这种法范式的建构也与苏格拉底提倡的，经由对话辩论慢慢深入事物本相的哲学研究方式相契合。在论辩语境中，司法裁决的正确性与可接受性首先要求有充分合理的理由所支持，法官在公正地权衡不同理由分量基础上进行抉择，得出相对具有可接受性的裁判结论。法律判决的正确性及可接受性，只有通过参与人的论证与合意才能被创立出来；合意的机会是法律判决最终的正确性标准；参与人的合意同时保证了社会系统结构的稳定性。② 具有反思形式的交往行为理论与商谈理论都是作为普遍性实践论辩理论（allgemeiner praktischer Diskurs）的特殊情形，阿列克西则把法律上的商谈论述称之为特殊个案命题（Sonderfallthese），特殊之处在于受到现行有效法律的拘束。通过这种实践性论辩沟通重构最低限度的重叠共识，而言说沟通的核心要素则在于正当程序。正当程序是一种理性的可检验之程序，因而符合正当程序而形成的商谈意见和意志就是合理的结果。在法律信息学中通过运用智能计算机来自动化处理案件信息与分析判决数据，也是旨在实现判决的理性化与程序化。程序性装置在现代社会的解纷止争中呈现出日趋明显的功用，它向存在意见歧义的当事人提供了寻求重叠共识的认知过程，能够满足当事人找到"最大公约数"的工具需求。它本身作为判决来源即具有建构事实与发现法律的裁判功能。详言之，它把复杂的应然问题乃至传统权威的问题在一

---

① 卢曼的系统理论，以当代社会作为范围最大的社会系统，对其进行功能结构分析，并将其自我再制、自我参照的基本单位界定为沟通，沟通就是一种复杂的社会自我选择活动。参见高宣扬《鲁曼社会系统理论与现代性》，五南图书出版公司 2002 年版，第 155—166 页；张嘉尹：《系统理论对于法全球化的考察》，载王鹏翔主编：《2008 法律思想与社会变迁》，台湾地区"中央研究院法律学研究所"筹备处 2008 年版，第 89—90 页。哈贝马斯的交往行为理论（Theorie des kommunikativen Handelns）认为，符合交往理性（kommunikative vernuft）的话语活动，必须实现三大有效性要求，即真实性、正确性和真诚性。符合有效性要求的、在平等的主体间达成的共识，强调的是一种程序和规则的合理性。章国锋：《哈贝马斯访谈录》，《外国文学评论》2000 年第 1 期，第 29—30 页；阿列克西的理性商谈理论认为，商谈理论属于程序性理论的范畴。依据所有的程序性理论，一个规范的正确性或一个陈述的真值取决于，这个规范或陈述是否是、或者是否可能是一个特定程序的结果。［德］罗伯特·阿列克西：《法·理性·商谈：法哲学研究》，朱光、雷磊译，中国法制出版社 2011 年版，第 103 页。

② 参见［德］阿图尔·考夫曼、温弗里德·哈斯默尔主编《当代法哲学和法律理论导论》，郑永流译，法律出版社 2013 年版，第 303—304、406 页。

定程度上转换为调整问题进行处理，尽量在技术化、理性化的条件下化解进行适当的价值判断的困难；防止某种价值处于独尊的位置，而让不同的价值诉求都能在理想的对话条件下自由而平等地进行说服力的竞争，通过理由论证来达成共识、作出决定。①

总之，蕴含着法官具体价值判断或伦理命题的裁决不会给出唯一正确的答案，只是旨在结合法律和事实，在正当程序设置的隔离场域中，通过疏离强制与武力，最大限度地展开论辩、阐明详尽理由而达成妥当的裁决结论，从而排除了乌合之众的集体谬见的可能性。论辩程序是制造司法权威的可行途径，展示着判断可接受性的必要限度。对于论辩程序对裁决可接受性的实益，荷兰法学家菲特丽丝明确地指出，"法律命题的可接受性取决于证立的质量。法官的立场体现在其裁决中。他必须充分证立该裁决以使当事人、其他法官乃至整个法律界所接受"②。

（二）程序性论辩为判断可接受性困境的优化路径

司法判断可接受性要求法官合理采纳民意，而对于如何排除民意中的非理性因素，程序性论辩正是一剂良药。通过法律论证的程序性操作，来阻隔"舆论暴力"与压缩个人恣意的空间，以普遍化、一致性与融贯性三原则检验与提升民意本身的合理性程度，使得外在的民意得以稳定化。③司法实践经验已证明，在论辩程序下双方交涉使得系争事实与法律的理由得到充分展现，一方面通过缓冲作用可逐渐排除不相关事实、消除非理性主张而沉淀出合法合理的诉求；另一方面法官所处中立角色，恰好取得兼听则明的效果。此外，论辩程序能提高对法律体验的满意度，加强对法律和判决的正当性的认识、促进服从的行为，从而可维护法制的权威。④民众主要从公开的个案裁决中切身感受法治权威与社会公正。同时，我们不应忽视论辩程序的终局载体裁决文书的功用。它以最后书面的形式汇聚整合理由主张，不仅使裁决说理性更加有力，而且经过法官

---

① 参见季卫东《法律程序的意义》（增订版），中国法制出版社2012年版，第115页；《论法制的权威》，载《中国法学》2013年第1期，第27页。

② ［荷］伊芙林·T. 菲特丽丝：《法律论证原理——司法裁决之证立理论概览》，商务印书馆2005年版，"导论"第3页。

③ 参见褚国建《法院如何响应民意：一种法学方法论上的解决方案》，载《浙江社会科学》2010年第3期。

④ 参见季卫东《论法制的权威》，载《中国法学》2013年第1期。

"去伪存真、去粗取精"的思维加工使得理由说明更加精确化。有论者贴切地道出,"因任意裁量而导致的判决不精密、不统一,是社会公众不满个案判决的一个重要原因,而要求法官说明理由、论证判决依据、开示裁量基准,可以在不破坏司法独立的前提下,成为评价个案判决、制约法官裁量权限的一种制度性措施"①。

综上分析,司法裁决通过论辩程序的形式理性约束,能够强化其说理性、精确性与公开性。而前面所指出的,司法判断可接受性理论面临的困境就在于法外异质因素渗入裁决依据中来,使司法假定呈现出极大的不确定性与弹性化。论辩程序对法外流动事项的理性规制,恰好是对理论呈现的不确定性困境的克服,以便使其能站得住脚。

二 司法论证可验证性功能的理论审思

(一) 司法论证对假定进行螺旋式检验

由最初章节关于司法假定的意涵论述可知,司法假定具有暂时性与尝试性的属性,注定自身存有不可靠的缺陷可能,尤其是置于当下中国司法行政化的时空背景下,权力修辞与政治情怀等法外异质因素对假定发生机理的不当侵扰,使之更容易发生偏离实际结论的风险。司法假定向我们展示的是司法初步决策非形式逻辑的一面,但在主体间实现有意义的沟通仍缺乏持久穿透力。精神科学需要精神能力与机敏感的支撑,而机敏感的获得依赖受到教化的普遍意识的滋养。作为精神科学的法学,必须超越纯形式逻辑,它不可超越的是精神的理性;而对法官们而言,他们通过理性来祛除情感中专断随意的因素,控制或许过量的情感,将情感与方法、秩序、融贯性和传统联系起来,是理性对情感发挥作用的体现;纵然在所有判决当中,都会隐藏着个人的喜好与评价的残留物,但这绝非放弃理性论证、放弃理性证立判决的理由。② 理性终究不能像直觉那样自由跳跃翱翔。为此,有必要自觉通过理性的法律方法来深度监控,以防止司法假定引导下的裁判结果发生某种偏差,确保裁判权得以正当独立地行使。司法

---

① 陈林林:《公众意见在裁判结构中的地位》,载《法学研究》2012年第1期。
② 参见[德]阿图尔·考夫曼、温弗里德·哈斯默尔主编《当代法哲学和法律理论导论》,法律出版社2013年版,第94页;[美]卡多佐:《司法过程的性质及法律的成长》,张维编译,北京出版集团公司、北京出版社2012年版,第21页;[德]Ingeborg Puppe:《法学思维小学堂》,蔡圣伟译,元照出版有限公司2010年版,第235页。

论证方法恰好是解决这一现实难题的良策。而且，从普遍理性实践论辩理论的分析视角，考察裁判思维的认知路径，也须经历假定到论证的检测过程。假定结论虽十分顽固地嵌入法官思维中，但接下来想直接跨越论证这一步，不仅纯属枉费心机，亦是触犯了裁判路径的大忌。殊不知，不能仅指明法学命题至今尚未被证伪，来为一个法律教义学的断言辩护，必须为断言的假定提供理由说明。[①] 法官若死抱一个假定结论不放，围绕其上原地打转，那就无异于对理性论证关照的背叛。

具体来说，司法论证是通过自身具备的可验证性功能，来达到对假定进行精密检验、修正目的的。所谓命题（propositions），就是具有学理或经验上"真假"（或对错）可言的陈述。[②] 法律科学只承认可验证的东西，而司法命题的真假依赖于对经验事实的价值判断，因而司法论证只在一定程度上具有可验证性功能。如上文所阐释的，司法论证具有程序论辩性。法官在正当程序中自觉扮演客观中立的角色，平等参与案件的商谈论辩，认真倾听当事人及律师的意见，从中发现与自身假定相反的论据，并找出存在观点相异的原因，而归因的过程也就是检验假定有无偏差的过程。此须明确的是，由于实证规范与个案事实之间存在着不可掩盖的紧张关系，因而司法论证可验证性功能往往不是一蹴而就的，它在敞开的体系中通过规范与事实的不断交互影响、彼此融合，来对假定进行螺旋式往返检验修正，如同尝试错误的过程，不断检测出假定结论中过于盲目的非理性成分，以至趋近于最客观公正的裁决结论。正如有学者指出的，假定必须能透过某些动作进行验证，经过反复循环验证的假定将进化为更好、更精准的假定：在"假定→实验→验证"的反复过程中，提高个人、组织的能力；而且，如果能把这个过程纳入工作当中，各项业务推动起来将会更为顺利。[③] 法官庭前对案件形成的假定结论会随着庭审的推进而不断得到修正。固然司法裁决须在一定诉讼期限内作出，但有些富有争议的舆情公案比如许霆案、药家鑫案等，需要学者花费很长时间甚至终生来研究、

[①] 参见［德］阿图尔·考夫曼、温弗里德·哈斯默尔主编《当代法哲学和法律理论导论》，法律出版社2013年版，第453—454页。

[②] 参见颜厥安、王照宇《法的解释与法律伦理的概念观》，载《世新法学》2013年第7卷第1期，第21页。

[③] 参见［日］内田和成《假说思考法》，林慧如译，经济新潮社2010年版，第87—102页。

验证。换言之，在依据法感获得假定结论之后，法官需要在案件事实和准用规则之间反复进行校验与运用，以便事实和规范之间形成一种具体、妥当的对应关系，以将最初的法感精确化为最终的裁决结论。① 这样，通过对假定螺旋式检验修正的结果，会使得假定的精确度与执行速度都大幅跃进升级（参见图八）。

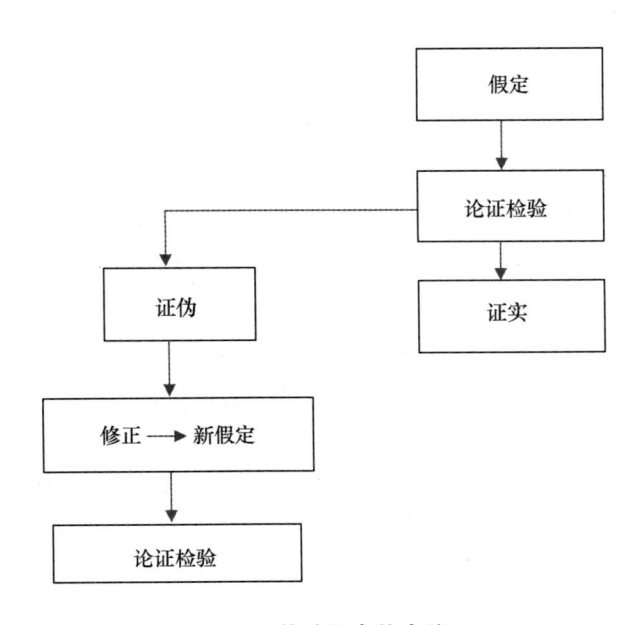

图八　检验假定的步骤

（二）司法论证可验证性功能的发挥条件与方法

1. 司法论证可验证性功能的发挥条件

论证与检验之间存在着某种互动关系，论证可以与检验合并，检验也可以导致论证。② 在司法活动中缺乏像数学中的绝对真理命题，仅存在其可能为真或假而已。从论证与检验间良性互动关系维度上考察，司法论证

---

① 参见陈林林《直觉在疑案裁判中的功能》，载《浙江社会科学》2011年第7期。
② 参见［德］罗伯特·阿列克西《法律论证理论——作为法律证立理论的理性论辩理论》，中国法制出版社2002年版，第249—251页。

的可验证性功能意指通过司法论证的检验而证明裁决结论的真值（真假）性[1]，易言之，裁决结论的真值性由论证方法来鉴别而不是因人而异。此功能是判定司法论证是否具有融贯性与可接受性的试金石，反映出司法裁决的内在本性，即合乎正义地规整行为关系与赋予特定生活事实以法律意义。有学者开宗明义的指出，"批判性检验是判定法律论证是否具有合理性和司法判决是否具有可接受性的试金石和操作性标准，因此，批判性检验理所当然地成为合理法律论证的有机组成部分"[2]。司法论证既是说理的过程，同时也是检验裁决结论真实性与正确性的过程。整个法律应用是一个法律论证过程，其目的在于找到不同阶段的结论的可接受性和正确性，论证可能产生的结果为证实、未证实与证伪。[3] 司法论证的可验证性功能可从两方面来确切把握：一是可证成性功能，从论证过程看，外部证成（Externe Rechtfertigung）本身负荷着价值期待，为大小前提提供正当性依据，来检验内部证成（Interne Rechtfertigung）对于前提与结论逻辑关联的真实性。德国法学家阿列克西对此有过周详细致的描述与评价，简单来说，就是通过法律判断的外部证成来验证内部证成真实有效的过程，而法官的职业技能与专业素养主要体现在外部证成或次级证立中。法律论证的功能主要是分析和确定某一法律判断的真实性与合理性。[4] 当然，司法论证的功能还在于找到不同阶段命题的可接受性。二是可证伪性功能，从论证结果看，就是检验司法假定的结论性陈述是否真实，一般表现为对假定结论真实性的质疑，正是在此意义上，恰好补强了简单涵摄结论不可靠局限的可能性与必要性。司法论证的可验证性功能最终要落实到证成判断的真实正确。

可证伪性在科学中的作用大放异彩，而在司法论证领域亦受注目。法学知识体系所运用的论证或推论，是一种可证伪之论证，这种论证至少包

---

[1] 真值性（Wahrheitswerte）是指某一命题成为真或伪的可能性，一命题之真假须经过经验事实的验证而后方能判定，而一命题虽然目前可能符合真实，但对于未来不能保证绝对必然之真，会受新事实之发现而被修正或推翻，无绝对必然性，其真假视将来事实如何方可个别具体的判断。参见杨日然《法理学》，三民书局2005年版，第25—27页。

[2] 张继成：《可能生活的证成与接受——司法判决可接受性的规范研究》，载《法学研究》2008年第5期。

[3] 参见郑永流《法律判断形成的模式》，载《法学研究》2004年第1期。

[4] 参见王纳新《法官的思维——司法认知的基本规律》，法律出版社2005年版，第245页。

含跳跃性（jump）、可衡量性（outweighability）、可转变性（convertibility）等三个性质。[1] 其实，在万能理性主义时代背景下，德国兴起的概念法学派（Begriffsjurisprudenz）所主张的纯粹逻辑法条主义的涵摄推理与法官只是"制定法的奴隶"，早已因19世纪末、20世纪初产生的"自由法运动"（Freirechtsbewegung）提出"法秩序必然存在漏洞（Lücken）""司法造法的功能"之批判而退出法学主流的舞台，且法官作为机械运转的"自动机"适用法律的学说，已被证明为一种完美主义谎言、幻想。这是对自亚里士多德以来的数理逻辑传统的放弃或反叛，以三段论的知识范型为取向的传统在实践论证的判断过程中并非是关键性工具。司法裁决活动既是形式逻辑的认识过程，也是含有价值评价因素的实践认识过程。这两方面为司法裁决结果的客观真实提供有力的证明。"正是形式逻辑推理和价值判断、经验判断等实质性判断的多重结合，才使得法律论证的可接受性得以保证。"[2] 故此，包含实质性价值评价因素的司法论证，为最初通过简单逻辑涵摄公式得出的假定结论提供内省式审查标准，即通过论证结论与假定结论的比照，来验证假定结论的真伪，以作出必要的反驳或修正；同时，也为最终在三段论式推论框架下作出价值判断的结论提供令人普遍化接受的理由。由此可清楚地看出，司法论证的可验证性是对简单逻辑涵摄过程的严格审查，也是对韦伯（Max Weber，1864—1920）运用形式合理化的技术规则来简约管理世界构想的警醒与约束。

2. 司法论证可验证性功能的发挥方法

不难发现，司法论证可验证性功能的发挥，坚持敞开的开放姿态与不同的语用研究立场，不再剥离储藏在法条之中的规范意旨与价值原则，从而使得司法越来越从僵化刻板的概念语句中解脱出来。此功能的发挥强调语境与比较，"从法律之外看法律"，恰恰需要诉诸交叉学科的综合方法与见识，以提供更多想象空间的可能，也就不能固执地拒绝接受一般科学理论中的发展建树与丰硕成果。司法作业者面对多种可能生活的需要，严

---

[1] 参见颜厥安《规范、论证与行动——法认识论论文集》，元照出版有限公司2004年版，第94—99页。

[2] Eveline T. Feteris. *Fundamentals of Legal Argumentation: A Survey of Theories on the Justification of Judicial Decisions*. Kluwer Academic Publishers, 1999, p. 36.

格教义法学观已经松动,[1] 也有必要适度考虑案件裁决带来的一般后果与事实影响,比如社会、经济、政治、文化、心理等综合性后果,不一而足。如此一来,社科法学、比较法学研究越来越受到学者们青睐的原因,[2] 就不言而喻了。放在这样法学流派的形态格局下,看待司法论证的可验证性功能,它采取了学界、实务界日益盛行的"功能主义方法"的认识论(如欧盟民法法典化运动、国际统一法事业),[3] 将包含价值评价因素的论证能否实现良好社会效果,作为判断验证功能合理性的标准。被公认为全美最聪明的法学家卡多佐,在对司法过程进行敏锐透彻的分析后,就认为认识司法过程意义的关键在于通过司法活动取得预期的社会效果。司法一直取得良好社会效果的功能,使得法律权威的优越性得到彰显,其自然产生了对抗社会动乱而陷入瘫痪的免疫力。因而,通过功能主义方法的论证来检验司法假定,能够逐渐消融司法运转的僵化局面。

---

[1] 不得不承认的事实是,司法系统虽试图依赖自创生塑成功能来维持"天下之公器"的实践品格,但法官仅为"宣告法律嘴巴"以确认适用法律的功用,在当今信息全球化的风险社会面前,显得越来越力不从心。尤其处于深化转型期的中国,疑案错案的频发与交叉学科研究的异军突起,当学人目睹到法律在纷繁复杂的真实世界运行后,严格受法律教条的约束,而枉然地逐句解释文义的裁判观念也就作出了相应调适。对此,孙笑侠教授承认法律人面对呆板的法律和鲜活的生活,不能刻板地不作结果主义考虑。

[2] 社科法学可帮助我们加深对法律现象的认识,有助于弥补规范法学(法教义学)的不足甚至致命缺点,特别是在一些疑难案件中,但它绝不是对规范法学的单纯替代。参见徐涤宇、侯猛等《社科法学六人谈》,载《法律和社会科学》2014年第13卷第1辑,第315—322页。甚至有学者提出了兼容法教义学与社科法学的法律观——社科法教义学,旨在指出即便两者存在学术立场、研究方法等种种不同,它们之间也相互补充、相互衔接的可能性。社科法教义学不仅是一种现象,也可以成为一个规范性命题,而衔接此两者的,是社会科学知识,也包括容纳了情感的直觉。参见郭春镇《法律直觉与社科法教义学》,载《人大法律评论》2015年卷第2辑,第103—116页。当然,在当前中国法教义学与社科法学存在重大理论分歧的背景下,也有学者对社科法学或法律的社会科学研究进路持有激烈的批评态度,认为它实际上就是一场并未事先声明的魔术表演(幻象),由于它所运用的方法论工具存在严重的缺陷,所以它的学术努力,从一开始就是一场注定失败的悲剧。参见陈景辉《法律与社会科学研究的方法论批判》,载《政法论坛》2013年第1期,第60页。

[3] 法学界有关"功能主义方法"认识论的详细论述,可参见 Felix S. Cohen, *Transcendental Nonsense and The Functional Approach*, 35 Columbia Law Review, 1935; David J. Gerber, *Sculpting the Agenda of Comparative Law: Ernst Rabel and the Facade of Language*, in Annelise Riles (ed.), Rethinking the Masters of Comparative Law, North Western University School of Law Hart Publishing, 2001; Oliver Brand, *Conceptual Comparisons: Towards a Coherent Methodology of Comparative Legal Studies*, Brooklyn Journal of International Law, Vol. 32, 2007.

第三节 司法论证检验假定的个案审视

一 司法假定无法确保同等对待——以同案中"强制性规定"异议为例

借助类型思维沟通事实与规范的法原本就具有类似的性质,若按照考夫曼的说法,法为一种类比性的或关系性的存在。具有类比关系的法受制于法官具体的感觉形式。① 类似案件类似对待是法律内在道德(富勒意义上)的基本要素,有助于规范法官的自由裁量权与保证审判的权威性。司法的形式正义依归要求相似案件若无重大反对理由应相似处理,追求裁决尺度的统一。毋庸置疑,两大法系为实现这一可普遍化原则(Universalisierbarkeitsprinzip)所要求的目标,都是运用类推适用(die analoge Anwendung)的方法(逻辑结构见图九)来处理的。此方法是类型化思考方式的具体展现,在大陆法系为主要的体系运作工具,尤其在英美法系(判例法)中更是体现为"区别与推翻"的技术。类型系以评价观点为其构建因素,具有层级性、开放性、意义性、直观性、整体性等特性;它要求的不是以具备所有特征为前提之严格的涵摄,而是对象与类型特征间具有大致相同的类似性。② 类推适用是类比推论在司法过程中的广泛植入,并不存在严格的禁止类推。③ 它是疑案决策的重要技能,主要运用于民法、行政法中(刑法并不禁止有利于被告人的类推),以填补相当广阔的法律空白,而且别具创见性的解释也是依其而进行的。事实上,无论是人文社会科学还是自然科学,都已明确认识到由演绎和归纳组合而成的类比(Analogie)对于思维认知的巨大价值。它是一种探索扩展新知识的形象性思维策略,哲人科学家恩斯特·马赫曾中肯地评论道,在自然科学中怎

---

① 模拟关系是非个别的、以内隐的方式表现各种事物、具有宽松的组合规则,而且是很具体的,因为它们受制于某个特定的感觉形式。参见[英]Michael W. Eysenck and Mark T. Keane《认知心理学》,李素卿译,五南图书出版股份有限公司2003年版,第348页。

② 参见吴从周《论法学上之"类型"思维》,载杨日然教授纪念论文集编辑委员会:《法理学论丛——纪念杨日然教授》,月旦出版社1997年版,第312—330页。

③ 所有我们的认识终究都根源于类推,法律感情就是能在类推中进行思考的能力。如果我们仔细观察的话,没有任何地方可以真正做到"禁止类推",所以严格的禁止类推,结果正与禁止解释一样,历史经验已告诉我们,它完全没有作用。参见[德]亚图·考夫曼《类推与"事物本质"——兼论类型理论》,吴从周译,学林文化事业有限公司1999年版,第13、75、81页。

么高估它都不算过分，比如电磁感应、电流磁效应等的发现。司法假定是由司法前见启动的，并由设证推理所发现。事物的本质（Natur der Sache）则为类比的方法论根据。法官处理当前个案时有可能会启发联想，将此案与先前处理的类似案件两者表征出的意义本质进行类比，以便较快地获得案件的解决方案。特别是在需创造法律的疑难案件中，选择类推适用是催促此问题成功解决的心理酵母。然而，由类比运用的司法假定并不必然确保类比本身所应然达到的同等对待。

- （1）（x）（Fx ∨ F sim x →OGx）
- （2）（x）（Hx →F sim x）
  （3）（x）（Hx →OGx）　　　　（1），（2）

图九　类推适用的逻辑结构图①

案件材料的信息加工与理解过程是个人化的，法官的人格心理因素（包括气质、性格、情绪、动机、能力、兴趣偏好等）又很难通约，因而对法条与事实的比照本身就存在个体与情景的认知差异。② 法官的个体心智并非空空如也的白板。且不提司法假定可能会受到强大认知错觉（人类决策制定中的系统性偏见和错误）的控制，即使根据类比实然得出的结论，也存在着骗谬的可能性。③ 比如，在公司担保纠纷案与土地承包纠纷案中，对违反《公司法》第 16 条与《农村土地承包法》第 33 条第 2 项的规定，是否属于《合同法》第 52 条第 5 项"违反法律、行政法规的

---

① ∨ 代表"或"，F sim x 表示 x 相似于 F。参见颜厥安《法与实践理性》，允晨文化实业股份有限公司 1998 年版，第 181、202 页。

② 人们并不是以一种方式来进行认知操作的。一些差异的不同潜在来源出自人们在生活中应对认知任务的表现上：认知能力、认知风格、专长，以及伴随衰老和性别的不同都会产生个体的认知差异。参见［美］Kathleen M. Galotti《认知心理学》（第三版），吴国宏等译，陕西师范大学出版社 2005 年版，第 347—368 页。

③ 对此，陈林林教授引用火星上居住人类的骗谬性例子，来说明类比并不是一种真正的逻辑推论，在确定构成要件相似性之际，它无法消除隐含在推论过程中的不确定性及可争议性。参见陈林林《裁判的进路与方法——司法论证理论导论》，中国政法大学出版社 2007 年版，第 121—122 页。

强制性规定"存有不同的理解,其构建的假定就导致了同案不同判的情况。① 同案判罚力度不一样的问题,当然,精确地说,不存在完全相同的两个案件,只是相似案件没有相似处理,出现了"多解"的现象。实际上,这种问题也属于司法假定指引产生偏离实际结论的情况之一,因为不同的法官由于其性格、态度及生活环境等差异会对同类型案件作出不同的初步反应。如前所详述的,我们仍应通过司法论证的可验证性功能,来对其进行检验、修正。而把司法论证的可验证性功能置于具体案例中来分析审视,就可本真的感知此功能在裁决中的重大价值,从而引起司法实务者在裁决思维中对论证方法的运用自觉,获得法官对司法论证的语境支持;同时,促使当事人在个案中形成公正感。

二 司法假定的真值性识别

在上文有关司法论证可验证性功能的理论阐述中,其可证伪性功能主要针对的是,对司法假定真值性的识别。而且,此功能因直接采用对照检验而更能被人所心领神会。笔者在此通过具体分析"火车撞伤农民案"②,以恰当审视司法论证对假定结论的检验。

此案讲述的是,受害人是一位聋哑的农民,傍晚下地回家时,他的一头牛跑到铁轨上,原告要驱赶牛时,因其身体原因没有听见,也没有注意火车已经到来,结果,原告被火车撞成了重伤。《铁路法》第58条规定:"因铁路行车事故及其他铁路运营事故造成人身伤亡的,铁路运输企业应当承担赔偿责任;如果人身伤亡是因不可抗力或者由于受害人自身的原因造成的,铁路运输企业不承担赔偿责任。违章通过平交道口或者人行过

---

① 法官对"强制性规定"在同类案件中有两种不同的理解:一种是违反的是效力性强制性规定,合同无效,例如,福建省中福实业股份有限公司等与中国工商银行福州市闽都支行借款担保纠纷案〔(2000)经终字第186号〕、运盛(上海)实业股份有限公司与中国建设银行福州市城北支行及福建省中福实业股份有限公司借款担保纠纷案〔(2003)闽经初字第7号〕、蔡民聪与齐丽卿等土地租赁合同纠纷上诉案〔(2011)厦民终字1692号〕等;另一种是违反的是管理性强制性规定,合同有效,例如,尤赛珍诉宁波开汇电子产业有限公司等民间借贷纠纷案〔(2009)甬东商初字第895号〕、中国工商银行福州市晋安支行与福州伊贝思健康饮品有限公司等抵押借款合同纠纷案〔(1998)经终字第308号〕、黎寿幸与农福光农村土地承包经营权互换合同纠纷上诉案〔(2011)南市民一终字第341号〕等。

② 有关详细案情,请参见王利明《法学方法论》,中国人民大学出版社2012年版,第669—670页。

道，或者在铁路线路上行走、坐卧造成的人身伤亡，属于受害人自身的原因造成的人身伤亡。"此案按照司法假定的实质意蕴即借助抽象概念之纯逻辑涵摄模型快速连接获得的法感来判断，法官的第一反应就是被告铁路公司是不需要承担侵权责任的，这是因为可以迅速地实现前提的寻找与对应：小前提是原告因驱赶耕牛没有注意火车的到来，且夜晚穿过铁轨，属于受害人自身原因造成的人身伤亡；大前提是因受害人自身的原因造成人身伤亡的，铁路运输企业不承担侵权责任。显而易见，假定的结论就是，被告铁路公司不承担侵权责任。事实上，一审法院就是根据这一假定的逻辑推论得出铁路运输企业应当免责的。但此案一审的结果是经不起司法论证可证伪性功能验证的，弱于一般民众的怀疑态度。其要害之处在于它忽视了外部证成对规范性大前提之真实性的理由说明。此案的大前提是因受害人自身的原因造成人身伤亡的，铁路运输企业不承担侵权责任，那么"受害人自身的原因"是否仅限于受害人故意导致损害的情形，还是既有故意还包括过失呢？根据目的论解释对此问题的理由说明，《铁路法》《侵权责任法》等法律对事故责任划分目的在于为受害人提供及时充分的救济，以及对制造危险来源和从中获益者来承担相应责任有利于预防危险发生的意图来说，"受害人自身的原因"仅限于受害人的故意，而因为受害人过失导致的损害就不应当使制造危险来源和从中获益者免责。此案中农民的主观心态为过失而非故意，制造危险来源和从中获益者为铁路运输企业，所以不能免除铁路运输企业的责任，只能减轻其责任。不难看出，这种解释的证立也是符合现代民法以受害人为中心的价值判断理念的。同时，也明示我们论证能够合乎情理实足以防止"坏的判决"的产生。这样，经过论证得出的融贯性结论与假定结论进行显著比照，就可以清晰地发现此案假定结论偏误的一面，从而及时得到修正，以协助最终结论最大限度地接近正确结果。司法论证可验证性功能在本案中有效检验了假定结论的真伪，保证了法的现实安定性与实质妥当性，也就让我们在活生生的司法运行中得到了本真的感知。其实，杨仁寿先生早就揭示出命题被理性验证的意义，对此提出相当具有震撼性的主张就是，"具有反证可能性的'证伪模式'，本是'批判性合理主义'（Kritischer Rationalisumus）的基础思想。透过批评性验证或讨论，将旧有的'命题'归入误谬后，即会产生'新命题'的追求,使真理往前迈步"①。这也表明,司法论证对假定真伪的理性识别,充分彰显司法学具有的"天下之公器"的实践性品格。

三 司法论证可验证性功能的双向展开——以指导性案例 8 号为分析对象

法官的经验是提炼司法理论的最主要资源,而法官的非凡技能又是从案件处理的经验积累中形成的。上文"书面上"的理论分析似乎不能充分揭示法律论证在司法裁决展开中的运行脉络,唯有对活生生的典型案例剖析方能使人深入体会。而我国具有典型意义的案例非指导性案例莫属。以指导性案例为参照来透视司法论证的可验证性功能,首要关注的便是指导性案例中的裁判要点。这是法官从具体案件中抽象出解决法律问题的理论要点或疑点的概括归纳,相当于一种用于指导以后法院审理类似案件的裁判准则,集中表明了最高人民法院处理某类法律案件的核心态度或见解,而这些要点又是从裁判文书的裁判理由(或理由构成)中提炼出来的。是故,公开陈述的裁判理由是指导性案例的重中之重,诚如拉伦茨教授所言:"判决理由本身不是要制定法规范,毋宁只在表达一种法律见解;然而,其对于法院就该事件的裁判具有决定性的意义(只要它不是'旁论'),系说理脉络中必不可少的部分,如实,则解释裁判的目标只能是:探求法官实际上的法律意见。"② 司法论证过程就是通过阐明透彻的理由而获致正当化的过程,因而对指导性案例中裁判理由的考察恰好能深刻地透视法律论证在司法裁决中的具体展开过程。笔者在此随机选取最高院已发布的 52 个指导性案例中的一例(截至 2015 年 4 月 15 日发布的第十批),即指导案例 8 号"林方清诉常熟市凯莱实业有限公司、戴小明公司解散纠纷案"作为分析样本。③

江苏省苏州市中级人民法院于 2009 年 12 月 8 日以(2006)苏中民二初字第 0277 号民事判决,驳回原告林方清提出的请求人民法院解散凯莱

---

① 杨仁寿:《法学方法论》,中国人民大学出版社 2013 年版,第 17 页。
② 卡尔·拉伦茨:《法学方法论》,陈爱娥译,商务印书馆 2003 年版,第 232 页。
③ 详细案情参见《最高人民法院发布第二批指导性案例》,载《人民法院报》2012 年 4 月 14 日,第 04 版专版。

公司的诉讼请求。宣判后,林方清提起上诉。江苏省高级人民法院对该案于 2010 年 10 月 19 日以(2010)苏商终字第 0043 号作出民事判决,撤销一审判决,依法改判解散凯莱公司。其裁判理由的内容节选如下:

首先,凯莱公司的经营管理已发生严重困难。"公司经营管理发生严重困难"的侧重点在于公司管理方面存有严重内部障碍,如股东会机制失灵、无法就公司的经营管理进行决策等,不应片面理解为公司资金缺乏、严重亏损等经营性困难。本案中,凯莱公司仅有戴小明与林方清两名股东,两人各占 50% 的股份,凯莱公司章程规定"股东会的决议须经代表二分之一以上表决权的股东通过",且各方当事人一致认可该"二分之一以上"不包括本数。因此,只要两名股东的意见存有分歧、互不配合,就无法形成有效表决,显然影响公司的运营。凯莱公司已持续 4 年未召开股东会,无法形成有效股东会决议,也就无法通过股东会决议的方式管理公司,股东会机制已经失灵……

其次,由于凯莱公司的内部运营机制早已失灵,林方清的股东权、监事权长期处于无法行使的状态,其投资凯莱公司的目的无法实现,利益受到重大损失,且凯莱公司的僵局通过其他途径长期无法解决。《公司法解释(二)》第五条明确规定了"当事人不能协商一致使公司存续的,人民法院应当及时判决"。本案中,林方清在提起公司解散诉讼之前,已通过其他途径试图化解与戴小明之间的矛盾,服装城管委会也曾组织双方当事人调解,但双方仍不能达成一致意见……

此外,林方清持有凯莱公司 50% 的股份,也符合公司法关于提起公司解散诉讼的股东须持有公司 10% 以上股份的条件。

如果我们仔细分析二审裁判的理由,就可以发现论证顺序是完全按照《公司法》(2005 年修订)第一百八十三条规定的构成要件要素而自然展开。其论证锁链分成三步,前两步存在递进关系,即公司经营管理发生严重困难,其继续存续会使股东利益受到重大损失,在这样的情形下,却通过其他途径不能解决;第三步是对法律关系的主体适格的硬性要求。换言之,此三步论证是对寻找出的适用第一百八十三条法效果"可以请求人民法院解散公司"之请求基础的证明。在本案中争议的焦点是公司经营管理是否发生严重困难且符合公司法定解散条件,这样三步论证中的关键就在第一步,判断"公司经营管理是否发生严重困难"。被告凯莱公司及戴小明提出的主要抗辩理由就在于凯莱公司及其下属分公司运营状态良好，不符合公司解散的条件。结合"最高人民法院关于适用《中华人民共和国公司法》若干问题的规定（二）"第一条规定的四种人民法院受理提起解散公司诉讼之情形，① 要求对公司治理结构状况进行综合的通盘考虑。本案中控股各占 50% 的两大股东长期冲突，已不能作出有效的股东会决议；林方清作为公司监事不能正常行使监事职权，执行董事戴小明也无法贯彻股东会决议；凯莱公司已持续 4 年未召开股东会，股东会机制长期失灵，内部管理机制已陷入僵局状态，虽然公司运行尚未出现亏损状况，也应认定公司经营管理已发生严重困难。不难发现，二审法院针对被告抗辩给出的理由是充分有力的，上述论证步骤的开展反映出司法论证可验证的证成功能，三步论证紧扣规范要件，从形式上看内部证成并无漏洞，而论证的局限与窘境在于内部证成的可信度。在本案中如何通过"公司经营管理发生严重困难"的法律来裁剪可靠的案件事实，这需要外部证成的理路来解决：其一，借助于应对极其复杂多变的现实生活而催变出的司法解释，我们能找到对现实情形类型化描述的司法解释与个案事实之间的相似之处，本案中凯莱公司已持续 4 年未召开股东会恰好是以上提到的司法解释规制的第一种情形；其二，公司经营管理状态的好坏最根本指标是股东合法权益的增减，本案中因两大股东本身间的矛盾导致基本的股东大会决议都无法达成，公司形成共识的决议机制无法正常运行，这直接与现代公司治理结构相违背，显然是公司经营管理发生了严重困难，股东合法权益面临重大损害的危险境地（参见图十展示）。至少通过以上两种分析视角来加工案件事实，将之归属于法律之下，盖为大前提规范要件的正确性提供正当性依据，就可避免推演过程的纯逻辑性，从而外部证成验证了内部证成的可信性或真实性。

　　以上对指导性案例中裁判理由的分析指涉的是司法论证可验证性之证成功能，学理及实务界对此并不陌生，而如何从裁判理由的棱镜中透视司法论证可验证性之证伪功能尚属鲜见。还需提起本案存在争议的事项是公司经营管理是否发生严重困难，对"公司经营管理严重困难"的界定就

---

① 这四种情形是：（1）公司持续两年以上无法召开股东会或者股东大会，公司经营管理发生严重困难的；（2）股东表决时无法达到法定或者公司章程规定的比例，持续两年以上不能作出有效的股东会或者股东大会决议，公司经营管理发生严重困难的；（3）公司董事长期冲突，且无法通过股东会或者股东大会解决，公司经营管理发生严重困难的；（4）经营管理发生其他严重困难，公司继续存续会使股东利益受到重大损失的情形。

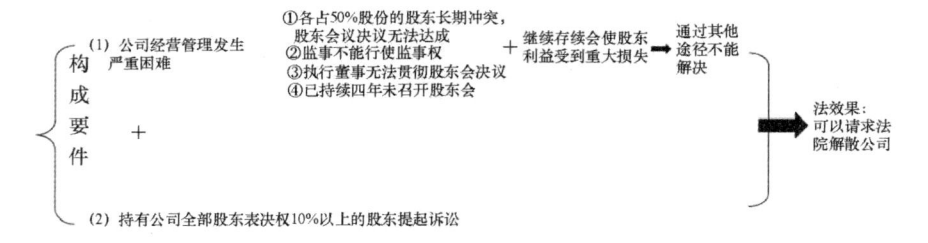

```
        ┌ (1) 公司经营管理发生    ①各占50%股份的股东长期冲突，
构       │     严重困难            股东会议决议无法达成         继续存续会使股东  通过其他
成       │                       ②监事不能行使监事权          利益受到重大损失  途径不能
要  ─────┤         +             ③执行董事无法贯彻股东会决议  ──→              解决    ──→  法效果：
件       │                       ④已持续四年未召开股东会                                   可以请求法
         │                                                                               院解散公司
         └ (2) 持有公司全部股东表决权10%以上的股东提起诉讼
```

图十　司法论证证成功能的展开

关系到本案诉讼两造当事人主张的胜败。如果我们按照普遍的见识标准来认知，公司经营管理严重困难的主要表现之一是公司出现了亏损、资不抵债等严重不景气的危机。被告凯莱公司及戴小明提出凯莱公司及其下属分公司运营状态良好，公司并未出现亏损的情况，那么当然公司经营管理是正常的。乍看之下，被告的这个论据令人印象深刻。笔者认为，在一审中法官通过这一简单的涵摄思维就可以迅速的得出结论，原告林方清的诉讼请求是不成立的，不能依法判决解散公司。法官采用此直接法感觉得出的假设结论也很容易寻找到支持的前提，即被告提供的大量证据的证明。然而，这样的假定结论能否经得起司法论证的验证就另当别论了。"公司经营管理"状态好坏的辨别要考虑的是立法者根据规范意旨或法律概念之目的对此的限定，立法者在限定这一状态时只考虑与规范意旨相关的情形，不可能对所有情形加以纯粹罗列，结合"最高人民法院关于适用《中华人民共和国公司法》若干问题的规定（二）"第一条的规定，立法者在此最关心的核心概念是公司的内部管理机制，而股东会决议的达成是内部管理机制运行良好的主要特征，至于公司亏损、财产不足以偿还全部债务等是与核心概念取向不相干的特征，被告提出的理由也就不应被考虑在内。以立法目的与构成要件的意义为根据，对"公司经营管理严重困难"的文义作目的性限缩，我们得出公司盈余或亏损的状态被排除在规范要件指称的适用范围之外。实际上，这还是通过外部证成来检验内部证成的真假，只不过是从论证结果看，验证了原先的假定结论是错误的（参见图十一呈示）。通过上述分析，司法论证可验证性之证伪功能反映出司法假定往往是不可靠的，一如前文所述，经过论证得出的融贯性结论与司法假定的结论进行比对，就可以清晰地发现假定结论可被辩驳的一面。由此观之，外部证成构成司法论证的重心，它对证伪功能的实现不可或缺。

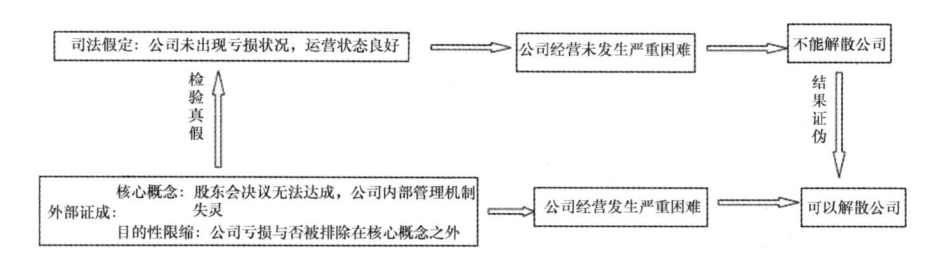

图十一　司法论证证伪功能的展开

小　结

在无法避免的自由裁量空间内法官作出包含价值评价的决策，就不可能得出解决案件的唯一正确答案（einzig richtige Antwort），关键是裁决的结论通过充分理由的说明，能够为当事人、社会大众所信服接受。因而，法律论证作为裁判方法论体系要素之一对司法作业来说必不可少。以法律方法为进路的司法改革，不仅是化解我国当前人民法院改革所面临冲突的良方；[1] 而且"强化法律方法的素养是形成法律职业共同体的当务之急和必由之路"，[2] 司法论证方法也就成为法官应负担的基本义务。裁判形成的思维过程中，司法假定的天然存在与法官应负担的论证义务恰好是社科法学与法教义学两种进路进行有效沟通达成基本共识的支撑点。司法裁决融贯性与可接受性的获取必须建基于理性论证基础之上。从假定到论证乃为裁判思维过程的认知路径，司法论证正是检验制约司法假定的必要制度设计，这是通过司法论证本身具有的可验证性功能实现的。司法论证的可验证性功能可从两方面来深度把握，一是可证成性功能；二是可证伪性功能。经过论证得出的融贯性结论与假定结论进行比照，就可发现假定结论往往是不可靠的，而外部证成可起到修正假定引导下所产生偏离实际结论

---

[1] 参见魏胜强《法律方法视域下的人民法院改革》，载《中国法学》2014 年第 5 期，第 95 页。

[2] 孔祥俊：《法律方法论——裁判模式、自由裁量与漏洞填补》（第 3 卷），人民法院出版社 2006 年版，第 1564 页。

的作用。司法一直取得良好社会效果的功能，使得法律权威的优越性得到彰显，其自然产生了对抗社会动乱而陷入瘫痪的免疫力。这样，通过功能主义方法的论证来检验司法假定，能够逐渐消融司法运转的僵化局面。司法假定并不必然确保类比本身所应然达到的同案同判。整日浸淫于案件中的法官，却缺乏一种适用论证的自觉立场，甚至有些法官无法娴熟运用。我们把司法论证可验证性功能置于具体个案中来分析审视，就可本真地感知此功能在裁决中的健全意义之所在，从而引起法官在裁决思维中对论证方法的运用自觉。由此，从某种程度上说，司法论证对司法假定进行严格检验的深入探讨，可帮助法官革除司法裁决中的各种形式谬误，体现出的人文关怀及实质正义的价值追求，使法律方法论摆脱了在单纯技术性、逻辑性方面所招致的诟病，增强了法律方法论在学术界的话语力量；同时，弥合法律方法理论与实务操作的断裂间隙，提升法律方法论回应司法实践的能力。

结　　语

当前我国处于社会转型的深化时期，为主动回应国家治理体系的多元需求，司法改革释放的隐含能量与展示的远大前景被寄予厚望。无论司法法治化随时代脉动发生何种转向，归根结底，司法活动的重要主体之一法官，他们本身的思维认知在持久发挥着引领作用并使革新变动趋于相对稳定。这样，我们对司法判断的认知建构及其批判问题的相关探讨，就成为穿透司法改革、突破改革困阻的重要议题。确实，司法判断的过程是一种案件信息的认知加工处理过程。对裁判行为背后思维认知的探寻，不仅能帮助我们深入理解行为决策的内在动因，而且有助于我们看清司法演化中出现一系列问题及滑进"零权威"陷阱的深层次原因，以适切把握未来改进的方向。司法判断的认知研究无非是对"法官如何及为何如此思考"的刨根问底式探秘。这种探秘的旅程可谓惊心动魄。为此旅程的主题呈现的是：整体性司法裁决与其建立在纯形式逻辑分析上，毋宁奠基于司法假定的完满性把握之上，而由法律前见作为必要条件而启动的司法假定，借以潜在的直觉加工机制来先行获取，其认知功用的发挥可提升决策的品质与效率，但也会导致偏差且无法完全消除，为此假定结论通过裁决规范（合法性检验）与司法论证（程序性检验）的方法检验后，可较好增强裁决的可接受性与公信力。在法律的大实验室，法庭的审判中，不断地被重新检验。[①] 本书正是致力于探讨，司法假定对后续裁判过程与结果的整体影响，并提出司法假定的证立验证方法。

那现在走完这段旅程之后，尝试描绘出一幅全景路线图至少应该是：司法判断的认知路径遵循从司法假定到司法论证的过程，司法假定要经受司法论证的螺旋式检验；司法假定由法律前见来启动，司法假定的意义理

---

① 参见［美］鲁格罗·亚狄瑟《法律的逻辑》，唐欣伟译，商周出版社 2005 年版，第 150 页。

解也是源自法律前见,而法律前见与案件信息的双向融合,就会驱动先行的直觉加工机制,以此快捷地获取司法假定;形成的假定结论会深嵌于法官思维中,指引法官为证实强化假定结论而搜索相关证据链条与规则依据;司法假定本身具有开放性、可修正的属性,加之其指引功用的发挥受内外诸多因素影响,呈现出某种不确定性,因而,司法假定会出现无法彻底消除的认知偏差甚至错误,对此,须从设置独立司法体制屏障与强化司法有序民主参与等内外两方面,自觉寻求应对偏差的有效策略;司法假定的检验方法要做到科学实用且易操作,才能为法官简便运用。而对司法假定的批判性检验主要有两种合理可行的方法,第一种为在体系后研究范式下建构裁决规范,实现对司法假定的严格审查,这属于合法性检验的方法;第二种是通过司法论证的可验证性功能来识别司法假定的真值性,这属于程序性检验的方法。以上路线图的展示,旨在通过法学与哲学、心理学、经济学等跨学科的交叉视角,精致化探究裁判行为背后的思维认知过程,发现并揭示出司法判断的认知路径及可能出现的问题,以此在深化司法改革背景下,提出批判性的改进对策,以期为我国本土的司法权合理运作提供理论的智力性支持。为此,总体图画分司法假定与假定检验两卷来展开,第一至四章为上卷,第五至六章为下卷。

在上卷中我们揭开了司法假定的面纱,它为司法过程中作出初步判断的思维方式之一,具有开放的、可修正的性质,而法律前见是启动司法假定的起点,借助哲学诠释学可深刻挖掘出法律前见的意义内涵。合理前见会对司法假定提供有效指引,盲目前见则会对司法假定产生误导性影响;整体性司法裁判并非建诸纯形式逻辑分析上,毋宁奠基于司法假定的完满性把握之上,而认知心理学的阐释为司法假定形成过程提供坚实的科学基础;在理想运作情境中,由于法官对假定结论抱有的主观确信心态及偏好心理,会产生相应的锚定效应,并且会出现一种文书中心主义倾向,而在现实运作情境中,法官对假定结论持有"笛卡儿式焦虑"心态,甚至出现卷宗主义的极端状况;司法假定的功用发挥具有限度性,法官若偏执地遵行原先假定的指引,易会发生偏离实际结论的风险;司法假定出现偏差的根源在于权力修辞冲破假定发生机理的承受防线,为此要减少法外因素对假定发生机理的不当侵扰;司法判断可接受性是为回应法外影响因素介入司法假定,出现的一系列深切质疑而提出的理论,此理论符合司法价值取向的实践属性依归。然而,表面上看该理论是对质疑的破解,但实际遭遇的困境仍无法避免，就是此理论为法外异质因素转化为法内评判标准提供正当化依据，背离严肃法治论者恪守的"以法律为准绳"信条。在此理论支持下，允许法外因素介入司法假定，并将法外因素作为裁决标准的替代性方案，也就必然会使假定呈现出更富弹性化与不确定性。此外，在我国科层官僚体制下，该理论具有潜在地威胁法治的可能性。

在下卷中我们看到，裁决规范是体系后研究范式下重建的检验司法假定的依据，具备其必要性和可行性，而它成为检验基准而获得权威的关键在于，透过法律规则解释的具体化，使法外诉求纳入法治框架内来表达，从而假定的作出更具刚性与精密；开放的法官法源是裁决规范建构的必要素材，通过对法律原则、习惯法、法官法以及指导性案例等进行以法律规则为框架的整合具化，内化为裁决规范的组成部分，以此更好发挥对假定进行检验的功效，这也表明裁决规范中融入技术意义上的裁量方法，本身是对法条主义模式的拓展和深化，也是对规则怀疑主义（强、弱意义上）的深入检讨与超越。司法论证作为法官断案的灵魂，本身是对司法判断的合理证立，而论证的核心要素在于可检验的程序，在正当程序中法官可平等参与案件的商谈论辩，从中找出与假定相左意见的原因；司法论证是通过可验证性功能实现对假定结论检验的，而这一功能又可从可证成性与可证伪性两方面来深度把握，经过论证得出的结果与假定结论进行比照，就可发现假定结论往往是不可靠的，而外部证成可起到修正假定引导下所产生偏离实际结论的作用；通过功能主义方法的论证来检验司法假定，能够逐渐消融司法运转的僵化局面；司法假定并不必然确保类比本身所应然达到的同案同判；通过在个案中具体审视可验证性功能的双向展开，就可本真感知论证对假定真值性识别的重要意义，从而引起法官对论证方法的运用自觉，使裁决最大限度地接近正义。对于此检验卷我们还可作出如下延伸，首先，通过对案件审理不同阶段作出的假定用书面方式记录下来，以此具象化测定方法来追寻假定的演进轨迹，比较导致不同假定的因素变化，谨慎甄别变化的因素，并对其不当因素进行合理排除；其次，为加快法官职业化、专业化建设步伐，建立法官员额制，法官由逐级遴选产生，实行人员的分类管理，这样精英化的高素质人才就可充实到办案一线，他们不仅能减少假定作出受到的偏见影响，而且能更好地检验假定功用发挥的效果，以便及时作出相应调适。当然，对此延伸的详尽说明，已超出了这本著作的概括范围。

最后，仍需强调的是，从外在学术视角来观察，事实上一直在场的司法假定，应是开放的、可修正的。法官对司法假定抱有主观确信心态及现状偏好心理，形成预判结论后会产生相应的锚定效应，因此在思维层面这种深信不疑很难得到彻底改变。作为严格的法治论者会为司法假定的提出感到焦虑而坚决反对，但这种反对又无法从根本上消除假定的存在事实及对后续司法运转的指引功用，而且一味地反对反而显得有些呆板僵化。司法实践中，想绝对消除假定只不过是法治口号下的美丽乌托邦。虽然很难对司法假定的思维活动作出优劣性评价，但其表现形式即预判结论可以得到复验改进。所以，笔者更愿持一种片面而深刻的立场，对司法假定带有"同情式"理解与宽容，尤其是在民商事案件中，看到其利弊性影响的两方面，可能更为妥当实际些。仍站在观察者角度审视，假定须经历合法性、程序性、社会性检验的认知路径，特别是严格接受审判中心的中心即庭审中心的审查与检验。① 只有这样才能使假定得以不断进化精确。司法作业中的某些法官对于预断结论的一味乐观坚持，甚至直接把它重述为最终的裁判结论，即出现极端的卷宗中心主义情形，也就会导致庭审过程的虚化，与法治论者所反对的内容不同，这才是本书要着力批判反对的。若能引起法官们对此的注意警醒，也在很大程度上达到了本书的写作初衷。

---

① 庭审中心强调法庭不能简单地接受侦查、起诉机关所移送来的证据材料及其作出的结论，而是用更加民主、公正的程序对审前阶段所取得的成果作出独立的审查和自己的判断，从而有效防止审前程序权力的滥用，使审判真正成为维护社会公平正义的最后一道防线。参见陈光中、步洋洋《审判中心与相关诉讼制度改革初探》，载《政法论坛》2015年第3期。

参考文献

一 著作及译著类

1. 苏晓宏：《法理学原理》，法律出版社2013年版。
2. 苏晓宏：《司法解释立法化问题研究》，法律出版社2013年版。
3. 苏晓宏：《法理学通论》，法律出版社2009年版。
4. 马长山：《国家、市民社会与法治》，商务印书馆2002年版。
5. 陈增宝、李安：《裁判的形成——法官断案的心理机制》，法律出版社2007年版。
6. 王纳新：《法官的思维——司法认知的基本规律》，法律出版社2005年版。
7. 张春兴：《现代心理学》，浙江教育出版社2000年版。
8. 乐国安主编：《法律心理学》，华东师范大学出版社2003年版。
9. 王苏、汪圣圣：《认知心理学》，北京大学出版社1992年版。
10. 杨凯：《裁判的艺术——法官职业的境界与追求》，法律出版社2005年版。
11. 王泽鉴：《民法学说与判例研究·第三册》，中国政法大学出版社2005年版。
12. 黄茂荣：《法学方法与现代民法（第五版）》，法律出版社2007年版。
13. 颜厥安：《法与实践理性》，允晨文化实业股份有限公司1998年版。
14. 颜厥安：《幕垂鹗翔：法理学与政治思想论文集》，元照出版有限公司2005年版。
15. 颜厥安：《规范、论证与行动——法认识论论文集》，元照出版有限公司2004年版。
16. 陈金钊：《法律解释学——权利（权力）的张扬与方法的制约》，中国人民大学出版社2011年版。
17. 陈金钊等：《法律方法论研究》，山东人民出版社2010年版。

18. 陈金钊：《法治思维及其法律修辞方法》，法律出版社 2013 年版。
19. 姜福东：《法律解释的范式批判》，山东人民出版社 2010 年版。
20. 张志铭：《法律解释操作分析》，中国政法大学出版社 1998 年版。
21. 洪汉鼎：《诠释学——它的历史和当代发展》，人民出版社 2001 年版。
22. 洪汉鼎主编：《理解与解释——诠释学经典文选》，东方出版社 2001 年版。
23. 王申：《法官的实践理性论》，中国政法大学出版社 2013 年版。
24. 陈瑞华：《看得见的正义（第二版）》，北京大学出版社 2013 年版。
25. 季卫东：《法律程序的意义（增订版）》，中国法制出版社 2012 年版。
26. 梁慧星：《裁判的方法》，法律出版社 2003 年版。
27. 陈林林：《裁判的进路与方法——司法论证理论导论》，中国政法大学出版社 2007 年版。
28. 邓正来：《中国法学向何处去》，商务印书馆 2008 年版。
29. 焦宝乾：《法律论证导论》，山东人民出版社 2006 年版。
30. 侯学勇：《法律论证的融贯性研究》，山东大学出版社 2009 年版。
31. 王晓：《法哲学视野下的法律论证研究》，山东人民出版社 2011 年版。
32. 王利明：《法学方法论》，中国人民大学出版社 2012 年版。
33. 吴从周：《概念法学、利益法学与价值法学：探索一部民法方法论的演变史》，中国法制出版社 2011 年版。
34. 杨日然：《法理学》，三民书局 2005 年版。
35. 杨仁寿：《法学方法论（第二版）》，中国政法大学出版社 2013 年版。
36. 杨仁寿：《法学方法论之进展——实践哲学的复兴》，三民书局 2013 年版。
37. 林立：《法学方法论与德沃金》，中国政法大学出版社 2002 年版。
38. 苏力：《送法下乡——中国基层司法制度研究》，北京大学出版社 2011 年版。
39. 冯象：《木腿正义》，北京大学出版社 2007 年版。
40. 李晓峰：《美国著名法学家：德沃金法律思想研究》，人民法院出版社 2005 年版。
41. 付池斌：《现实主义法学》，法律出版社 2005 年版。
42. 赵汀阳：《论可能生活》，中国人民大学出版社 2010 年版。
43. 汪丁丁：《行为经济学讲义——演化论的视角》，世纪出版集团、上海人民出版社 2011 年版。

44. 韩世辉、朱滢编著：《认知神经科学》，广东高等教育出版社 2007 年版。

45. 高宣扬：《鲁曼社会系统理论与现代性》，五南图书出版公司 2002 年版。

46. 黄建辉：《法律阐释论》，学林文化事业有限公司 2000 年版。

47. ［英］沙龙·汉森：《法律方法与法律推理》，李桂林译，武汉大学出版社 2010 年版。

48. ［英］哈耶克：《致命的自负》，冯克利、胡晋华等译，中国社会科学出版社 2000 年版。

49. ［英］L. S. 斯泰宾：《有效思维》，吕叔湘、李广荣译，商务印书馆 2008 年版。

50. ［英］麦考密克：《法律推理与法律理论》，姜峰译，法律出版社 2005 年版。

51. ［英］哈特：《法律的概念（第二版）》，许家馨、李冠宜译，法律出版社 2011 年版。

52. ［英］约翰·奥斯汀：《法理学的范围》，刘星译，中国法制出版社 2002 年版。

53. ［英］Michael W. Eysenck, Mark T. Keane：《认知心理学》，李素卿译，五南图书出版股份有限公司 2003 年版。

54. ［德］拉德布鲁赫：《法学导论》，米健译，法律出版社 2012 年版。

55. ［德］齐佩利乌斯：《法学方法论》，金振豹译，法律出版社 2009 年版。

56. ［德］卡尔·拉伦茨：《法学方法论》，陈爱娥译，商务印书馆 2003 年版。

57. ［德］罗伯特·阿列克西：《法·理性·商谈：法哲学研究》，朱光、雷磊译，中国法制出版社 2011 年版。

58. ［德］罗伯特·阿列克西：《法律论证理论——作为法律证立理论的理性论辩理论》，舒国滢译，中国法制出版社 2002 年版。

59. ［德］马丁·海德格尔：《存在与时间》（第 4 版），陈嘉映、王庆节译，生活·读书·新知三联书店 2012 年版。

60. ［德］汉斯-格奥尔格·伽达默尔：《诠释学Ⅰ、Ⅱ：真理与方法》，洪汉鼎译，商务印书馆 2010 年版。

61. ［德］伯尔尼·魏德士：《法理学》，丁小春、吴越译，法律出版社 2003 年版。

62. ［德］卡尔·恩吉施：《法律思维导论》，郑永流译，法律出版社 2013 年版。

63. ［德］阿图尔·考夫曼、温弗里德·哈斯默尔主编：《当代法哲学和法律理论导论》，郑永流译，法律出版社 2013 年版。

64. ［德］乌尔弗里德·诺伊曼：《法律论证学》，张青波译，法律出版社 2014 年版。

65. ［德］Ingeborg Puppe：《法学思维小学堂》，蔡圣伟译，元照出版有限公司 2010 年版。

66. ［德］阿图尔·考夫曼：《法律哲学》（第二版），刘幸义等译，法律出版社 2011 年版。

67. ［德］亚图·考夫曼：《类推与"事物本质"——兼论类型理论》，吴从周译，学林文化事业有限公司 1999 年版。

68. ［德］阿图尔·考夫曼：《后现代法哲学——告别演讲》，米健译，元照出版有限公司 2002 年版。

69. ［德］哈贝马斯：《在事实与规范之间——关于法律和民主法治国的商谈理论》，童世骏译，生活·读书·新知三联书店 2003 年版。

70. ［德］韦伯：《法律社会学》，康乐、简惠美译，远流出版事业股份有限公司 2003 年版。

71. ［美］丹尼尔·卡尼曼：《思考，快与慢》，胡晓姣、李爱民、何梦莹译，中信出版社 2012 年版。

72. ［美］乔治·艾克罗夫、罗伯·席勒：《动物本能：重振全球荣景的经济新思维》，李芳龄译，天下远见出版股份有限公司 2010 年版。

73. ［美］理查德·波斯纳：《法官如何思考》，苏力译，北京大学出版社 2009 年版。

74. ［美］欧文·费斯：《如法所能》，师帅译，中国政法大学出版社 2008 年版。

75. ［美］卡多佐：《司法过程的性质》，苏力译，商务印书馆 1998 年版。

76. ［美］卡多佐：《司法过程的性质及法律的成长》，张维编译，北京出版集团公司、北京出版社 2012 年版。

77. ［美］德沃金：《法律帝国》，李常青译，中国大百科全书出版社 1996 年版。
78. ［美］L. M. Friedman：《法律与社会》，吴锡堂、杨满郁译，巨流图书公司 1991 年版。
79. ［美］韦恩·莫里森：《法理学：从古希腊到后现代》，李桂林等译，武汉大学出版社 2003 年版。
80. ［美］约翰·哈特·伊利：《民主与不信任》，刘静怡等译，商周出版 2005 年版。
81. ［美］尼尔·K. 考默萨：《法律的限度——法治、权利的供给与需求》，申卫星、王琦译，商务印书馆 2007 年版。
82. ［美］约翰·罗尔斯：《正义论》，何怀宏、何宝钢、廖申白译，中国社会科学出版社 1988 年版。
83. ［美］肯尼斯·卡尔普·戴维斯：《裁量正义》，毕洪海译，商务印书馆 2009 年版。
84. ［美］史蒂文·J. 伯顿：《法律和法律推理导论》，张志铭、解兴权译，中国政法大学出版社 1998 年版。
85. ［美］斯科特·普劳斯：《决策与判断》，施俊琦等译，人民邮电出版社 2004 年版。
86. ［美］赫施：《解释的有效性》，王才勇译，生活·读书·新知三联书店 1991 年版。
87. ［美］帕特里夏·奥坦伯德·约翰逊：《伽达默尔》，何卫平译，中华书局 2003 年版。
88. ［美］阿德里安·沃缪勒：《不确定状态下的裁判——法律解释的制度理论》，梁迎修、孟庆友译，北京大学出版社 2011 年版。
89. ［美］Reid Hastie, Robyn M. Dawes：《判断与决策心理学：不确定世界中的理性选择》，林正昌译，学富文化事业有限公司 2009 年版。
90. ［美］罗伯特·L. 索尔索：《认知心理学》，何华主译，凤凰出版传媒集团、江苏教育出版社 2006 年版。
91. ［美］Robert J. Stemberg：《认知心理学》，杨炳钧、陈燕、邹枝玲译，中国轻工业出版社 2006 年版。
92. ［美］Kathleen M. Galotti：《认知心理学（第三版）》，吴国宏等译，陕西师范大学出版社 2005 年版。

93. ［美］罗伯特·索尔所、金伯利·麦克林、奥托·麦克林：《认知心理学》（第 7 版），邵志芳等译，上海人民出版社 2008 年版。

94. ［美］Michael S. Gazzaniga, Richard B. Lvry, George R. Mangun：《认知神经科学：关于心智的生物学》，周晓林、高定国等译，中国轻工业出版社 2011 年版。

95. ［日］内田和成：《假说思考法》，林慧如译，经济新潮社 2010 年版。

96. ［日］谷口安平：《程序的正义与诉讼》，王亚新等译，中国政法大学出版社 1996 年版。

97. ［日］棚濑孝雄：《纠纷的解决与审判制度》，王亚新译，中国政法大学出版社 2004 年版。

98. ［法］保罗·利科：《解释的冲突——解释学文集》，莫伟民译，商务印书馆 2008 年版。

99. ［法］西蒙·波娃：《第二性（第三卷）》，杨翠屏译，志文出版社 1992 年版。

100. ［奥］恩斯特·马赫：《认识与谬误》，李醒民译，商务印书馆 2010 年版。

101. ［荷］伊芙琳·T. 菲特丽丝：《法律论证原理——司法裁决之证立理论概览》，商务印书馆 2005 年版。

二　中文论文类

1. 苏晓宏：《法律中的假定及其运用》，载《东方法学》2012 年第 6 期。
2. 苏晓宏：《法制转型与司法主导——中国社会主义法治的路径选择》，载《华东政法大学学报》2003 年第 1 期。
3. 马长山：《藐视法庭罪的历史嬗变与当代司法的民主化走向》，载《社会科学研究》2013 年第 1 期。
4. 马长山：《公共领域兴起中的法治诉求》，载《政法论坛》2005 年第 5 期。
5. 马长山：《法外"政治合法性"对司法过程的影响及其消除》，载《法商研究》2013 年第 5 期。
6. 马长山：《媒体介入司法之"危险"与"忠诚"争议的背后——重拾张金柱案》，载《社会科学研究》2014 年第 3 期。

7. 马长山：《公共议题下的权力"抵抗"逻辑——"彭水诗案"中舆论监督与公权力之间的博弈分析》，载《法律科学》2014 年第 1 期。

8. 马长山：《"法治中国"建设的问题与出路》，载《法制与社会发展》2014 年第 3 期。

9. 李桂林：《司法能动主义及其实行条件》，载《华东政法大学学报》2010 年第 1 期。

10. 李桂林：《司法权威及其实现条件》，载《华东政法大学学报》2013 年第 6 期。

11. 陈金钊：《把法律作为修辞——认真对待法律话语》，载《山东大学学报（哲学社会科学版）》2012 年第 1 期。

12. 陈金钊：《法律人思维中的规范隐退》，载《中国法学》2012 年第 1 期。

13. 陈金钊：《用法治思维抑制权力的傲慢》，载《河南财经政法大学学报》2013 年第 2 期。

14. 陈金钊：《权力修辞向法律话语的转变》，载《法律科学》2013 年第 5 期。

15. 陈金钊：《解决"疑难"案件的法律修辞方法》，载《现代法学》2013 年第 5 期。

16. 陈金钊：《法律解释规则及其运用研究（上）》，载《政法论丛》2013 年第 3 期。

17. 郑永流：《法律判断大小前提的建构及其方法》，载《法学研究》2006 年第 4 期。

18. 郑永流：《法律判断形成的模式》，载《法学研究》2004 年第 1 期。

19. 郑永流：《出释入造——法律诠释学及其与法律解释学的关系》，载《法学研究》2002 年第 3 期。

20. 郑永流：《重识法学：学科矩阵的建构》，载《清华法学》2014 年第 6 期。

21. 苏力：《也许正在发生——中国当代法学发展的一个概览》，载《比较法研究》2001 年第 3 期。

22. 舒国滢：《论近代自然科学对法学的影响——以 17、18 世纪理性主义法学作为考察重点》，载《法学评论》2014 年第 5 期。

23. 余发勤：《论法律判断理论之构建——司法改革评价的方法论基础》，

载《甘肃政法学院学报》2014 年第 3 期。
24. 孙笑侠：《法律人思维的两元论——兼与苏力商榷》，载《中外法学》2013 年第 6 期。
25. 季卫东：《论法制的权威》，载《中国法学》2013 年第 1 期。
26. 季卫东：《司法体制改革的关键》，载《东方法学》2014 年第 5 期。
27. 胡玉鸿：《试论司法权威的外在基础》，载《华东政法大学学报》2013 年第 6 期。
28. 陈光中、龙宗智：《关于深化司法改革若干问题的思考》，载《中国法学》2013 年第 4 期。
29. 李秀霞：《三权分离：完善司法权运行机制的途径》，载《法学》2014 年第 4 期。
30. 侯学勇：《司法权力规范运行的关键是正当价值体系的构建》，载《法学》2014 年第 4 期。
31. 张智辉：《司法改革：问题与思考》，载《国家检察官学院学报》2013 年第 5 期。
32. 朱淑丽：《比较法学中的反法条主义进路》，载《社会科学》2014 年第 4 期。
33. 高鸿钧：《美国法全球化：典型例证与法理反思》，载《中国法学》2011 年第 1 期。
34. 陈林林：《公众意见在裁判结构中的地位》，载《法学研究》2012 年第 1 期。
35. 陈林林：《直觉在疑案裁判中的功能》，载《浙江社会科学》2011 年第 7 期。
36. 何家弘：《刑事庭审虚化的实证研究》，载《法学家》2011 年第 6 期。
37. 周国兴：《审判如何响应民意》，载《法商研究》2013 年第 3 期。
38. 褚国建：《法院如何响应民意：一种法学方法论上的解决方案》，载《浙江社会科学》2010 年第 3 期。
39. 张骐：《论类似案件应当类似审判》，载《环球法律评论》2014 年第 3 期。
40. 王彬：《司法裁决中的"顺推法"与"逆推法"》，载《法制与社会发展》2014 年第 1 期。
41. 陈柏峰：《群体性涉法闹访及其法治》，载《法制与社会发展》2013

年第 4 期。

42. 赵泽洪、陈侨予：《公共决策中网络民意影响力的生成与发展》，载《探索》2010 年第 3 期。

43. 周赟：《一百步与五十步：法条主义与其批评者的差别》，载《江汉论坛》2014 年第 2 期。

44. 周赟：《论法学家与法律家之思维的同一性》，载《法商研究》2013 年第 5 期。

45. 许德风：《法教义学的应用》，载《中外法学》2013 年第 5 期。

46. 张翔：《形式法治与法教义学》，载《法学研究》2012 年第 6 期。

47. 刘作翔：《案例指导制度的定位及相关问题》，载《苏州大学学报》2011 年第 4 期。

48. 陆幸福：《最高人民法院指导性案例法律效力之证成》，载《法学》2014 年第 9 期。

49. 孙光宁：《法律规范的意义边缘及其解释方法——以指导性案例 6 号为例》，载《法制与社会发展》2013 年第 4 期。

50. 彭诚信：《从法律原则到个案规范——阿列克西原则理论的民法应用》，载《法学研究》2014 年第 4 期。

51. 王晨光：《法律运行中的不确定性与"错案追究制"的误区》，载《法学》1997 年第 3 期。

52. 洪汉鼎：《伽达默尔的前理解学说（上）》，载《河北学刊》2008 年第 1 期。

53. 范志勇：《法学前见的内涵与特征研究》，载《西南交通大学学报（社会科学版）》。

54. 沈敏荣、桁林：《论法律万能主义与法律虚无主义》，载《思想战线》2003 年第 3 期。

55. 叶竹盛：《非正式规则与法治："中国难题"的挑战》，载《法律科学》2013 年第 3 期。

56. 潘德荣：《诠释学：从主客体间性到主体间性》，载《安徽师范大学学报（人文社会科学版）》2002 年第 3 期。

57. 任彦君：《论逆向定罪机制在刑事疑难案件中的适用》，载《法商研究》2013 年第 5 期。

58. 赵培显：《事实认定中的法官自由裁量权及其程控》，载《国家检察官学院学报》2013 年第 5 期。

59. 王申：《法官的理性认知与司法前见》，载《法律科学》2012 年第 6 期。

60. 王申：《科层行政化管理下的司法独立》，载《法学》2012 年第 11 期。

61. 王申：《论法律与理性》，载《法制与社会发展》2004 年第 6 期。

62. 王申：《法治实践中的理性、理念》，载《同济大学学报（社会科学版）》2005 年第 5 期。

63. 王申：《法官的经验与理性》，载《法制与社会发展》2007 年第 5 期。

64. 王申：《法官的实践性知识与智能导向》，载《法制与社会发展》2011 年第 6 期。

65. 王申：《法官思维的理性依托于司法审判之既有理念》，载《法学》2009 年第 12 期。

66. 王申：《法官的审判理念与实践》，载《法律科学》2005 年第 4 期。

67. 王申：《法官、现代性与法理认同》，载《法学杂志》2006 年第 1 期。

68. 王申：《法官的理性与说理的判决》，载《政治与法律》2011 年第 12 期。

69. 陈景辉：《"裁判可接受性"概念之反省：公众意见、正当化理由与司法民主化》，载《法学研究》2009 年第 4 期。

70. 吴春峰、夏锦文：《法官释法：思维模式及其影响因素》，载《法学》2013 年第 12 期。

71. 李安：《司法过程的直觉及其偏差控制》，载《中国社会科学》2013 年第 5 期。

72. 白建军：《司法潜见对定罪过程的影响》，载《中国社会科学》2013 年第 1 期。

73. 李学尧、葛岩、何俊涛：《认知流畅度对司法裁判的影响》，载《中国社会科学》2014 年第 5 期。

74. 王云清：《法律解释的去理论化与立场转换——认知心理学的启示》，载《法律科学》2014 年第 3 期。

75. 周祖成、喻彦霖：《法律心智：返回法律的生活世界——一种现象学的视角》，载《法制与社会发展》2012 年第 3 期。

76. 黄士元：《刑事错案形成的心理原因》，载《法学研究》2014 年第 3 期。

77. 刘晓力：《当代哲学如何面对认知科学的意识难题》，载《中国社会科学》2014年第6期。

78. 肖杰文：《法与神经科学研究述评——兼论认知科学与法》，载《河南财经政法大学学报》2013年第3期。

79. 周昊天、傅小兰：《认知科学——新千年的前沿领域》，载《心理科学进展》2005年第4期。

80. 吴修良等：《判断与决策中的证实性偏差》，载《心理科学进展》2012年第7期。

81. 彭慰慰：《模拟法官决策中心理控制源对后见偏差的影响》，载《心理科学》2012年第2期。

82. 陈林林、张晓笑：《裁判行为的认知心理学阐释》，载《苏州大学学报（哲学社会科学版）》2014年第4期。

83. 陈林林、张晓笑：《法律的认知科学研究：主题与方法》，载《浙江社会科学》2013年第12期。

84. 葛岩：《法学研究与认知—行为科学》，载《上海交通大学学报（哲学社会科学版）》2013年第4期。

85. 屈茂辉、匡凯：《传统法学的几何学范式论析》，载《法学家》2014年第3期。

86. 何大安：《选择偏好、认知过程与效用期望》，载《学术月刊》2014年第6期。

87. 胡传鹏、邓晓红、周治金、邓小刚：《神经法学：年轻的认知神经科学与古老的法学联姻》，载《科学通报》2011年第56卷第36期。

88. 李安：《裁判形成的思维过程》，载《法制与社会发展》2007年第4期。

89. 胡宇清、李蓉、张遂：《裁判思维过程的认知心理学解读》，载《西南民族大学学报》2011年第2期。

90. 谢晖：《民间法与裁判规范》，载《法学研究》2011年第2期。

91. 高其才：《作为当代中国正式法律渊源的习惯法》，载《华东政法大学学报》2013年第2期。

92. 彭中礼：《法律渊源词义考》，载《法学研究》2012年第6期。

93. 彭中礼：《论法律形式与法律渊源的界分》，载《北方法学》2013年第1期。

94. 彭中礼：《法治之法是什么——法源理论视野的重新探索》，载《北京航空航天大学学报（社会科学版）》2013年第1期。
95. 杨力：《司法特殊正义及其运作机制研究》，载《法学家》2008年第4期。
96. 唐丰鹤：《疑难案件及其法律方法》，载《法治研究》2012年第2期。
97. 唐丰鹤：《论司法判断的性质》，载《前沿》2013年第8期。
98. 唐丰鹤：《整体性的法律论证》，载《河北法学》2014年第1期。
99. 王国龙：《裁判理性与司法权威》，载《华东政法大学学报》2013年第4期。
100. 王国龙：《从司法的技术观照到司法的理想建构》，载《求是学刊》2012年第6期。
101. 王国龙：《从难办案件透视当下中国司法权的运行逻辑》，载《法学》2013年第7期。
102. 王国龙：《捍卫法条主义》，载《法律科学》2011年第4期。
103. 刘星：《怎样看待中国法学的"法条主义"》，载《现代法学》2007年第2期。
104. 陈坤：《疑难案件、司法判决与实质权衡》，载《法律科学》2012年第1期。
105. 郭春镇：《论法律父爱主义的正当性》，载《浙江社会科学》2013年第6期。
106. 郭春镇：《法律和认知神经科学：法学研究的新动向》，载《环球法律评论》2014年第6期。
107. 郭春镇、王云清：《作为法律实用主义的"权利话语"》，载《法制与社会发展》2012年第4期。
108. 许发民：《论前见、法律事实与刑法解释》，载《甘肃政法学院学报》2011年第1期。
109. 王振民：《宪法政治：开万世太平之路》，载《人民论坛·学术前沿》2013年第15期。
110. 谢海定：《中国司法改革的回顾与前瞻》，载《环球法律评论》2002年春季号。
111. 陆宇峰：《"规则怀疑论"究竟怀疑什么？——法律神话揭秘者的秘密》，载《华东政法大学学报》2014年第6期。

112. 韩振文：《论网络民意对公共政策合法性的影响》，载《前沿》2013年第12期。
113. 杨知文：《基于后果评价的法律适用方法》，载《现代法学》2014年第4期。
114. 孙海波：《通过裁判后果论证裁判——法律推理新论》，载《法律科学》2015年第3期。
115. 秦前红：《司法去地方化的难点》，载《检察风云》2013年第24期。
116. 桑本谦：《聪明到一定程度，疼痛感就会消失吗？——电影〈超体〉中的一个细节》，载《中国法律评论》2014年第87期。
117. 成凡：《是不是正在发生？——外部学科知识对当代中国法学的影响，一个经验调查》，载《中外法学》2004年第5期。
118. 胡国梁：《论裁判过程中的法律方法》，载《政治与法律》2014年第11期。
119. 郝廷婷：《民事审判思维方法实证研究——"三段论"逻辑在中国基层法院的续造与验算》，载《法律适用》2012年第1期。
120. 赵玉增：《法律方法论研究的实践面向》，载《法学论坛》2014年第6期。
121. 林植坚：《美国法律工具主义及其审判理论》，载《东吴法律学报》第14卷2003年第2期。
122. 熊秉元：《论社科法学与教义法学之争》，载《华东政法大学学报》2014年第6期。
123. 苏晓宏：《法律解释还是法律解释的证立》，载《求是学刊》2014年第6期。
124. 陈柏峰：《社科法学及其功用》，载《法商研究》2014年第5期。
125. 唐世平：《社会科学的基础范式》，载《国际社会科学杂志》（中文版）2010年第1期。
126. 张明楷：《刑法学研究的五个关系》，载《法学家》2014年第6期。
127. 陈光中、步洋洋：《审判中心与相关诉讼制度改革初探》，载《政法论坛》2015年第3期。
128. 闵春雷：《以审判为中心：内涵解读及实现路径》，载《法律科学》2015年第3期。
129. 姜峰：《法院"案多人少"与国家治道变革——转型时期中国的政治

与司法忧思》，载《政法论坛》2015 年第 3 期。

130. 郑智航：《司法建议制度设计的认识偏差及校正——以法院参与社会管理创新为背景》，载《法学》2015 年第 2 期。

131. 石茂生：《司法权力泛化及其制度校正——以司法权力运行为中心》，载《法学》2015 年第 5 期。

132. 高鸿钧：《伽达默尔的解释学与中国法律解释》，载《政法论坛》2015 年第 3 期。

133. 高鸿钧：《德沃金法律理论评析》，载《清华法学》2015 年第 2 期。

134. 姜福东：《反思法学对哲学诠释学的继受》，载《法商研究》2010 年第 5 期。

135. 王彬：《再论法学对哲学诠释学的继受》，载《法学论坛》2012 年第 5 期。

136. 齐延平：《法学的入径与法律意义的创生——论哲学诠释学对中国法学与法治的可能贡献》，载《中国法学》2001 年第 5 期。

137. 潘德荣：《理解方法论视野中的读者与文本——伽达默尔与方法论诠释学》，载《中国社会科学》2008 年第 2 期。

138. 戚渊：《论法律科学中的解释与诠释》，载《法学家》2008 年第 6 期。

139. 陈林林：《制度效益取向的法律解释理论——评〈不确定状态下的裁判：法律解释的制度理论〉》，载《清华法学》2013 年第 5 期。

三　文集类

1. 李桂林：《法律实践的技能及其养成》，载《法律方法》第 11 卷，山东人民出版社 2011 年版。
2. 张真理：《现代法律方法论视野中的法律怀疑主义》，载《法律方法》第 8 卷，山东人民出版社 2009 年版。
3. 田雷：《法官如何决策？——司法行为研究的文献综述》，载《法律方法》第 8 卷，山东人民出版社 2009 年版。
4. 杨知文：《裁判理由形成中的检验方法》，载《人大法律评论》第 1 辑，法律出版社 2012 年版。
5. 刘治斌：《作为司法判断的依据》，载《法律方法与法律思维》第 4 辑，法律出版社 2007 年版。
6. 胡志坚：《个案裁判规范之构建是司法裁决证立的关键》，载《法律方法与法律思维》第 5 辑，法律出版社 2008 年版。

7. 于明：《法条主义、实用主义与制度结构——基于英美的比较》，载《北大法律评论》第 14 卷第 1 辑，北京大学出版社 2013 年版。

8. 苏力：《法律人思维?》，载《北大法律评论》第 14 卷第 2 辑，北京大学出版社 2013 年版。

9. 王鹏翔主编：《2008 法律思想与社会变迁》，台湾地区"中央研究院法律学研究所"筹备处 2008 年版。

10. 陈起行等主编：《后继受时代的东亚法文化：第八届东亚法哲学研讨会论文集》，元照出版有限公司 2012 年版。

11. 杨日然教授纪念论文集编辑委员会：《法理学论丛——纪念杨日然教授》，月旦出版社 1997 年版。

12. 杨淑文等主编：《迈向科际整合的法学研究》，元照出版有限公司 2013 年版。

13. [美] 安德雷·马默主编：《法律与解释：法哲学论文集》，张卓明、徐宗立等译，法律出版社 2006 年版。

四　外文著作类

1. Ronald Dworkin, *A matter of Principle*, Harvard University Press, 1985.

2. Ronald Dworkin, *Is Democracy Possible Here? Principles for a New Political Debate*, Princeton University Press, 2006.

3. Ronald Dworkin, *Taking Rights Seriously*, Harvard University Press, 1978.

4. James A. Holland & Julian S. Webb. *Learning Legal Rules.* Oxford University Press, 2006.

5. Elias E. Savellos. *Reasoning and Law: The Elements.* Wadsworth Press, 2001.

6. Lind E. A., Tyler T. R., *The Social Psychology of Procedure Justice*, New York: Plenum Press, 1988.

7. Eveline T. Feteris. *Fundamentals of Legal Argumentation: A Survey of Theories on the Justification of Judicial Decisions.* Kluwer Academic Publishers, 1999.

8. Brian Z. Tamanaha, *On the Rule of Law: History, Politics, Theory.* Cambridge University Press, 2004.

9. Scott J. Shapiro, *Legality*, The Belknap Press of Harvard University Press, 2011.

10. Horwitz, Morton J., *The Transformation of American Law*, Vol. II, Harvard University Press, 1992.
11. Joseph Raz, *The Authority of Law*, Oxford University Press, 1979.
12. Hans Kelsen, *Pure Theory of Law*, Berkeley: University of California Press, 1970.
13. Ulric Neisser, *Cognitive and reality: Principles and implications of cognitive psychology*. San Francisco: Freeman, 1976.
14. Arthur Kaufmann, *Analogie und "Natur der Sache"*, 2. Aufl. Heidelberg: R. V. Decker & C. F. Muller, 1982.
15. Jens Petersen, *Von der Interessenjurisprudenz zur Wertungsjurisprudenz. Dargestellt an Beispielen aus dem deutschen Privatrecht*, Tübingen: Mohr Siebeck.
16. Arthur Kaufmann, *Grundprobleme der Rechtsphilosophie*, München, 1994.
17. Robert Alexy, *Begriff und Geltung des Rechts*, Freiburg, 1991.
18. Robert Alexy, *Theorie der juristischen Argumentation. Die Theorie des rationalen Diskurses als Theorie der juristischen Begründung*, 1. Aufl., Frankfurt/M. 1983.
19. Robert Alexy, *Theorie der Grundrechte*, Frankfurt a. M. 1986.
20. Karl Larenz, Methodenlehre der Rechtswissenschaft, Berlin u. a. 1991.
21. Josef Esser, *Vorverständnis und Methodenwahl in der Rechtsfindung*, Frankfurt a. M. 1972.
22. Josef Esser, *Grundsatz und Norm*, 4. Aufl. Tübingen, 1990.
23. Jürgen Habermas, *Faktizität und Geltung. Beiträge zur Diskurstheorie des Rechts und des demokratischen Rechtsstaats*, Frankfurt/M. 1992.
24. Niklas Luhmann, *Rechtssoziologie*, 3. Aufl., Opladen, 1987.
25. Niklas Luhmann, *Das Recht der Gesellschaft*. Frankfurt am Main: Suhrkamp, 1995.

五 外文论文类

1. Felix S. Cohen, *Transcendental Nonsense and The Functional Approach*, 35 Columbia Law Review, 1935.
2. Oliver Brand, *Conceptual Comparisons: Towards a Coherent Methodology of*

Comparative Legal Studies, Brooklyn Journal of International Law, Vol. 32, 2007.
3. John F. Manning. *What Divides Textualists from Purposivists*, Colum. L. Rev. 70, 2006.
4. D. Langevoort, *Behavioral Theories of Judgment and Decision Making in Legal Scholarship: A Literature Review*, Vand. L. Rev., Vol. 51, 1998.
5. Kenneth S. Bowers, Glenn Regehr, Clande Balthazard and Kevin Parker, *Intuition in the Context of Discovery*. Cognitive Psychology, Vol. 22, No. 1, 1990.
6. Simon D. *A psychological model of judicial decision making*. Rutgers Law Journal, 1998—1999.
7. R. S. Summers, *Pragmatic Instrumentalism in Twentieth Century American Legal Thought-A Synthesis and Critique of Our Dominant General Theory about Law and its Use*, 66 Cornell Law Review, 1981.
8. Daniel Kahneman, *A Perspective on Judgment and Choice: Mapping Bounded Rationality*, American Psychologist, Vol. 58, No. 9, 2003.
9. Daniel Kahneman and Amos Tversky, *Subjective Probability: A Judgment of Representativeness*, Cognitive Psychology, Vol. 3, 1972.
10. Daniel Kahneman and Amos Tversky, *Judgment under uncertainty: Heuristics and biases*. Science, Vol. 185, 1974.
11. Joseph C. Hutcheson, Jr., *The Judgment Intuitive: The Function of the "Hunch" in Judicial Decision*, 14 Cornell Law Quarterly, 1929.
12. Fiedler K., Beware of Samplel. *A Cognitive-ecological Sampling Approach to Judgment Biases*. Psychological Review, Vol. 107, 2000.
13. H. L. A. Hart, *Positivism and the Separation of Law and Morals*, in derselbe: Essays in Jurisprudence and Philosophy, Oxford 1983.
14. Roscoe Pound, *The Scope and Purpose of Sociological Jurisprudence*, Harvard Law Review, Vol. 25, 1912.
15. Gustav Radbruch, *Gesetzliches Unrecht und Übergesetzliches Recht*, in derselbe: Rechtsphilosophie, 8. Aufl. Stuttgart 1973.